LES MOTS PRENNENT LE POUVOIR

LES MOTS PRENNENT LE POUVOIR

PATRICK BELIME

ROMAN

Partie 3

ISBN-10°: 1530625742
ISBN-13°: 978-1530625741

DÉDICACE

La création imaginaire, dite aussi science-fiction,
n'est qu'un prétexte, voire une facilité,
à proposer une réflexion qui ne soit pas entravée
par des cohérences matérielles ou temporelles.
Forum des lecteurs°: www.lesmotsprennentlepouvoir.com
Espace permettant aux lecteurs de communiquer
avec d'autres lecteurs et de dialoguer
avec l'auteur sur le livre.

Les mots prennent le pouvoir

Forum des lecteurs°:
http://ecrivain.belime.fr/les-mots-prennent-le-pouvoir/
puis cliquer sur forum
Espace permettant aux lecteurs de communiquer
avec d'autres et de dialoguer
avec l'auteur sur le livre.

REMERCIEMENTS

À Catherine, mon épouse,
pour sa contribution.

Autres parutions du même auteur :

Série « Les petites histoires de la vie »
Tome 1 : La réponse doit tout à la question
Tome 2 : Face à soi-même
Tome 3 : 1, 2, 3, où allons-nous !
Tome 4 : Voyage dans l'autre monde
Tome 5 : L'arche des âmes en peine
Tome 6 : Le passé ne se conjugue pas au futur

Autres titres :
Croisements ordinaires de gens ordinaires
De la haine à la solitude
Émissaire de Dieu et psychopathe
Je suis fou et alors
L'amour, un besoin à haut risque
La laideur au quotidien
Les mots prennent le pouvoir
Livre sans histoire
Meurtres aux champs des éoliennes
Une effrayante amie

CONTENU

CHAPITRE 33

Après le drame vécu en direct dans la chambre de Babeth, puis le départ de Camille et Astrid qui avaient repris la direction du laboratoire, Lily errait seule dans son repère, silencieuse, et la tête basse. Elle se laissa choir sur un banc près d'un bassin où des poissons rouges se prélassaient en ne lui prêtant pas la moindre attention. En apercevant son reflet dans l'eau, elle le fixa et s'y dévisagea. L'idée d'une colère sourde et violente était en elle, mais juste l'envie, car sans la force. Elle se sentait abattue, épuisée, dégoûtée, perdue, et seule malgré son entourage qu'elle adorait. Lily était une nouvelle fois confrontée à ses erreurs, mais ce n'était plus comme autrefois où cela la contraignait à présenter ses excuses, puis à réparer ou compenser. À présent, ses faux pas coûtaient de la souffrance et des vies. Pour parachever le cauchemar, il lui arrivait de ne plus y penser, car elle s'était habituée ! En quelques mois, c'est toutes les fondations de sa vie qui chancelaient, elle les croyait solides et saines, elles étaient absentes ou inadaptées, ou pire, elle les bafouait volontairement. Elle ne savait plus. Ce doute ne masquait pas le constat des conséquences : toujours drapée et auréolée de sa notoriété et de son statut, elle basculait à la façon de la tour de Pise et tout le monde l'admirait, alors qu'elle n'était plus droite, mais raide. Dans ces conditions, qu'elle continue à être aimée relevait de l'inexplicable, puisqu'elle-même se détestait. Après avoir découvert le soulagement par la vengeance, elle discernait sa suffisance, et ce n'était pas à la suite d'une introspection purement intellectuelle, mais en constatant les dommages qui en découlaient. Elle en était rendue à faire la preuve par le constat ! Comment pouvait-elle en si peu de temps s'être compromise avec une telle fatuité ? Plus rien n'avait de sens. Lorsque son mal-être s'empara de sa vie amoureuse et intime, elle hurla son désespoir et sa colère pour tenter de repousser son vertigineux glissement vers les sombres profondeurs.

Elle songea à ses tubes en pensant qu'il lui faudrait moins de trois minutes pour se faire une mixture à même de la soulager de ses pensées noires, voire pour la soustraire définitivement à toute cette monstruosité. Lily pleurait, sans rage, ni colère, ni force. Elle sanglotait comme une femme épuisée. Les minutes passèrent et son état se détériora plus encore. Ses idées se brouillaient, autant que sa capacité à réfléchir, et elle en était consciente. Elle regarda son poignet machinalement, car c'était l'accès assuré à Matis, mais elle hésitait, simplement parce que le vide était là. Finalement, elle effleura l'écran tactile de son index et vit Matis, mais en pleine conférence avec un groupe de chercheurs. Elle s'effondra, mais savait ne pas devoir rester seule plus longtemps, car les idées noires l'assaillaient tant que la panique s'installait. Son index tremblant renouvela une demande et elle vit Camille à son bureau, affairée à rédiger un rapport. Elle l'effleura encore et apparut à son amie. Camille l'entendit, releva la tête et découvrit la physionomie torturée de Lily, qu'elle ne lui avait jamais vue qu'une seule fois, et compris immédiatement sa détresse et le drame qui menaçait. Elle se leva d'un bond et s'avança comme si elle pourrait la toucher. Camille la fixait et lui parla avec douceur, mais Lily ne répondait pas, alors elle la questionna pour savoir si elle était à Cité-Lily, et son amie finit par acquiescer d'un petit signe de tête, car visiblement incapable de s'exprimer.

— Ne panique pas, Lily, j'arrive. Tu restes où tu es. Tu ne fais pas de bêtise. Je suis auprès de toi dans une poignée de secondes. Comment je te trouve ? Tu pourras m'ouvrir ? Lily, parle-moi ? Explique-moi, ton accès est secret !

Lily avait reçu la question comme une preuve supplémentaire de sa solitude, car son amie la plus proche ne savait même pas où elle vivait ! C'en était trop. En guise de réponse, elle pleura davantage et l'image s'estompa. Camille hésita un instant, puis utilisa sa montre à son tour, mais Lily n'acceptant pas la mise en relation, elle tenta de joindre Matis, et obtint immédiatement en retour un message lui indiquant qu'il était en conférence. Elle pensa à Théo, mais, doutant qu'il en sache plus qu'elle, elle contacta Richard, qui connaissait obligatoirement son lieu de vie dissimulé. Ne disposant pas de droits prioritaires plus avancés que la voix, elle lui adressa un message sonore en espérant qu'il l'entende :

— J'ai une urgence, Richard, mais je ne peux pas te voir. Alors s'il te plaît, quoi que tu fasses, réponds-moi immédiatement.

Elle le vit apparaître, installé à son bureau situé quelques étages plus hauts. Il lui sourit, bien que manifestement inquiet :

— Ce n'est pas dans tes habitudes Camille, qu'est-ce qui t'arrive ?

— Tu dois me faire entrer à Cité-Lily tout de suite, Richard.

— J'espère que tu plaisantes ? Absolument personne d'autre que le couple Lescure n'a le droit d'y pénétrer. C'est ainsi depuis le début. Je suis déjà surpris que tu saches pour leur cité, alors qu'en plus tu me demandes ça ! C'est non, Camille.

— Richard, tu me connais et tu dois me faire confiance. Tu sais que Lily et moi sommes amies, des vraies. Je suis consciente de ce que tu m'expliques, forcément, mais il y a un pépin, et un gros, Richard. J'en ignore la cause, toutefois … C'est confidentiel, mais Lily m'a appelée au secours, elle était dans une profonde détresse et m'attend. Elle m'a déjà invitée à plusieurs reprises, seulement elle a oublié que je ne connais pas les codes. Dis-moi comment m'y rendre, c'est pour Lily.

— Zut, Lily est mal ! Appelle Matis, c'est à lui de voler à son secours. C'est peut-être grave, Camille.

— Richard, écoute-moi attentivement, car c'est peut-être une affaire de seconde, je le sens. J'ai bien entendu essayé de prévenir Matis, mais il est en pleine conférence. Toutefois, je me dis que si Lily avait voulu l'appeler à son secours, elle l'aurait fait puisqu'ils ont leur système d'urgence. Tu le sais, et pour cause. Mais elle m'a appelée, moi, et quand je lui ai demandé comment faire pour venir à son aide, elle a juste pleuré et a coupé l'image. À présent, elle ne veut plus répondre. Richard, je la connais bien et j'ai vu son visage, crois-moi, c'est grave.

— J'espère que je ne commets pas la boulette de ma vie ! Prends l'ascenseur du bureau de Lily, nous restons en liaison image et je pilote depuis mon poste, tu n'auras rien à faire. Mais tu me tiens au courant Camille, sinon, j'arrive avec les secours !

— C'est promis, Richard, vite.

Le temps de finir sa phrase, elle était devant l'ascenseur que Richard avait ouvert à son intention. Des gens s'y trouvaient, étonnés de ne pas être à destination, et Camille leur demanda de sortir, n'hésitant pas à tirer par le bras les plus lents. Elle s'y engouffra, puis se laissa guider. La descente fut rapide et la porte s'ouvrit à un étage qui ne figurait pas sur le tableau lumineux de la cabine. Elle pénétra dans le sas qu'elle reconnut et un large panneau coulissa, donnant accès à Cité-Lily.

Camille s'y élança et localisa son amie sans difficulté, car elle se tenait sur le monticule de la piscine. Elle contacta Richard pour l'informer avoir trouvé Lily et lui précisa qu'elle le rappellerait plus tard, puis elle la rejoint en courant. Au bord du bassin, Lily s'affairait à s'entraver les jambes dans un fauteuil. La place pour le doute quant à ses intentions n'existant pas, Camille approcha discrètement, puis l'interpella avec le plus de douceur possible, la faisant malgré tout sursauter :

— J'espère de pas te déranger, Lily. Que fais-tu dans cette posture ?

— Camille ! Mais qui t'a ouvert ? Sans doute moi, forcément. Je ne me souviens pas. Je voulais … me baigner, mais je me suis empêtrée dans une saleté de chaise.

— En effet, en plus tu risques de tomber. Dis-moi, Lily, tu es ivre ou quoi ? Laisse-moi t'aider, tu finirais par te blesser.

Tout en parlant, Camille continuait d'avancer, calme et rassurante, sans empressement. Une fois proche, elle s'interposa entre son amie et l'eau et entreprit de lui retirer les jambes des barreaux du dossier. Lily semblait chancelante et indifférente, les yeux bouffis par les pleurs, le nez rougi et les joues marbrées. À peine fut-elle dégagée qu'elle tenta de pousser Camille qui, s'y étant préparée, l'enserra par la taille en pivotant et en se propulsant sur le côté. Elles tombèrent lourdement sur la margelle. Prompte à se relever et en oubliant sa douleur, Camille se tenait prête à un nouvel assaut, mais Lily s'assit en restant au sol, grimaçante. Elle avait un genou et un coude écorché et saignait. Elle regarda ses blessures, résignée, puis s'adressa à Camille avec un fond d'agressivité nettement perceptible :

— J'ai mal, mais je m'en fous. Je m'en cogne à un point ! Par contre, c'est toi qui m'as jetée à terre, Camille. Je ne t'ai rien demandé, alors tu sors gentiment, mais immédiatement, de ma cité, comme tu y es entrée. Tu n'as aucun droit d'être ici et je ne t'invite pas à y rester.

— Ah bon ? Je n'ai pas l'autorisation, sans rire ! Et tu crois une seconde à ce que tu racontes, ou tu me prends pour une simple d'esprit ? Écoute-moi, Lily, je suis là parce que mon amie est dans la souffrance et a besoin d'aide. Nous nous installons confortablement où tu veux, et nous parlerons tranquillement. Salon ou chambre ?

— Ma douce Camille, tu es gentille de te soucier, mais tu arrives trop tard. La Lily que tu connaissais, et peut-être aimais, n'est plus. Moi, je fais ce que bon me semble. Et là, tu me soules.

Camille l'aida à se relever et la tira par le poignet en direction de sa maison. Elle s'exprimait avec douceur, mais Lily reprit ses pleurs, en remuant son bras pour tenter de se libérer, en vain.

— Tu me fais mal, lâche-moi. Camille, je sais déjà ce que tu prévois de me dire, alors pour t'épargner ce mal, tu me laisses en paix et tu retournes à ton travail. C'est un ordre.

— Lily, ne me méprise pas à ce point, je suis ton amie. Nous ne sommes pas au laboratoire, donc tes instructions, tu vois ... Quelle était ton idée hallucinante avec la chaise ? Qu'est-ce qui a pu te mettre dans cet état ? Tu peux me parler, tu le sais.

— Fais attention, ne me pousse pas à bout, Camille. Tu commettrais une grave erreur, car j'y suis déjà. Je t'ai conseillé gentiment de me laisser seule, alors tu rentres chez toi.

— D'accord, Lily. Dès que tu m'auras raconté ce qui t'arrive, je file. C'est un problème amoureux ? Intime ? De santé ? Ton couple ? Un chantage ? Une grosse boulette ? Un accident ?

Lily cessa de marcher, se figea, puis secoua nerveusement son bras. La colère ou la crise de nerfs gagnait sur son désespoir. Son visage se transformait et sa voix se faisait chevrotante. Camille savait que son amie craquerait, d'une façon ou d'une autre, aussi voulait-elle tenter au plus vite de la contraindre à se coucher. Mais il semblait que cela soit peine perdue, car trop tard. Lily martelait chaque mot nerveusement :

— Écoute-moi bien ! Je suis assez grande pour savoir ce que j'ai à faire, et je conseille à ma lesbienne d'assistante d'éviter de me donner des ordres. Alors pas d'histoire, et tu dégages.

— Oui, Lily, j'ai compris et je m'apprête à me retirer, donc je t'aide à t'allonger et je file.

— Mais enfin ! Je rêve ou tu es bouchée ? J'en ai plein le dos que tout le monde veuille quelque chose de moi. Tu m'oublies et tu mets les voiles ! Casse-toi.

— Lily, tu es en colère parce que tu sens que ta souffrance menace de l'emporter sur tes facultés, peut-être pour la première fois de ta vie. Non pas que tu n'aies jamais souffert, mais ton intelligence est telle que tu as toujours maîtrisé. Alors tu es perdue et tu ne distingues plus d'autre échappatoire que la violence envers toi-même, et à présent contre moi en espérant me blesser suffisamment pour que je réagisse de manière irrationnelle. Tu le sais, pourtant tu ne peux plus le réaliser.

Je deviendrais donc ton outil à sanction au travers un affrontement destructeur. Mais je suis Camille, ton amie. Alors tu essaies de prendre sur toi pour me faire confiance et tu viens.

Lily l'avait écoutée presque à son corps défendant, car malgré son état, elle discernait que dans son propos, Camille produisait une analyse censée, mais elle n'était pas disposée à l'accepter :

— Bon, c'en est assez, la comédie n'a que trop duré, tu dégages. Ce n'est pas une homo refoulée qui me mettra au lit ni qui me dira ce que j'ai à faire ! Certainement pas. Et je n'ai aucune amie. Ni ami. Ni amant. Des gens qui agissent par intérêt, ça … j'en ai autant que j'en veux. Des mecs qui veulent baiser la patronne, des nanas en quête du pouvoir, il y en a même une qui en plus veut mon derrière ! Et c'est toi !

— Après la lesbienne, c'est bien tenté, mais non, encore raté, je ne te laisserai pas. C'est notre erreur avec Babeth qui est la goutte en trop, Lily ? Parle-moi, tu iras mieux. Il faut évacuer à un moment ou à un autre, car ici nous subissons une telle pression que la place pour une gouttelette de plus est vite impossible à trouver. J'en sais quelque chose, et c'est mon amie Lily qui était là pour moi. Alors, confie-toi.

— Je te parle, la gouinasse. Je n'arrête pas, mais tu n'écoutes rien. Fous-moi la paix ! Tu pues tellement la femelle en rut que tu en es écœurante. Disparais, paumée !

Camille soupira et lui sourit avec tendresse. Même vulgaire et agressive, la détresse de son amie était si perceptible qu'elle n'entendait que les appels au secours.

— Mais enfin ! En plus tu te paies ma tête ? Une bonne correction te fera regretter de ne pas être partie, mais ce ne sont pas tes fesses molles qui en profiteront cette fois. Et je t'emmerde aussi. C'est mon dernier avertissement, lesbienne complexée. En plus, tu ne fais pas le poids face à moi. Dégage illico et rapidos. Tu ne vois pas que tu me pousses à bout ?

— Calme-toi, Lily. Laisse-moi t'aider. Tu es plus forte que moi, c'est vrai, mais je ne suis pas énervée alors que tu as perdu le contrôle, donc gère ta respiration, et ça passera.

— Tu dépasses les bornes. Tu m'emmerdes, Camille, je n'en peux plus de te sentir toujours derrière moi, à attendre que je couche avec toi, à tout me préparer comme si j'étais une débile, tu m'em-mer-des. Je t'enlèverai ton sourire et tes envies d'un revers.

Lily leva la main prestement et s'apprêtait à la gifler violemment, mais Camille se baissa, la ceintura une nouvelle fois et la plaqua au sol. Au lieu de se calmer, Lily se mit à hurler et tenta de la frapper de ses poings. Camille pivota, lui offrit son dos à cogner pour se protéger le visage et la fit rouler au sol afin de la mettre sur le ventre, puis s'assit sur ses reins pour l'immobiliser. Un flot d'injures fusa de la bouche de Lily, hurlant à en perdre la voix. Camille hésita un instant, les fesses, bien que remuantes, étaient à sa merci, à peine couverte par le tissu fin du maillot de bain, et elle se souvint de sa propre crise de nerfs et de la façon dont son amie l'avait maîtrisée.

— Pardon, Lily, mais je n'ai pas la force d'Astrid pour t'affronter. Et il est hors de question que je te laisse dans cet état ou que je fasse venir quelqu'un qui te voie ainsi, car je refuse de t'offrir en spectacle ou en pâture à tes employés, ou à ton mari. Désolée.

À peine eut-elle fini sa phrase qu'elle abattit une volée de gifles sur le fessier offert. Son amie redoubla de grossièreté à son intention et beuglait en battant des jambes, la frappant à plusieurs reprises de ses talons. Bien assise et lui bloquant le bassin, Camille encaissa sans sourciller. Constatant la différence de réaction avec son vécu récent de la situation, elle pensa qu'elle manquait certainement de force et risquait de provoquer une véritable bagarre, violente, dont elle sortirait forcément battue, aussi continua-t-elle à la fesser, mais beaucoup plus durement. Lily finit par capituler. Elle se tint immobile et ses hurlements se transformèrent en pleurs, ponctués de cris de douleurs. Camille porta attention à ses muscles pour savoir si elle feignait ou non. Constatant qu'elle ne luttait plus, elle cessa d'une main, puis de la seconde, en restant vigilante et tendue. Elle l'interrogea :

— Lily ? Tu en es où ? Dis-moi quelque chose.

— Mais que tu m'as fait mal, Camille, mon Dieu ! Pourquoi m'avoir tant battue ? J'ai les fesses en feu. J'ai l'impression que ma chair a explosé sous tes coups. Ça me dévore, c'est terrible ! Aide-moi, Camille ! Mon Dieu, que tu m'as fait mal !

Camille la libéra de son poids et l'aida à se relever. Lily pleurait comme une petite fille. La colère étant partie avec la crise de nerfs, elle se jeta dans les bras de Camille pour s'y lover, telle une enfant contre sa maman. Elle marmonnait de manière incompréhensible, sanglotait et tremblait. Camille, dont les larmes commençaient à couler sur les joues, lui proposa quelques pas dans le domaine pour se détendre.

Elle la prit par la main et Lily la suivit en silence. Elles firent la moitié d'un tour sans un mot, et seuls les soupirs de Lily qui se détendait ponctuaient leur marche.

— J'ai un mal au derrière que c'en est inouï. Je ne savais même pas cela possible. Tu m'as cognée, Camille.

— Je ne sais pas, c'est la première fois que je fesse quelqu'un. Désolée si j'ai été violente. J'ai les mains qui brûlent, mais tu m'as fait si peur, Lily ! J'ai cru que nous en viendrions à nous battre. Toi et moi, Lily ! Tu imagines ? En plus tu m'aurais mis une raclée ! Et dans ton état …

— Je préfère ne pas y songer, ma déchéance actuelle me suffit amplement. Tu veux bien que nous en parlions plus tard ? Je suis mal à l'aise de m'être donnée en spectacle. Ridiculisée est plus juste. Tu acceptes de n'en parler à personne, s'il te plaît ?

— Tu as raconté ma crise dans la chambre, à Matis, Richard ou Marion ?

— Bien sûr que non, en dehors des infirmiers et de l'infirmière qui nous ont prises pour des lesbiennes s'adonnant à un jeu sado-maso, personne ne sait. Secret. Sauf Astrid tout à l'heure, mais ça ne compte pas, puisque c'était avec toi.

— Pourquoi imaginer qu'il puisse en être autrement pour ton petit moment de faiblesse que pour le mien ? C'est intéressant, Lily, réponds-nous !

— Je ne sais pas … Un peu quand même, si. Mon ego, sans doute et encore. Je veux tellement toujours maîtriser le moindre évènement, la plus petite chose, le pilotage du travail et être celle que tout le monde imagine, que j'en arrive à croire que mes faux pas sont attendus et peut-être espérés !

— Et tu t'étonnes de péter un câble ! Tu ne crois pas que l'ego n'est pas seul en cause ?

— Bof ! Cela ne me dit rien d'en savoir plus, Camille. Je vois arriver le truc comme un train que je me prendrai en pleine face.

— Je te connais, Lily, tu poursuivras ton auto-analyse dès que tu seras débarrassée de moi, et le risque de repartir en morceaux sera de retour et sûrement amplifié. Cela dit, te redonner une fessée, j'admets que … Enfin bref, c'est hors sujet. Montons dans la locomotive et tentons de comprendre ce que sont ces manettes pour en reprendre le contrôle.

— Jolie utilisation de l'illustration proposée par ta patiente, Camille. Je me déçois, car je me comprends parfois à la façon d'une observatrice de ma propre vie. Mais je suis principalement dans le constat, je ne peux souvent pas infléchir celle que j'observe.

— Et en quoi ton actrice déçoit la spectatrice ?

— Je ne suis pas telle que j'aurais voulu être. Je suis bourrée de failles et de vices cachés. Mes pensées sont parfois moches, mais dans le même temps l'ego qui me revient à la face est énorme ! Et je découvre que l'actrice névrosée est en pleine psychose du pouvoir et soupçonne ses amis d'attendre qu'elle se plante. Tu vois la crise d'aérophagie de sa paranoïa !

— Je commence à discerner. Mais tu ne peux pas assimiler un dérèglement de la paranoïa avec le fait d'être moche. Tu devrais tout balancer, Lily, vide tes poches. Tu es passée à quelques secondes de la grosse chute à cause du poids. Nous ne sommes que toutes les deux.

— Merci, Camille. Mais si tu sens que tu ne gères pas de découvrir qui je suis en réalité, tu me fais un signe. Tu es ma Camille, et j'ai besoin de toi pour laisser tomber ce masque.

— Pas de souci. Je sais écouter sans juger, et j'espère y parvenir aussi bien que toi, Lily.

— Je sens que je vieillis, à l'instar de chacun, certes, et je porte parfois un regard sur mon parcours, qui lui n'est pas un concept ou un projet de vie, car c'est ce que j'ai fait, donc celle que je suis. Et là … Par exemple, imagines-tu que j'ai pu éprouver une certaine hargne à désigner des cobayes ? De là, j'ai même glissé jusqu'à l'assouvissement, Camille. Peux-tu concevoir cela ? Je suis passée de chercheuse à juge, puis de bourreau à tortionnaire. Voilà la face noire de Lily, celle que je cache et qui me tire vers le fond. La laideur la plus sombre et la plus sordide de l'être humain est en moi.

Les yeux baissés, elle fixait le sol, mais en ne regardant rien. Elle semblait s'être absentée. Camille l'observait en demeurant silencieuse, car Lily devait continuer librement d'exprimer ses tourments. La faille qui s'était ouverte était rare et Camille gérait de sorte qu'elle ne se referme pas trop tôt. Lily soupira deux fois, puis :

— Nous pouvons aussi évoquer ma vie de femme. J'aime mon mari, et c'est réciproque, mais il a une maîtresse. Et un amant ! En plus, tu le sais.

— C'est lui qui t'a dit pour sa liaison ?

— Oui, même si je l'ai un peu aidé. J'ai assurément réussi à ne pas combler mon mari. C'est Marion pour le cas où tu ne saurais pas.

— Je l'ignorais. Marion est une femme droite, tu n'as rien à craindre.

— Je sais, Camille, mais ce n'était pas au programme de ma vie. Comme si cela ne suffisait pas, ma vie de débauche est étalée, j'ai deux amants. Je … je n'ai rompu avec ni l'un ni l'autre.

— Oui, tu m'en as parlé.

— Pour t'éviter de te perdre en conjectures, il s'agit de Richard et Théo. Qu'en dis-tu ?

— Que le savais déjà et qu'il est plus facile d'accéder à des fesses qu'au pardon. C'est abrupt, désolée. Disons qu'il est plus aisé de trouver un partenaire de débauche que d'accepter l'infidélité.

— Bravo, Camille, quelques mots pour raconter la vie ! Tu m'épates. Tu tiens le coup ?

— Je suis avec toi, Lily, comme tu es avec moi. Continue.

— Puisque j'arrive à me confier, tu as raison, je déballe, j'en ai un sac. Je n'ai pas la tête à faire de l'esprit pour trouver quelques élégances de langages afin de ne pas dire les choses trop crûment. Camille, je ne veux pas être grivoise, mais juste te laisser entrevoir celle qui se cache derrière la Lily toujours bien proprette.

— Lily, tu dois arriver à ne plus songer à ton image, au moins en ce moment ! Même lorsque tu te livres, tu te soucies des convenances. Ce n'est pas sain.

— Tu as raison, pourtant ce n'est pas faute d'en avoir marre, si tu savais ! J'en ai plus qu'assez d'être perçue en permanence comme une sorte de phénomène qui doit tout savoir et gérer, qui ne se trompe jamais, qui est parfaite et blablablas le reste ! Les gens ne se posent pas de questions, je ne suis plus moi, je suis Lily Lescure. Je suis consciente d'avoir un grain, mais … lorsque je suis nerveusement au bout, à la limite de hurler telle une damnée là où ça me prend, il m'est arrivé d'imaginer que mes rots et pets devraient être publics, enfin … ce genre de pratiques terriennes ! J'ai même visualisé le plan, une caméra et un micro ! Je crois que les gens oublient que je vis comme eux. Il me verrait assise, pensant à autre chose en grimaçant, sourire, soupirer ! Je suis une folle ravagée, non ? Je relève de la psychiatrie.

— Lily ! Dans le centre tu es entourée d'une majorité de personnes brillantes qui voient en toi la patronne, grâce à ton travail et non pas parce que tu serais une déesse ! Ils sont conscients que tu pètes en douce et que lorsque tu serres les cuisses, c'est que tu as une grosse envie d'uriner. Ils savent, certes moi au début … Mais ce n'est pas la question. Seulement comme ils sont perspicaces et lucides, ils sont plus à même que quiconque de savoir celle que tu es. Alors si tu diffusais ce documentaire sur tes contraintes, ils te regarderaient en situation quelques secondes puis détourneraient les yeux, par respect pour toi, en se disant que tu as le droit, toi aussi, de disjoncter un coup, surtout avec le poids que tu as sur tes épaules. Donc en dehors du fait de savoir comment tu t'occupes en attendant que ton corps se soulage, ils te verraient exactement de la même manière.

— Tu crois ? Ils savent que je ne suis qu'une femme, qui a peur, qui pleure, qui aime, qui fait et dit des conneries, qui a une libido ?!

— Mais bien entendu. Tu n'as pas remarqué nos deux chercheurs qui disparaissent parfois en même temps ? Tu n'as jamais vu l'un d'entre nous avoir la tête de celui ou celle qui vient de s'envoyer en l'air ?

— Si bien sûr, mais c'est normal, nous travaillons douze à quatorze heures par jour ! Ah d'accord, je vois ! J'ai un vrai problème d'ego.

— Lily, tu commences à réaliser que tu as besoin que ta Camille s'occupe de toi, car tu sais parfaitement ce dont il retourne. Tu prescrirais combien de séances en tant que médecin ?

— Je vois de mieux en pire ! Je te proposerais entre dix et quinze.

— Diagnostic pertinent, chère collègue, ce n'est en effet pas grave. Poursuis, Lily, nous nous apprêtions à aborder l'aspect grivois de la vie.

— D'accord, ce n'est plus un souci, je peux en parler. Cela dit, tu sais déjà à peu près tout de moi. J'ai des fantasmes débridés, je veux tenter de participer à une séance de groupe et cette idée m'apporte presque toujours une profonde excitation, mais lorsqu'elle retombe, je suis salie. Je voudrais tester avec trois hommes, même type de plan, sanction identique. J'ai envie depuis longtemps de faire l'amour avec l'une de mes collaboratrices, en plus d'être mariée et de mes amants ! Pas à la place, Camille, tu perçois la différence ? Je gère mal ces désirs nouveaux. J'ai aussi été intensément stimulée lorsque j'ai frappé une personne, pas dans le sens énervée. Camille, mon corps réagissait tellement que j'avais la sensation que tout le monde le verrait.

Comment appréhender une telle dérive de mes pulsions ! Et au-delà de gérer, quelle explication leur donner ? Pourquoi en suis-je arrivée là ? J'ai l'impression d'avoir perdu le contrôle. C'est d'autant plus humiliant que … je n'aurai pas la volonté de changer. Pour la goutte en trop tu as raison, encore, c'est notre exploit à toutes les deux devant Babeth, illustration parfaite de ce que je suis devenue, indolente et stupide.

— Dis-moi, Lily, tu sais que n'importe qui prenant un train comme celui-là dans la figure exploserait ? Se désintégrerait, coulerait, s'envolerait, fuirait … ? Enfin bref, à ce stade, Lily, le problème ne vient pas de toi, mais de ce qui alimente la locomotive. Nous avons tous la nôtre, mais tu la ravitailles d'une façon totalement anarchique, comme si tu étais persuadée que, puisque tu es une conductrice émérite, tu pourras toujours la gérer quelle que soit sa vitesse, prendre tous les virages et freiner à chaque fois à temps ! Et là, tu as tout faux ! La sortie de route est la seule certitude, ce n'est qu'une question de distance d'une personne à l'autre, mais sans gérer l'alimentation de ta machine, le crash est inévitable, ou le plongeon dans la piscine avec une chaise métallique aux pieds.

— Je vois ! Tu dois savoir que je suis de plus suffisante et méprisante, car je me suis convaincue de t'avoir fait croire que je m'étais enchevêtrée par accident dans les barreaux, donc que je ne voulais pas … me … suicider ! Pardonne-moi.

— Lily, je suis ta douce Camille, pas ta nouille de Camille. J'ai su tout de suite.

— Je voudrais savoir à présent. Comment es-tu entrée ? Tu n'as pas mon code et Matis n'était pas là.

— Je savais que tu étais en grande détresse, toi aussi et tu as eu le réflexe de m'appeler pour tenter de m'expliquer. Alors, j'ai décidé et agi, comme tu l'aurais fait pour moi.

— Merci. Tu dois tomber de haut ! Heureusement que mon enveloppe corporelle présente à peu près bien et me permet d'être crédible dans mon rôle, c'est un bon leurre.

Camille la fixait, en étant parfaitement détendue et en lui souriant de temps à autre avec tendresse. Lily avait abandonné son personnage de femme forte et parfaite, elle était soulagée, épuisée, mais libérée. Elle regardait Camille et attendait en toute humilité ce qu'elle lui dirait ou lui demanderait.

— Lily, lorsque tu évoques la face trouble de ton personnage, que tu qualifies de tortionnaire, tu te remémores le fait d'avoir procédé à des injections ? Ou aurais-tu eu été débordée par un coup de folie à en frapper quelqu'un, ou trouvé un moyen pour le faire souffrir ?

— Je n'en suis pas là, Camille, je n'ai jamais cogné personne, il est déjà suffisant que j'aie éprouvé une sorte de satisfaction à ce que certains des immondes détenus que nous hébergeons souffrent ! Cela n'avait rien de scientifique, juste l'envie qu'ils endurent de la souffrance, et se rendent compte de ce qu'ils infligeaient à leurs victimes, pour eux en jouir.

— Entendu. Donc et en résumé, je suis la seule personne que tu aies frappée, Lily, et à deux reprises.

— Mais enfin, ce n'était pas le propos ! Matis te dirait que tu combats en dehors du tatami !

Camille la regardait à présent avec un sourire complice, et ne cachait pas une once de son plaisir issu de leur complicité. Elle voulait le communiquer avec son amie qui, embarrassée et épuisée, finit par lui retourner une moue valant partage et excuses.

— Camille, je ne nie rien, mais pourquoi deux fois ?

— Mon dos n'est plus qu'une meurtrissure. Tes coups de poing, Lily. Tu frappes fort. Et tes talons sont durs ! Mais ce n'est pas grave, ça passera, l'essentielle était de t'aider.

— Je me souviens, j'ai frappé comme une … folle ! Viens, nous filons à l'hôpital.

— Tu me feras un ou deux massages et cela me suffira. Dans la foulée, Lily, au sujet de la collaboratrice et de ton dilemme, pourquoi ne pas évacuer ce non-dit ? Tu y es presque. Tu arrives enfin à te confier. Libère-toi, Lily, tu étouffes. Je suis en l'instant ta thérapeute et je mérite ta confiance. Je sais être compétente dans ce domaine.

Son amie se pinça les lèvres et frotta ses mains sur ses cuisses, baissa les yeux, inspira, la fixa et lui dit accompagné d'un timide sourire :

— Je ne doute pas que tu saches faire la part des choses, mais cela reste délicat. Alors … à quoi bon, Camille, tu le sais. Seulement tu veux que je l'exprime, parce qu'il le faut. Mais je ne suis jamais parvenue à l'avouer ni à le gérer, et encore moins à accepter l'idée d'avoir à affronter l'après-aveu ! C'est toi. Pas une autre, j'ignore pourquoi.

Astrid ou Marion sont attrayantes, Astrid avec sa liberté et son énergie est un véritable aimant, il y a aussi Élise qui est une femme à la personnalité passionnante. Mais non, pas une envie, pas un fantasme, rien ! Mais ma Camille, là c'est autre chose, je ne peux en dire davantage, mais ma Camille, c'est ma Camille ! Seulement risquer de la perdre ne m'est pas envisageable, la décevoir non plus. Quant à me hasarder, car n'ayant pas la moindre idée de comment faire, genre pucelle effarouchée, même pas en rêve. Alors je mets quelques gouttes de plus dans mon verre, ou du carburant non dosé dans ma locomotive, comme tu le dirais.

— Je pense être la mieux placée à la Source pour te comprendre, au moins pour cette parenthèse, Lily. En ce qui me concerne, j'ai eu les pires difficultés à passer ce cap, je l'ai presque accepté, mais pas totalement, car je n'ai jamais envisagé de … enfin, moi et une femme, ah ça, non ! Toutefois, dans la réalité de ma vie, si ! Et non seulement je l'aime avec passion, mais en plus j'adore notre intimité. Le plus difficile est de cesser de tenter de se battre contre soi-même, car c'est vain ! Autant vouloir faire un bras de fer entre tes côtés droit et gauche, il n'y a qu'un cerveau pour les deux ! Selon l'humeur tu gagnes ou tu perds à chaque fois, mais cela reste d'une grande stupidité.

Lily hochait la tête en l'écoutant. Elle avait laissé tomber son masque et livrait la véritable Lily à Camille, son amie et en l'instant Docteur, comme elle devait y parvenir en tant que patiente.

— Tu sais, Camille, je n'ai jamais caché l'estime que je te porte, pas plus à toi qu'à d'autres, mais là tu m'as dévoilé une femme remarquable à en être étonnante, vraiment. Je suis impressionnée par ta lucidité, ta vitesse d'analyse et cette compétence que je ne te connaissais pas. Accepterais-tu de ne raconter à personne les coups que je t'ai portés dans le dos ? Ce n'est pas un ordre, c'est un service que je te demande. C'est de la pure violence, c'est grave, si ce n'est effroyable. Et tu détiens mon statut et mon image entre tes mains.

— Je suis ton amie, Lily, personne ne saura, même Astrid. Je ne veux pas qu'elle te voie différemment. Ce n'est qu'un incident à replacer dans un contexte que seules toi et moi connaissons. J'aurai toutefois des marques. Il faudra que tu confirmes que je me suis vautrée sur le bord de la piscine avec toi, ce qui expliquera aussi ton genou et ton coude. J'ai mal également au visage et à la poitrine.

— Tu t'es cognée dans notre chute ?

— Tes talons pendant l'explication. Un vrai round sur un ring.

— Mon Dieu, non, mais que tu dois en avoir assez de moi ! Tu es une belle personne, Camille, sans mon Matis, j'aurais un immense bonheur à vivre en permanence avec toi. Merci d'être mon amie.

Après une pause qu'elles mirent à profit pour se sourire, Lily reprit :

— Puisque tu sais à quel point j'ai été chamboulée par … enfin par la façon dont je t'ai libérée de ta crise de nerfs, tu me racontes si de ton côté … tu vois, si toi …

— C'est difficile de dire les mots lorsque c'est soi-même, n'est-ce pas, Lily. J'ai l'impression d'une discussion entre Astrid et moi. Toutefois, nous ne sommes pas là pour parler de mon cas, mais pour une fois uniquement du tien. Cependant, puisque te répondre à mon sujet te permettra d'enlever encore quelques gouttes de ton verre, je le ferai. La réponse est oui, Lily ! À en être troublée. Étrangement sollicitée. Et dans l'état que tu as dit tout à l'heure !

— Ah, toi aussi ! Mais tu veux dire lorsque tu as reçu ou donné ?

— J'ai pris mon pied dans les deux rôles, c'est intellectuellement déstabilisant ! Et toi ?

— Mon Dieu, Camille, j'en suis confuse et honteuse, mais la crise passée, moi aussi ! Jamais je ne me serais crue capable de révéler une chose pareille à qui que ce soit ! Mais que c'est libérateur de se dévoiler et d'assumer malgré sa honte ! Je réalise ton travail époustouflant, Camille. Je suis passée de la tentative de suicide aux confessions polissonnes en moins de deux heures ! Tu n'as pas volé ton doctorat !

— Lily, je pourrais te prendre le derrière en photo ? Nous pourrions comparer avec les miennes. Je crois que ce n'est pas mal non plus question couleurs, ça sera du plus bel effet.

— Tu m'étonnes ! Je pense que je ne pourrai plus m'asseoir avant quelques jours. Je prendrais bien un bain ! Mais je suis d'accord, j'accepte avec le sourire, comme tu as su le faire.

Elle se tourna et prit la pose, Camille photographia et filma Lily sous tous les angles en l'observant, troublée par les fesses rougies de son amie, puis elle proposa de prendre un thé et elles se rendirent à la maison où Lily s'assit en grimaçant. Camille, qui attendait que Lily lui raconte une chose précise, mais qui ne venait pas, la questionna sur son ressenti et plus particulièrement sur le mélange des sens.

— Je savais ce que tu espérais, mais je voulais qu'à ton tour tu oses me le demander. Je crois que nous partageons un certain vécu.

— Mais moi je t'ai tout raconté, Lily, partage, ne soit pas vache.

Elles rirent et Lily s'exécuta, se mit debout et se tourna. Camille hésita un instant, puis lui caressa d'une main douce sa peau violacée et Lily frissonna, se figea, attrapa le dossier de chaise et en quelques minutes obtint le même résultat que son amie à deux reprises. Totalement apaisée et débarrassée de son malaise et de sa colère, elle s'allongea sur le canapé et, sentant le sommeil la gagner, ferma les yeux. Camille lui déposa un baiser sur le front et lui dit à demain en la couvrant avec un plaid.

Une heure plus tard, Matis était de retour et la trouva profondément endormie. Il la contempla, lui murmura un mot d'amour, hésita à la réveiller puis monta se coucher. Camille appela Richard pour lui demander de ne parler à personne de son incursion dans le domaine de Lily, qui à présent se portait bien. Il accepta en la remerciant de tant veiller sur Lily.

Le lendemain, dès son éveil, Lily prit connaissance d'un message de Camille qui lui envoyait un gros bisou avec un grand bonjour, en précisant qu'elle l'attendait au laboratoire. Elle sourit, soupira et se sentit plus sereine. Camille avait même géré l'embarras qu'elle commençait à éprouver à l'idée de la retrouver au travail. Elle quitta son canapé et se rendit nonchalamment, nue comme à son habitude, à la cuisine prendre son petit déjeuner. Matis l'avait préparé et l'accueillit avec un grand sourire, un bisou et une tape sur les fesses. Elle cria en sursautant, lui aussi de surprise, et il la fixa, incrédule. Elle le regardait, embarrassée, car elle avait oublié son postérieur. Elle sourit et s'installa sur son tabouret en espérant enchaîner sans autre commentaire, mais son visage se figea à la douleur ressentie en s'asseyant.

— N'y pense pas une seconde et tu m'expliques en évitant de me prendre pour un crétin.

— Mais enfin, je ne vois pas du tout de quoi … Forcément ! Je l'ai jouée trop cool, une fois de plus. Décidément, je ne brille pas par mes prestations ces temps-ci. Tu souhaiterais une explication ou un visuel ? Fais dans le léger, s'il te plaît, je suis à la ramasse.

— Mince alors, ma Lily, je rêve ? Tu as fumé un joint ? Tu es sous antidépresseur ? Lève-toi et de suite !

Résignée, elle quitta son siège en grimaçant, lui fit face en soupirant, haussa les épaules en souriant, puis lui tourna le dos en raclant sa gorge. Matis regarda ses fesses et jura, la prit par les bras fermement pour l'empêcher de bouger et observa plus en détail sa peau si douce. Des doigts étaient partout dessinés sur les deux globes, dans des nuances de rouges, violets, avec quelques touches bleutées.

— Non de Dieu, ma Lily ! Je vois bien que tu as reçu une fessée, mais quel est ce … je ne sais pas, ce délire ! Tu as été corrigée avec violence, tu as été agressée ?

— Mais non, Matis, aucune agression ! Plutôt une petite aliénation !

— Ma Lily, nous savons ce qu'est un plan libertin, le sadomaso aussi, mais là tu m'expliques. Si je te mets une tape, tu hurleras à la mort tellement tu dois être meurtrie ! Alors tu me racontes où je fais l'essai.

— Ce qu'il me faudrait, surtout, c'est que mon postérieur ne soit plus un lieu d'expression ! Matis, ce n'est pas une agression ni un délire libidineux avec un amant, c'est … spécial. Il se trouve que Camille et moi avons eu un avis opposé, qui a fait l'objet d'un pari, avec un gage stupide, certes, étrange et puéril aussi, je te le concède. Surtout que j'ai perdu, après elle !

— Tu joues à la fessée avec Camille ! Alors là … Tu as fumé un joint !

— J'aurais sincèrement préféré que cela soit l'explication, mais non, même pas. J'en ai reçu une d'enfer … parce que … je me suis pas mal lâchée sur son derrière lorsqu'elle a perdu. Voilà ! Et elle ne m'a pas loupée, j'ai dû mal à m'asseoir. Secret promis ?

— C'est sûr, tu es folle ! Je n'en parlerai même pas à ta complice. Tu verrais tes fesses, elles ressemblent à celles d'une soumise s'étant offert une soirée de débauche ! Je ne suis pas content, mais ça m'excite drôlement tes bêtises, tu pourrais quand même ?

— Ben voyons, j'ai fumé un pétard, tu es mécontent, et patati et patata, toutefois, et malgré toi, donc par ma faute, ça te plaît bougrement et ça t'excite !

— Sur le fond, tu ne me soutiendras pas qu'il est normal de recevoir une fessée à ton âge et en plus d'en avoir le derrière dans cet état ! Tu as dû avoir sacrément mal !

— C'est gentil de penser enfin à me le demander. En fait oui, mais pas seulement, Matis.

— Tu veux parler de l'humiliation, je m'en doute.

— Ah bon ? Tiens, je n'y avais pas songé. J'aurais dû, tu as raison.

— Ma Lily, tu n'essaies pas de me dire qu'en plus, tu en as été excitée ?

— D'accord mon chéri, je ne dirai rien. Je peux finir de déjeuner en paix ?

Matis resta perplexe en l'observant, elle se rassit en grimaçant légèrement. Sur le côté de ses fesses dépassaient les marques de doigts de Camille. Ce qui l'énervait, c'est qu'il la trouvait là encore follement excitante et était admiratif de sa liberté d'être. Il s'installa face à elle, la regarda mordre dans sa tartine, puis changea de ton pour passer en mode doux et charmeur :

— Ma Lily, je me suis juste inquiété pour toi, et c'est normal, car je suis ton mari. J'ai donc un devoir de protection à ton égard. Hum, Lily, il est assez délicat d'aborder le sujet ouvertement, car nous n'avons jamais songé à pratiquer, mais … après tout, puisqu'il semblerait que cela soit agréable … tu vois !

— Non, absolument pas. Je reprendrais volontiers du pain avec un thé, j'ai faim ce matin.

— Laisse, je te prépare ta tartine. Beurre confiture de poire. Nous disions donc qu'il s'avérerait que ce genre de pratique puisse devenir une source de … tu sembles apaisée !

— Totalement, oui. Et étonnamment sereine dans ma peau grâce à un équilibre retrouvé.

— Nous devrions raisonnablement envisager, pour ton bien-être, ou imaginer … la possibilité … sans obligation … que nous puissions, disons … nous aussi …

— En reparler au sujet de Camille qui n'a peut-être personne pour se confier, tu as raison. Je suis déjà en retard, tu es prêt, moi je file sous la douche, je te retrouve au bureau. À tout à l'heure, mon chéri.

Lily quitta son siège et lui tourna le dos en quittant la cuisine, fit une halte pour déposer son bol en prenant son temps, puis en faisant chalouper son bassin, elle se rendit à l'étage prendre une douche. Matis n'avait pas quitté ses fesses des yeux, un désir nouveau était en lui. Il aurait voulu les embrasser avec tendresse et passion, les contempler du bout des doigts, en caresser la peau, mais elle était partie. Sur le chemin menant au sas, il pesta contre lui-même :

— Ce que je peux être chiant. C'est plus fort que moi, il faut que je la ramène pour jouer au macho ! J'ai trouvé moyen de gronder ma Lily alors que j'aurais voulu me jeter sur elle pour lui faire l'amour comme un fou ! Mais que je suis con ! À présent, comment je pourrai lui dire qu'en réalité, j'ai adoré, sans passer pour un vieux machin !

De son côté Lily était dans sa salle d'eau, admirant son postérieur dans le miroir en le caressant avec douceur. Un grand sourire aux lèvres, elle pensa à Matis qu'elle avait retourné en quelques secondes et qu'elle avait ensuite allumé comme s'ils ne se connaissaient pas par cœur, puis l'avait laissé avec son désir sans avoir l'air de le savoir :

— Tu es vache, Lily, c'est toi qui dévisses et tu t'arranges pour que ce soit lui qui s'en trouve mal à l'aise ! Mais tu es trop forte, ma grande ! Je fais une grosse boulette, mais je l'utilise pour que mon mari me désire comme au début, et ça marche. Ça, c'est de l'art.

Elle tenta une nouvelle fois les caresses sur son derrière en se tenant avec prudence au banc de la douche. Quelques minutes plus tard, elle riait seule tant c'était efficace, et finalement amusant.

CHAPITRE 34

Astrid avait préparé le repas du soir avec soin, car elle recevait Camille, alors que c'était presque toujours l'inverse, et elle était en proie à un irrépressible désir de lui faire plaisir. Plus le temps passait, moins elle avait à la découvrir et plus elle l'aimait. Seulement voilà déjà vingt minutes que son amie, pourtant d'une ponctualité obsessionnelle, aurait dû la rejoindre. Elle consulta ses messages, puis se rendit à son bureau, mais il n'y avait aucune trace de Camille et elle était injoignable, même avec la montre La Source. Inquiète de ne pas parvenir à la localiser, elle descendit au centre de surveillance, où elle pouvait entrer à sa guise grâce son grade de lieutenant, et demanda au sergent de garde de la repérer. Le programme de suivi la situait dans la cité des personnes en quarantaine, avec Marion et un interne, mais aucune image n'était disponible. Intriguée, elle s'y rendit sans délai. La zone étant sécurisée, elle entra dans le sas, attendit qu'il se referme derrière elle, puis fit s'ouvrir le coulissant d'entrée dans le niveau. À peine avait-elle fait un pas à l'intérieur qu'elle sentit une main la saisir avec rudesse par la nuque et une pointe lui piquer le dos sous l'omoplate.

— Bienvenue mignonne. Un cri ou un geste et je te transperce le cœur. Avance.

Un homme la tenait et la poussa devant lui. Elle hésitait et tous ses sens étaient sollicités. Elle pouvait tenter de se dégager et l'affronter, mais en risquant de donner l'alerte alors que de toute évidence, Camille devait être en difficulté quelque part dans cette cité. Ne détectant rien de particulier, elle décida de se laisser mener, ne doutant pas qu'elle serait conduite là où se trouvait son amie. Ils marchèrent environ six minutes puis entrèrent dans un bâtiment et montèrent au niveau un.

— Dis-moi, jolie plante, tu es du genre à tomber ta culotte seule ou il faut te cogner et t'aider ?

— Raconte-moi, petit obsédé : si je t'avoue que je n'ai même pas de string à enlever, tu me grondes ?

— Génial, une coquine marrante ! Ça changera des coincées. Pas de faux mouvement la belle, je vérifie.

Il passa une main sous sa robe et remonta entre ses cuisses, puis la tripota. Astrid se laissa faire en restant concentrée sur la situation, elle entendait la voix de Théo lui rappelant sans cesse de toujours identifier ce qui était l'important dans l'instant et d'ordonnancer ses objectifs.

— Tu peux fouiller, ni culotte ni rien de planqué ! Je prends un sac lorsque j'ai besoin.

— Tu es trop marrante, toi, en plus tu ne te rebiffes pas. Cadeau du ciel. Tu ne souffriras pas si tu ne fais pas de bêtise.

— Je voudrais savoir un truc, mec. Si c'est moi qui avais envie de te forcer la main pour m'envoyer en l'air, tu te débâterais ?

— Quelle idée tordue ! Je me laisserais faire et j'admirerais ton travail !

— Et alors ? Tu crois que je suis une gamine ? Je ne te comprends pas.

— Mais … Tu veux dire que tu serais normale ? Comme moi ?

— J'espère que nous ne sommes pas que deux à l'être. Le monde m'apparaîtrait brusquement bien triste, non ?

— Pourquoi je n'ai pas rencontré une femme telle que toi avant ! C'est dingue la vie.

— Tu ne me juges pas, tu me plais. Nous pourrions nous revoir. J'ai accès à la prison. Si tu es partant …

Ils entrèrent dans une grande salle dont les murs, plafond et sol étaient couverts de draps. Au centre, un petit groupe d'hommes, des rires et des cris, des pleurs, des gifles, des coups mats et cinglants, la voix de Camille et d'une autre femme qui pleurait, probablement Marion.

— Les copains, j'ai fait une trouvaille, matez le lot ! Bien plus jolie que les deux chialeuses, le minou à l'air, marrante, avec en prime un super petit croupion ferme et tendre à souhait. Elle est sympa et elle n'a pas froid aux yeux. Une perle.

Il la poussa dans le dos en direction des hommes qui se tournèrent vers elle. Ils étaient sept en plus de celui dans son dos. Au sol, Jolha était sur le ventre, ficelé, poignets avec les chevilles, le visage en sang.

Une personne face contre terre était immobile les bras attachés dans le dos, visiblement le médecin. Sur une table, Camille et Marion nues, l'une sur le dos l'autre sur le ventre, offertes comme sur un étal. Astrid sentit une bouffée de colère monter en elle, aucune peur, mais un niveau de haine envahissant. Toutefois, elle avait toujours la voix de Théo qui lui répétait sans cesse d'oublier ses émotions pour rester en position de maîtrise d'elle-même comme de la situation.

— Salut, les gars, je vois que c'est la fête ! Je suis censée participer à quel plan ? Vous voulez assouvir vos pulsions, ça, j'ai compris. Mais directement avec moi ? Ou vous préférez me voir m'occuper d'elles ! C'est quoi votre délire ?

— C'est une comique les gars, je vous l'avais dit.

L'homme lui arracha brutalement sa robe, elle était nue face aux autres et ne fit pas un geste pour tenter de cacher son corps. Elle les observait, cherchant le ou les meneurs, le fou de service et le plus costaud. Elle ne voulait pas que ses amies l'appellent à leur secours et devait s'assurer qu'elles le comprennent rapidement :

— Pour le jeu avec ces nanas, je peux faire le spectacle à la condition de ne pas prendre de coups, ni de vous ni d'elles, alors il faudrait en tenir une si ça vous tente.

— C'est envisageable. Continue, tu es passionnante.

— La première de préférence, j'aime bien ses seins. Sur la seconde, je vous montrerai comment la démarrer même si elle ne veut pas. Mais il faut la nettoyer, j'ai mes limites. Qui sont vos copines de partie ?

Un homme s'approcha en la fixant, le meneur était identifié. Il vint tout proche d'elle et lui faisait face en silence, puis il lui saisit un sein et glissa l'autre main entre ses cuisses :

— Il semblerait que tu n'aies pas froid aux yeux ! Ce sont des visiteuses, comme toi, pas des amies. Si tu coopères, tu ne seras pas battue. Nous voudrions une femme qui donne, pas qui chiale tout le temps en pissant le sang.

— Le marché me convient, je ne peux pas refuser, c'est clair, alors … à quoi bon prendre des baffes si j'arrive à m'en tirer en forniquant !

— Cool. Tu prendras ton pied. Nous n'avons rien à perdre ici, nous n'en sortirons pas. Je te conseille de ne pas l'oublier. Te bousiller n'est pas un souci. Ne t'avise plus de me donner un ordre, ça serait le dernier.

— Entendu et désolée, ce n'était pas l'esprit, je proposais. Je peux me chauffer avant ? Vous me tenez celle-là, cuisses ouvertes. Et ouvrez les yeux et les braguettes, je vous montre où se trouve la fameuse zone de Gräfenberg et comment l'actionner, avec ou sans permission. C'est un de mes trucs préférés avec une femme. J'exerce avec maestria !

— C'est quoi le truc qui a un nom de bière ?

— Le point G, une fois que tu le maîtrises, même si la nana ne veut pas, tu profites !

Elle était proche de Camille maintenue sur le dos presque écartelée. Celle-ci dévisageait Astrid, mais ne disait rien, sa figure était marquée par les pleurs et les coups, elle saignait du nez et du côté de la bouche. Marion était maintenue dans la même position, mais sur le ventre, et la regardait aussi, le visage plaqué avec une joue sur l'inox. Elle avait les lèvres tuméfiées avec du sang sur les dents et des traces de coups sur la mâchoire, la pommette, l'arcade, le front, et une flaque sanguinolente entre ses jambes grandissait doucement sur la table. Elle la fixait en soufflant avec difficulté. Ses yeux lui disaient sa souffrance et sa peur, puis elle se crispa, ferma les paupières et souffla des bulles rougies alors qu'un homme la frappait à nouveau et violemment entre les cuisses avec une ceinture.

— Vous l'avez bien amochée celle-là ! Ce n'est pas comme ça que ça marche les gars ! Arrêtez de la cogner sinon je ne pourrai pas démarrer. Je peux vous faire une suggestion histoire de pimenter le truc ?

— Nous t'écoutons. Mais ne te leurre pas, tu ne te joueras pas de nous et tu baiseras ou te feras baiser. Les deux d'ailleurs.

— J'ai compris et assimilé, mais autant rendre la séance croustillante, non ? Vous mettez l'esquintée sur le dos, bien ouverte, vous allongez l'autre dessus seins contre les siens, qu'elles puissent partager, écartée aussi, et je me fais les deux en même temps, vous assisterez à un spectacle digne des jets d'eau de Versailles ! Si vous ne connaissez pas, c'est du chaud. Ensuite vous me ferez décoller. Ça marche pour vous ?

Les hommes se regardèrent un instant, perplexes, puis ils se sourirent, détachèrent et retournèrent Marion. Des épaules aux pieds, elle portait les marques de nombreux coups et quelques lacérations. Quatre hommes l'écartelèrent. Les autres firent de même avec Camille et la posèrent sur Marion en s'amusant. Astrid demanda à ce qu'elles soient tirées plus au milieu des tables, ce qui les amusa.

Ils les déplacèrent et formèrent une croix, à deux hommes par extrémités. Son plan progressait, elle positionnait les pièces et gérait la situation. Elle avait créé un espace libre autour d'elle et ils avaient tous les mains occupées à tirer sur les membres de ses amies. Elle monta doucement sur la table puis se redressa, sourit, se mit debout et passa une jambe de chaque côté de leur corps.

— Manière de créer une ambiance favorable, je me chauffe un coup toute seule au-dessus d'elles, j'adore faire ça. Sauf si vous n'êtes pas d'accord.

Ils la fixaient. Elle devait parvenir à se préparer en ne suscitant aucune méfiance. Elle s'interdit de regarder ses amies afin de ne pas se déconcentrer et pour ne pas courir le risque que l'une l'interpelle par son prénom. Elle fléchit les jambes, le moment approchait. Astrid écarta les cuisses dans le but de détourner l'attention, et obtint ce qu'elle espérait : ils étaient tous penchés en avant pour l'observer. Elle devait choisir ces cibles sans erreur possible. Le meneur était une clé de la situation, mais il était presque fluet, trois hommes de forte stature seraient ses premiers adversaires. Elle inspira profondément, le calme se faisait en elle, la concentration était là. Elle sentait son corps, son équilibre, et répétait les gestes mentalement, puis, sans un mot se lança. Astrid se propulsa à l'horizontale au-dessus des visages de ses amies et ses deux pieds frappèrent chacun à la gorge ceux de droite qui tenaient les mains, à l'instant où ses paumes heurtèrent avec force les fronts du duo de gauche les tirants eux aussi par les poignets. Ils s'écroulèrent en même temps qu'elle retombait sur Camille. Elle se remit debout instantanément et acheva le premier frappé à la gorge d'un coup de pied au visage. L'autre était à genoux, la bouche grande ouverte pour chercher de l'air en se tenant le cou avec un regard paniqué. Elle fit face aux quatre restants qui avaient lâché les chevilles. Deux étaient déjà penchés en avant pour monter sur la table, alors elle fit un bond entre eux et retomba accroupie, toujours sur le plateau, ses bras se détendirent et elle frappa à nouveau du plat des mains, les têtes firent un bruit sourd, ils glissèrent au sol sans un cri ni soupir. Les deux autres se reculèrent, surpris par le retournement de situation en quelque cinq secondes. Libérées, Camille roula sur le côté et sortit de la table par la gauche, Marion fit de même sur la droite, et elles se sauvèrent en courant. Une fois éloignées, elles se tournèrent malgré leur état de panique, car elles pensaient à Astrid. Elles la virent toujours debout sur la table, seule. Elles l'avaient abandonnée face aux hommes.

Celui qui avait reçu son pied à la gorge se relevait, ils étaient trois à l'observer sur le meuble, menaçants, dont le meneur qui l'interpella :

— Tu n'es pas la moitié d'une salope, toi ! Tu en baveras pendant des heures, je te le jure. Tu me supplieras de te tuer en voyant tes tripes sortir de ton ventre. Tu ne peux plus nous surprendre à présent.

Ils approchèrent tous les trois d'un pas en se tenant de profil pour parer une nouvelle frappe des paumes qu'ils avaient vues à l'œuvre. Marion hurlait totalement hystérique en ne cessant pas de répéter « tue-les », alors que Camille tremblait avec les mains devant sa bouche, effrayée et consciente de son impuissance. Astrid regarda celui qui était sur sa gauche face à elle :

— Tu devrais ranger ta queue, clébard, elle pend comme une crotte molle, elle est aussi ridicule que toi. Si je te la chope, je te l'arrache d'un coup de poignet. Aucune hésitation. Ça sera moche à voir, ça, c'est sûr.

Elle s'exprimait avec calme, le ton dur et froid, pour qu'il sache qu'elle le ferait. L'homme ne la quitta pas pour autant des yeux, mais d'une main écarta sa braguette et de l'autre se saisi de la partie menacée. C'était le signal attendu. Elle fit un bon et se jeta sur lui en l'enserrant par le cou de ses cuisses et il tomba à la renverse sur le dos. Astrid se reçu sur ses pieds au-dessus de lui et lui porta un coup sec au front, il était mort. Le meneur, qui s'était précipité sur elle, s'arrêta net, car elle lui faisait déjà face.

— Tu hésites, freluquet ? Tu peux attendre ton copain, c'est plus prudent, nabot, tu as raison. Mais tu réalises que tu n'oses même pas affronter une femme seule et à poil ! Tu n'es vraiment qu'un sous-homme, non ? Cela dit, ce n'est pas ta faute si tu es un trouillard, tu n'es qu'une moitié de mec.

Tout en parlant, elle reculait en pivotant pour ne pas risquer d'être saisie dans le dos. Marion s'était approchée, en restant hors de portée :

— Astrid, tu les démontes, mais tu me laisses les tuer. Je veux leur écraser la tronche avec mes talons. Le gros m'a fouettée comme un malade qu'il est pendant que les autres me déchiraient. Le nabot donnait les ordres. Ils ne sortiront pas vivants d'ici. Les deux merdes, vous m'entendez, je piétinerai vos sales gueules jusqu'à en faire sortir vos pois chiches. Toi, le gros, je t'arracherai les couilles avec les doigts pour te les coller dans la bouche avant de t'achever. Tu sais pourquoi ? En gueulant, tu les avaleras !

Astrid n'écoutait pas. Elle était en danger, car ils étaient proches et prenaient le temps de préparer leur attaque. Seule une action sans faute pouvait la sauver. Elle savait devoir poursuivre son harcèlement verbal sur le meneur afin de le priver d'une partie de ses moyens. Elle ordonna fermement :

— Marion, Camille, vous courrez pour vous éloigner, c'est un ordre.

Moins rodées à obéir que l'équipe de Théo, elles ne le firent que lorsqu'Astrid répéta son instruction.

— Tu sens que ça finira mal pour toi, pourriture de femelle, et tu veux protéger tes copines quand même. Mais je les torturerai en te laissant un souffle de vie pour que tu profites.

— Dans tes rêves, nabot impuissant. Tu te venges sur les femmes, mais elles ne sont en rien responsables de ton air répugnant. Je m'interroge, c'est quoi le pire : ta connerie monstrueuse ou la taille ridicule de ton bout pour faire pipi ?

— Salope ! Je t'ouvrirai et lui te bouffera les seins, il adore.

— Encore dans tes rêves, mini zizi. C'est bien ça ton problème à priori, elle dépasse juste assez pour ne pas te pisser dessus ! Je parie que les nanas se demandent ce que tu attends pour les prendre alors que tu les besognes déjà. Sincèrement, elle est plus grosse que lorsque tu avais six ans ?

— Putain, je te …

Contre toute attente, Astrid s'enfuit en courant. Hors de lui, il s'interrompit et se lança à sa poursuite, suivi de son complice. L'espace était vaste et elle zigzagua en tournant au tour. Le meneur la suivait, l'autre tentait, mais s'essoufflait et se faisait distancer. Au second passage, il était seul d'un côté de la salle. Astrid se laissa presque rattraper et se jeta au sol brusquement. Emporté par son élan, l'homme trébucha sur elle et fit quelques grandes enjambées pour ne pas tomber. Une fois rétabli, il se retourna nerveusement dans le but d'attaquer Astrid au sol, mais elle était là, debout, face à lui, toute proche et calme. Elle souriait et il resta interdit. Il l'entendit dire clébard puis ressentit un choc violent et une brûlure à la gorge. Il ne parvenait plus respirer. Il brandit le poing pour la frapper, mais elle lui bloqua le poignet et lui tordit violemment le bras qui fit un craquement affreux. Il ne pouvait plus crier. Il ouvrit les yeux plus grands. Elle se tenait immobile devant lui, un sourire aux lèvres :

— Tu as toujours envie de voir des tripes, clébard ? Je dois pouvoir t'arranger ça, je reviens, une minute.

Il tomba à genoux en suffoquant. Astrid se dirigea d'un pas tranquille vers le dernier homme debout. Il soufflait fort et la vit arriver à lui, souriante et décontractée. Il recula en regardant derrière lui, mais il n'y avait qu'un mur avec des draps. Il mit une main devant lui pour lui faire signe de s'arrêter là où elle se trouvait, mais elle n'en fit rien et continua de s'approcher, paisible et imperturbable.

— Dis-moi, mon gros, tu voulais me bouffer les seins ? Sans rire, c'est ça ton truc ? Tu es totalement dégénéré !

— N'avance plus, sinon je te briserai les reins.

— Alors tu la trouves comment ma poitrine maintenant que tu l'as sous les yeux ? Tu salives ? Répond tout de suite crevure ou je te casse la tête.

— J'étais drogué lorsque je faisais ça. J'ai changé. Je ne l'aurais pas fait.

La voix de Marion se fit entendre. Elles étaient revenues prudemment, mais elles observaient et écoutaient.

— Ce n'est pas vrai, sale monstre. Tu as dit que tu me les boufferais sans même les couper en me les frappant avec tes mains et ta ceinture pour les attendrir. C'est ce que tu disais en riant.

Astrid le fixait en hochant de la tête, en prenant l'attitude liée à la fatalité. Elle soupira, puis :

— La preuve est encore vivante, ce n'est pas ton jour. Tu es un gros dégueulasse et il semblerait que ton cas soit désespéré. N'ayant pas de remède contre ça, je dois donc te tuer. C'est toi qui l'as décidé.

— Mais tu n'oseras pas m'assassiner comme ça, en parlant et de sang-froid ! Je me livrerai à la police et j'avouerai tout, je ne bouge plus.

— Une question. Pourquoi est-ce que moi je ne peux pas t'occire dans le calme alors que toi tu le pourrais ? C'est juste pour savoir, car il y a probablement une information qui me fait défaut.

— Parce que je suis un monstre et toi une femme intelligente. Tu n'as pas le droit de t'abaisser à ça.

— Ah ! Je suis dans le doute, alors patiente une minute encore, je demande confirmation. Marion, Camille, je voudrais votre avis. Il a raison lorsqu'il dit que je ne peux pas rectifier l'erreur qu'est son existence ?

Marion était à présent toute proche, le visage couvert de sang et de marques, le corps violacé, toujours victime d'une hémorragie, blême, haletante, mais ivre de haine :

— Je crois qu'il a raison, Astrid. Tu ne peux pas le tuer.

— Ah bon, tu en es certaine ? C'est étrange cette différence de droit !

— Vous voyez que vous ne pouvez pas envisager ça ! Écoutez votre amie. Elle est raisonnable malgré ce qu'elle a subi.

— Par contre, tu pourrais le paralyser, mais en le laissant conscient ?

— Oui, si tu en as envie. Mais pour quoi faire ? Tu souhaites l'obliger à avaler du formol pour le mettre dans un bocal ? Il est gros et moche ! Il fera désordre en bibelot. Crois-moi.

— Non, je veux le tuer moi-même ! Et je tiens à qu'il puisse avoir le temps d'y penser et de comprendre à quel point c'est amusant d'être torturé. Je lui arracherai les testicules avec les doigts. Si tu savais ce qu'il m'a infligé comme supplice … Et il ne cessait de me raconter ce qu'il ferait ensuite. Pour que je me prépare. Ça le faisait rire.

— Marion, je n'entends plus Camille, et je ne peux pas quitter notre cannibale des yeux.

— Elle est auprès du nabot. Elle l'observe crever.

— Camille, fais attention, ne t'approche pas, tu restes hors de portée de ses bras. Bon, revenons-en au monstre sursitaire. Ce n'est pas que ta conversation soit pénible l'étron, mais tu m'ennuies. Alors n'y voit rien de personnel, ni une quelconque marque de rejet lié à ton apparence physique, surtout pas, je ne méprise pas les gros ! Mais toi, tu me dégoûtes. Quand j'imagine ce qu'il y a dans ta tête de pervers, ce que tu as dû commettre, j'ai envie de te la péter.

Il la regardait toujours, semblant chercher à comprendre, mais il ne pouvait plus. Sa vue se voilait déjà et il manquait d'air. Ses jambes fléchirent et il tomba à genoux. Il tenta de résister le temps de faire quatre mouvements d'avant en arrière tel un culbuto, puis s'affala lourdement au sol sur le ventre, inerte et sans un souffle. Marion lui lança des coups de pied dans le flanc et grimaça après s'être tordue la cheville. Elle pleurait. Astrid la prit dans ses bras et elles se dirigèrent vers Camille, toujours à côté de l'homme à genoux et suffocant. Elle s'était accroupie face à lui, hors de portée de ses mains, et l'observait tout comme lui la fixait.

— Que fais-tu, Camille ? C'est terminé, nous pouvons partir. Vous n'avez pas vu d'autres types dans le niveau ?

— Non, Astrid, il y avait Jolha, mais il est à terre, à côté du médecin qu'ils ont tué pour nous avertir. Tu fais quoi, Camille ?

— J'observe la vie quitter son corps. Il la voit aussi. Elle s'envole. Il essaie de lutter, mais il sait que c'est perdu pour lui, alors il la regarde partir. La mort prend doucement la place. Il la sent. Je le vois dans ses yeux. Depuis de longues minutes, il a peur. Pourtant, il n'y peut plus rien. Le manque d'air le fait paniquer, mais plus il force plus il a mal et s'étrangle. C'est sans solution. Il le sait.

— Laisse ce débile crever seul, Camille, sortons d'ici.

— Non, Marion. Viens à côté de moi pour mieux l'examiner. Ça soulage, je t'assure. J'ai déjà un début d'apaisement en moi.

Marion s'agenouilla en grimaçant et le fixa en le dévisageant. Il souffrait, mais une autre image se superposait, celle de son visage avec un regard noir et un sourire cruel alors qu'il la frappait, hurlant des insanités et lui expliquant comment il lui ouvrirait le ventre. À présent, il était devant elle, immobile et silencieux. Elle aurait pu le frapper, lui cracher au visage, mais scruter son agonie lui suffisait. Camille reprit :

— Il paie pour les horreurs qu'il a commises et les vies qu'il a volées. Je veux qu'il puisse voir que sa détresse m'indiffère. Il n'existe pas. Il doit le savoir avant de disparaître. Je le regarde attendre que la mort gagne. Il me fixe. Il voit que je ne ressens rien pour lui. Il prend conscience de ce qu'il est, un nuisible. Inutile. Sans intérêt.

— Astrid, il faudrait l'achever ou faire venir les médecins, non ?

— Tu as probablement raison, Marion. Ils pourraient encore le sauver, à cause d'une trachéotomie. Tu en as envie ?

— Non. En fait, pas du tout, Astrid. Mais c'est ce que nous devrions faire. Tu disais vrai, Camille, cela m'apaise beaucoup de voir la mort venir le chercher en prenant son temps.

Astrid prit place derrière ses deux amies, prête à toute éventualité.

— Camille, Astrid, ce tas m'a expliqué par le détail comment il détruirait mon corps en me maintenant lucide, tout en me cognant et en excitant les autres dégénérés pour qu'ils s'acharnent. Je suis vivante. J'ai mal, mais je m'en remettrai. Lui est là, devant nous en train de souffrir. Et il crève.

— Marion, tu te souviens de notre conversation à propos des sanctions que tu estimais devoir appliquer en cas de viol ?

— Oui ! Je me trompais et c'est Astrid qui avait raison. Comme souvent. Il faudrait qu'il lutte encore pour avoir le temps d'apprécier ce retournement de situation. Je refuse les secours. Ça me donne deux motifs pour ne pas sortir. Qu'il crève ! Tu restes avec moi, Camille ?

— Oui ! Il tiendra encore quelques minutes, il n'est pas tout à fait bleu. Ses poumons lui font atrocement mal. Il suffoque, car sa gorge écrasée ne laisse pas passer suffisamment d'air. Le peu qu'il inspire en force provoque d'atroces brûlures. Il ne peut plus lever le bras. Regarde celui qui n'est pas cassé, seuls ses doigts bougent. Même ses yeux lui font mal. Il a l'impression qu'il finira par les aspirer par ses orbites. Dans ses oreilles il a tout le bruit de son corps qui lutte. Il a mal aux tempes à cause de la pression sanguine. Son cœur tape, mais chaque battement est une souffrance, car il est si crispé qu'il est dur, prêt à exploser ! Tu vois son ventre comme il bouge ? C'est parce qu'il a l'impression de se noyer, alors il essaie de refluer ou d'avaler, mais non, plus rien ne passe, il étouffe, se noie, mais il tient malgré tout. Sa vue est trouble à présent. Il est terrifié tant il souffre. Il espère que cela cesse vite, quitte à mourir.

— Tu crois qu'il nous entend et qu'il comprend ce que tu dis ?

— Oui, parfaitement bien. Regarde le doigt du déchet, il aimerait que je lui tienne la main ! En plus de son CV, il est totalement con ! Tu saignes encore, Marion, tu souffres ?

— Oui, ils m'ont fait très mal. Mais je tiendrai. Je veux attendre. Il voudrait que nous tenions sa mimine pour le rassurer ! Je rigolerais si je n'avais pas la bouche si gonflée.

Les minutes passaient, mais ni Camille ni Marion ne voulaient partir tant qu'il n'était pas mort. Marion fit une nouvelle allusion à ce qu'elle pensait il y a quelques mois au sujet des viols. Elle enchaîna :

— Comment se fait-il que tu sois arrivée ici, Camille ?

— Je voulais te parler d'une réunion de travail à organiser. Je t'ai cherchée vainement, puis j'ai vu sur ton planning que tu étais ici pour mener des entretiens. Je me suis inquiétée. Comme tu ne répondais pas, je suis descendue au plus vite te dire que c'était dangereux !

— Je suis désolée, Camille, j'ai fait une grosse bêtise et tu as souffert par ma faute. Mais heureusement que tu es venue, ils m'auraient massacrée. Et toi, Astrid ?

— Même scénario, je cherchais Camille ! Les filles, il m'ennuie. Je voudrais rentrer. Je vous offre une sortie discrète, vous venez ?

— Encore une ou deux minutes, Astrid. Et nous emmènerons Marion à l'hôpital. Il m'entend toujours ce crétin, mais ne me voit plus guère, la mort a presque pris place. S'il a une âme, elle ne tardera plus à le quitter. Tu sais que je ne connais même pas ton nom, le déchet ? Et sache que je ne chercherai pas à savoir, pas plus que qui tu étais, je m'en fous ! En plus, tu meurs avec la braguette ouverte ! Ta vie aura été ridicule, ta mort aussi et tu seras un bouffon même post-mortem, jusqu'au crématorium, seul. Regarde, Marion, il part, ça y est. Ce truc est fichu. Tu vois encore mes yeux, nabot, je le sais. Fixe-les, toi tu t'apprêtes à découvrir ce qui est après la lumière blanche et moi à me doucher puis à manger. C'est drôle la vie et ses aléas, tu ne trouves pas ? Étron dégénéré !

L'homme cessa de vivre quelques minutes plus tard. Camille et Marion se redressèrent et prirent Astrid dans leur bras pour se fondre en elle, puis se mirent à trembler et à pleurer comme des enfants. Astrid caressait les cheveux de ses amies avec tendresse et laissa ses larmes couler, pour elles. Elles étaient presque aussi frêles l'une que l'autre, fragiles, mais douces, intelligentes et féminines. Elle commençait à se détendre et soupira profondément, puis leur demanda de réunir de quoi se vêtirent toutes les trois. Pendant ce temps, elle s'approcha de Jolha, conscient et couvert de blessures. Il la regardait et lui adressa un léger sourire qui lui fit faire la grimace :

— Je doutais d'être encore en vie. Cette fois c'est sûr, je suis mort. Me voilà sauvé par un ange ! Vous êtes si belle et si forte que je n'ai plus peur. Merci, Astrid. Je n'ai rien pu faire pour vos amies, je suis désolé. Comment se portent-elles ?

— Blessées, mais elles s'en remettront. Et vous ?

— J'ai tenté d'agir pour leur donner le temps de s'échapper, mais voilà ! Ils m'ont battu comme un chien, puis ils ont tué ce pauvre homme qui a essayé d'intervenir à son tour.

— Jolha, j'ai un service à vous demander. Je voudrais que vous ne parliez jamais à qui que ce soit de ce que mes amies ont subi. Si vous êtes interrogé, dites que vous aviez perdu conscience, et renvoyez les questions sur moi. Officiellement, elles ont été battues comme vous et cet homme, c'est tout. Et pas un mot sur ce que j'ai dû faire. Vous ne savez pas. Vous êtes d'accord ?

— Vous n'aviez pas à me le demander, Astrid. Vous avez ma parole. Je vous dois la vie et j'ai fait assez de mal. Je ne voulais pas qu'elles soient souillées par ces montres, mais j'ai failli une fois encore. Alors je ne les salirai pas davantage en racontant.

— Vous êtes détaché, mais ne bougez pas, une lésion pourrait vous être fatale, je demande les secours et tout s'arrangera, patientez. À plus tard, Jolha, courage.

Elles furent conduites à l'hôpital en même temps que Jolha, y compris Astrid, car Lily voulait s'assurer qu'elle n'avait pas reçu un mauvais coup. Elle eut bon lui répéter que c'était inutile, rien n'y fit. Lily, Matis, Théo et Richard étaient avec elles trois, effondrés, choqués, en colère, révoltés, et peinés de voir Camille et Marion, avec leur visage tuméfié. Marion ne bougeait qu'en grimaçant. Lily souleva le drap, toutefois sans la découvrir aux yeux des hommes, mais suffisamment pour apercevoir son corps. Elle blêmit en faisant la grimace :

— Mon Dieu, Marion, tu sors de l'enfer ! Tu as été torturée !

— C'est terminé, Lily. Je suis là, avec vous, en paix, protégée, en vie. Le médecin m'a dit que je n'avais pas de lésion interne importante. Mais j'ai trop mal pour parler, s'il te plaît.

Marion pleurait doucement en lui tenant la main droite, et Lily mit sa gauche devant la bouche pour tenter de cacher son effroi et pleura aussi. Inquiet, Matis approcha, mais Lily lui demanda de ne pas la toucher et de respecter sa souffrance et sa pudeur.

— Mais, ma Lily, c'est Marion ! Ce n'est pas comme si ...

— Justement, fais-lui confiance. Elle ne veut pas être vue ainsi. Ils l'ont battue, Matis, son corps est pire à voir que son visage. Soit gentil, comprends là.

— C'est terrible. Ils t'ont frappée à ce point, Marion ! Et je ne peux rien faire ! Pardonne-moi, je ... Marion, je le dis devant ma Lily, car ma peine est immense, je t'aime. Nous prendrons soin de toi. Tu ne te soucies plus que de toi et tu te reposes.

Il passa sa main sur son front, mais elle grimaça. Les yeux rougis, il se contenta de la regarder, mais Lily le prit par le bras et l'invita à s'éloigner. Théo était assis à côté d'Astrid et lui demanda comment un tel évènement avait pu survenir, et elle lui raconta l'enchaînement de circonstances. Lily s'approcha de Camille qui était dans le lit proche de Marion, à leur requête.

— Ma Camille, j'en suis à craindre d'apprendre ce qu'ils t'ont infligé ! J'ai déjà si mal pour toi, tout en étant heureuse que tu sois vivante …

— Si tu savais ce que j'ai eu peur, Lily. Et mal. C'était effroyable. Marion était contre moi et se faisait torturer, mais je ne pouvais rien faire, Lily, ils me frappaient plus fort à chaque fois que je bougeais. Ils s'en prenaient à mon corps depuis cinq ou vingt minutes quand Astrid est arrivée. J'avais perdu la notion du temps. Elle nous a sauvées. Tu ne peux pas imaginer ce qu'elle a fait ! Elle est incroyable !

Avant de sortir de la pièce, Théo s'adressa au trio :

— Je suis atterré par ce qui vous est arrivé. Terriblement peiné, mais heureux de vous voir vivantes. Seulement, il faudra m'expliquer par le détail, parce que vous trois isolées avec des tueurs ! Notre présidente et, selon Lily, les deux plus grandes chercheuses de La Source ! Nous avons un vrai problème et sommes passés à un doigt de l'échec du projet. Il faudra reconstituer et analyser les causes. C'est grave.

Ils sortirent en laissant les trois amies seules. Richard n'avait pas prononcé un mot, affligé et traumatisé, car il avait fait face à la véritable violence pour la première fois de sa vie et il s'agissait de plus de ses complices de vie au quotidien. Ils entrèrent dans le bureau de Lily. Matis était sombre et soucieux et Théo aussi choqué qu'en colère :

— Lily, une chose m'échappe et m'énerve. Ces pervers n'auraient jamais dû recouvrer la liberté. Et j'occulte la présence de nos amies !

— Nous avons été jouées, Théo, et comme il faut. Nous voulions tester la capacité de notre machin à faire disparaître les pulsions de ces criminels. Nous les avions soumis à un premier essai de traitement et ils semblaient apaisés, Camille et Marion les ont observés et, constatant leur calme, elles ont décidé de les mettre dans cet espace clos pour les évaluer ailleurs que dans une cellule. Marion a passé beaucoup de temps à les examiner via les caméras. Tout se passant bien, elle s'y est rendue en confiance avec un interne pour s'entretenir avec eux et leur faire une prise de sang. La suite, nous l'avons découverte ensemble ! Je suis responsable de ce qui est arrivé, car jamais je n'aurais dû déléguer cela à Marion, c'est une bonne chercheuse, mais elle a été bernée totalement pas ces manipulateurs ! Un médecin a perdu la vie. Elle a été agressée et Camille a volé à son secours en ne prévenant personne ! Jolha aurait pu y passer aussi. Et Astrid a foncé à son tour, mais en oubliant d'alerter la sécurité. Voilà un sinistre tableau de l'évènement.

— En un mot, c'est la chienlit !

— Oui, nous avons frôlé la catastrophe totale sans même le savoir ! J'en ai marre, Théo, je suis lasse de toute cette … ce … Tu sais ! Notre monde moderne laisse croître une population d'individus qui auraient autrefois été éliminés dès le premier constat de ce qu'ils sont en réalité. Alors ils prélèvent des vies et nous leur faisons la morale !

— C'est l'esprit, oui ! J'en ai ma claque aussi.

— Oh le vilain, tu as massacré cette femme pour te détendre ? Tu sais, il ne faudra pas recommencer, ce n'est pas bien. Et toi ! Tu penses à soulever une communauté pour qu'elle en extermine une autre ? Franchement, ce n'est pas raisonnable, c'est mal. Il ne faut pas, sinon tu seras mis au coin, mais ne cries pas, tu auras la télévision couleur, et un téléphone avec Internet pour continuer.

Matis et Richard les écoutaient, choqués par l'agression, mais attentifs. Ils semblaient découvrir une réalité, pourtant à priori banale. Matis intervint, nerveux :

— Ma Lily, Théo, vous devriez arrêter, parce que je sens la haine m'envahir, je suis mal, je ne gère pas ! J'ai vu le visage de Marion, celui de Camille et aperçu ses bras et ses jambes. Je vous le dis, j'ai une agressivité d'un niveau que je ne me connaissais pas. C'est toxique.

— J'ai passé ma vie devant une table à dessin numérique et un écran. Je n'avais jamais été confronté à une telle violence réelle. En plus subie par des femmes. Mes amies. C'est incompréhensible. Ce n'est même pas bestial, c'est de la démence. Je suis totalement effondré et choqué. À un point que vous ne sauriez imaginer. Matis à raison, nous devons rester lucides, c'est vital pour chacun de nous et pour La Source.

Ils demeurèrent ensemble, car ils en avaient besoin pour gérer ce qui était arrivé, et ils échangèrent sciemment sur les travaux et les installations afin de se protéger.

Astrid, restée dans la chambre surtout pour ne pas laisser ses amies seules, était en proie à une montée de hargne. Elle ne pouvait plus faire souffrir les monstres, car elle les avait tués, mais elle en avait plus qu'assez de devoir son salut une fois encore à la violence pour annihiler une barbarie, gratuite et haineuse. Elle avait vu les corps de ses deux amies, écartelés sur une table telle de la viande sur un étal. Elle savait ce qu'elles avaient dû endurer, mais elle songeait aussi à ce qu'elles auraient subi si elle n'était pas arrivée à temps.

L'horreur semblait ne pas avoir de limite pour ce genre d'individus et ils s'y complaisaient. En songeant à ce qu'ils avaient dû faire avant d'être emprisonnés, sa hargne devint haine à son tour. Elle ne pouvait plus offrir de compassion, de compréhension, de justifications et d'excuses à ce que ces gens commettaient, et elle s'y refusait, car ils ne le méritaient pas. Les sentiments louables devaient être réservés aux victimes toujours plus nombreuses, et les regrets, c'est la société qui les devait aux martyres. Mais rien ne changerait avant longtemps, elle le savait aussi, car pour cela la communauté serait contrainte d'accepter d'être une prédatrice, comme les hommes l'ont toujours été pour chasser les prédateurs des forêts afin de vivre en sécurité.

— Camille, Marion, je suis ravagée par les regrets de ne pas m'être décidée à vous chercher plus tôt. Ce qu'ils vous ont infligé est sans nom. C'est la goutte du débordement pour moi, ceux-là ont payé, trop vite à mon goût, mais en m'adressant un signal que je ne peux ignorer, car je l'ai reçu et saisi ! Je vous aime, pardon.

— Astrid, cesse de te faire du mal, nous sommes vivantes parce que tu nous as sauvées. Marion a souffert plus que moi, mais bien moins que si tu n'étais pas venue à nous. Alors merci de tout mon cœur. Astrid, la façon dont tu as su nous sauver est miraculeuse, tu es un prodige absolu. Il faut que je pleure, désolée.

— J'ai trop mal partout, y compris au visage pour discuter, Astrid, mais écoute Camille, elle a raison. Merci du plus profond de mon être, et à jamais. Tu es magique. Je ne souhaite pas t'enlever à Camille, mais je t'aime pour toujours. Demande-moi ce que tu veux, je serais là avec un oui. J'ai trop mal. Dodo.

CHAPITRE 35

Astrid et Richard assistaient à la énième tentative des informaticiens affecter au décodage des enregistrements de l'ambassade que Théo avait dérobés. Seulement ils étaient cryptés avec un haut niveau de sécurité et la partie était plus que difficile. Ils utilisaient une copie afin de ne pas risquer de tout perdre, mais après quatre jours de travail où les ingénieurs se relayèrent, ils commençaient à douter de la réussite. Astrid s'adressa à l'équipe, frustrée de ne pas accéder aux informations qui auraient pu permettre d'exploiter pleinement leur intervention dans ce fichu consulat :

— Dites, je suis simplement une utilisatrice de l'informatique, je risque donc de dire une bêtise. Avez-vous pensé que j'ai installé dans l'ambassade un programme pour que les hommes de Théo puissent accéder au système ?

Richard ouvrit de grands yeux et fit une moue proche de la grimace en soupirant :

— Je crains fort que la réponse soit négative ! Messieurs, l'un de vous y a-t-il songé ?

Les cinq hommes se regardèrent, consternés. Personne n'avait cherché à travailler sur cette information pourtant essentielle. Astrid enchaîna :

— Il est sans doute trop tard à présent, mais cela vaudrait la peine de tenter le coup. En restant cachés, car depuis, il est possible et probable que de l'autre bout des spécialistes soient en attente de notre connexion pour nous identifier. Est-il envisageable de rester invisibles ?

Richard interrogea Rémi, le chef d'équipe, sur les chances de ne pas être localisés, celui-ci fit la moue et commenta tout en réfléchissant :

— Ici, notre spécialité c'est la programmation, dans le genre de ce qui fait fonctionner La Source. Nous ne sommes pas forcément excellents sur le web ni même pour casser un code de cryptage. Si en face il y a un ou deux spécialistes de la localisation dans les starting-blocks pour nous prendre la main dans le sac, trois minutes suffiront, peut-être moins, et ils nous tomberont dessus.

— Dangereux, Rémi, trop je pense.

— Madame Meillan, Richard, j'aurais une solution, mais je ne doute que vous appréciez.

— Osez, Rémi, une idée ne fera pas de mal et nous en avons besoin.

— À l'extérieur, j'avais gardé quelques contacts avec des camarades de promo, dont certains étaient à l'époque de redoutables hackeurs. Des pirates en informatique, si vous préférez. Ils entraient partout et je suis sûr qu'ils continuent. Ce sont des accrocs. Si je peux les contacter, avec l'autorisation de demander ce service, et s'ils acceptent, je n'ai pas de doute sur le résultat ! Il reste que cela fait beaucoup de conditions !

— Il faudrait donc leur dire que nous existons ! C'est risqué, Rémi.

— Certes, mais d'un autre côté, La Source a besoin de ce genre de fou de la toile pour espérer un jour ne plus être dans l'obligation d'intervenir physiquement afin de placer un mouchard !

— Richard, la proposition de Rémi est pleine de bon sens. Nous avons une nécessité de performances sur le moindre de nos besoins et là, de toute évidence, c'est carrément un vide. Rémi, vous pensez que certains accepteraient d'intégrer La Source ?

— Étant donné les moyens et le matériel dont nous disposons ici, j'en connais au moins trois qui deviendraient hystériques en voyant tout cela. Ils ne pourraient plus dormir avant plusieurs jours. Ce sont vraiment des … des hackeurs ! Pour eux, c'est comme une drogue. Mais ils sont une solution autant qu'un problème. Si vous n'en connaissez pas, Madame Meillan, considérez qu'il s'agit de vouloir gérer des électrons libres.

— Ah ! Richard ?

— Je pense qu'il a raison, la difficulté sera d'encadrer ce genre de personnage qui, par définition, refuse toute forme d'autorité.

— C'est un obstacle réel, Madame Meillan, ce sont des addictifs du hack, mais aussi de la rébellion !

— Je vois. Continuez vos travaux. Je reviens pour vous dire si nous les contactons ou non.

Astrid descendit voir Marion, qui travaillait avec Matis dans le bureau du comité, afin de lui exposer le dilemme et la nécessité immédiate et à venir de disposer de ce genre de compétences. En entrant, elle marqua un temps d'arrêt et sourit :

— Re, Matis, bonjour, Marion. Je dois faire dans le concis, donc pour le cas où Lily viendrait vous voir, vous devriez ouvrir une fenêtre !

— Mais tu es ahurissante, Astrid ! Il n'y en a jamais eu à La Source !

— Lucidité fulgurante, merci, je n'avais pas remarqué, Marion ! Je suis hallucinante parce que tu m'hallucines ! Ton discernement m'aveugle ! C'était une boutade, frêle douceur. Comment pourrais-je exprimer la chose de manière compréhensible pour ton chaste et pudibond cerveau … J'hésite !

— Tu me charries, Astrid ? C'est ça ? Je n'ai pas saisi ta plaisanterie ?

— Vois-tu, tendre et innocente Marion, il règne ici l'une des fragrances que je vénère. Un savant mélange de phéromones, de stupre, de corps en sueurs et de sécrétions !

— Je ne comprends toujours pas le sens de tes allusions douteuses.

— J'active le décodeur. Vous avez procédé à une saillie ici même. Pas une petite affaire entre deux dossiers, oh que non ! Vous vous êtes déménés, l'un et l'autre. Mon nez me raconte, il détecte les effluves !

— N'importe quoi, nous n'avons pas … Oh mince ! À ce point ! Je suis confuse, Astrid, c'est hyper embarrassant.

Marion porta son nez sous ses bras et fit une petite moue, Matis fit de même. Astrid pouffa, railleuse :

— Alors là, vous me faites marrer, duo de clowns ! Non mais, franchement, ça valait une séquence pour le bêtisier de La Source. Vous ressemblez à deux ados ! À présent, vous copulez avec vos dessous de bras ? C'est une secte ? Guignols ubuesques. Ici ça ne sent pas la région axillaire, mais le musque, les sécrétions ayant pris l'air, les fesses transpirantes … ça embaume le truc d'enfer !

Marion baissa les yeux, rougit et ne répondit pas, Matis sourit :

— D'accord ! Tu es la gagnante. Nous venons effectivement de faire une pause … chaude et passionnée ! Mais tu es toujours aussi trash, Astrid. C'est le genre d'exercice qui t'amuse.

— Ah non, je proteste et réfute. C'est autre chose : ça m'excite !

— Je capitule. Cela dit tu as raison, je file mettre la ventilation forcée, c'est plus prudent ! Merci.

Matis était à peine sorti que Marion se mit à chuchoter :

— Tu m'as fichu la honte. Tu réalises ce que tu as dit devant Matis ?

— Oui, bien entendu. Moi j'ai évoqué, alors que vous deux l'avez consommé ! Veinarde.

— Camille a raison, tu es impossible.

— Si cela t'aide à gérer, d'accord. Je suis ton amie et je voudrais savoir. Tu fonctionnes encore ?

— Oui et non. Je … je te raconterai, je dois me confier. Mais, Astrid, en étant sincère et sérieuse, j'ai vraiment l'haleine chargée où tu m'as charriée un bon coup par jeu ?

— Marion, les relations charnelles sont devenues une nouvelle passion, je suis comme un œnologue devant un verre de vin. Et tu sens, autant que ton amant, le corps qui a transpiré l'excitation, et qui a réussi. Je peux aussi te révéler que si tu es à ce point parfumée, c'est qu'il y quelques jours, tu as eu …

— Mais tais-toi, enfin ! C'est affreusement embarrassant et vulgaire !

— Moi j'adore. N'ai pas de gêne, c'est toi, et tu es normal.

— Oh la honte ! Le rêve vire au cauchemar ! Tu sais tout ça de moi juste à l'odeur, je file me doucher.

— L'idée est pertinente. Mais tu diffères. Que tu fasses de l'exercice quand tu es dans la nécessité, pas de souci, c'est sain. Mais là, j'ai besoin de toi et Matis, alors tu restes là. Le voilà qui revient.

Astrid expliqua le problème présent et à venir et exposa l'idée et le risque. Elle demanda à chacun d'apporter un commentaire et ils tombèrent d'accord sur la nécessité de la compétence, et sur le fait que le travail devait porter sur la méthode à mettre en œuvre pour maîtriser l'immaîtrisable, qui de plus aurait une autorisation de sortie sans frontière tout en disposant d'un savoir rendant un contrôle ou une surveillance impossible.

— Je sors une minute et je reviens.

— Pour quoi faire, Astrid ? Tu as dit toi-même que c'était urgent. Je suis pressée, comme tu le sais.

— Pour m'aérer le nez et revenir dans un instant afin de déterminer si Lily détectera l'activité des deux obsédés, car il faut l'appeler.

— Pas la peine, nous changeons de bureau. Matis, prend nos notes, je referme l'informatique. Astrid, tu appelles Lily. Et merci de rester discrète, même si elle sait !

— J'en plaisante, mais c'est pour vous que je l'ai dit. Moi, je sais.

Installés dans le second bureau, ils accueillirent Lily qui écouta avec attention le résumé de la situation, les idées et problèmes et la piste de réflexion.

— Je constate que vous avez déjà avancé sur ce sujet. Les questionnements et les propositions sont menés par les équipes en charge et remontent avec efficacité. La Source devient intéressante. La responsabilisation progresse, l'autonomie décisionnelle aussi, nous devenons extrêmement efficaces. Nous ne sommes pas dans votre bureau de travail habituel et il n'est pas en travaux. L'urgence ne prévient pas. Ne rougit pas Marion, merci d'avoir pensé à moi.

— Mince alors, ma Lily ! Tu n'as pas le droit d'utiliser ça en dehors du tatami, c'est pénible et traumatisant !

— Tu as raison, mais c'est comme si je te demandais d'arrêter d'être cartésien ou d'user de la gestion des inconnues pour résoudre les problèmes ! Bref. Comment gérer des rebelles ! En procédant par élimination, j'imagine que nous pourrions utiliser le virus intellectuel, ou la manipulation, le chantage ou la motivation. Notre outil doit rester le dernier recours, car le risque existe malgré tout. La situation suppose que nous puissions savoir ce qui est mené, idéalement de maîtriser. Mais cela ne sera pas le cas ou trop tardivement. La manipulation … Je cherche. La motivation … Aussi.

Ils restèrent silencieux, absorbés par leurs réflexions, puis Marion prit la parole :

— Le problème vient de ce qu'il est impossible de comprendre ce qu'entreprend ou dit une personne pratiquant un autre langage que le vôtre, comme lorsque Lily et Astrid discutent chimie devant Matis, Théo ou Richard. Eux n'entendent que des sons. Donc pour manipuler ou motiver, il nous manque une chaîne d'informations. Il faudrait par conséquent que tout un groupe parle la même langue afin que chacun sache qu'il est compris par d'autres. Nous aurions alors accès à la manipulation. La motivation devrait suivre facilement s'ils se côtoient.

— Analyse rapide et pertinente, félicitations, Marion. Si personne n'a d'objection, je propose que nous retenions sa proposition.

Chacun étant d'accord, Astrid s'en retourna en faire part à Richard et Rémi, et demanda à ce qu'ils préparent un local à même d'impressionner ces gens-là et de leur donner une envie irrépressible d'intégrer La Source sans jamais prendre le risque d'en être évincés. Deux jours plus tard, l'étage d'un bâtiment du centre informatique était aménagé avec du matériel et des logiciels inaccessibles au public. La connexion sur le web offrait un débit qui rendait la moindre action instantanée et une profusion d'aménagement de haute technologie complétait ce lieu futuriste. Quatre journées supplémentaires suffirent à ce que La Source compte trois membres de plus, qui se mirent à l'ouvrage dès l'avide contemplation du matériel assouvie. En deux heures, ils donnèrent la clé de cryptage des vidéos à Rémi, leur chef d'équipe. Astrid prit les enregistrements décryptés et appela Théo qui la rejoint dans son bureau. Grave, tendue et partagée sur son désir de revoir la terrible soirée, mais sachant que c'était indispensable, elle diffusa les vidéos simultanément sur un pan de mur. Les pièces étaient visibles via un écran divisé en quatre, permettant une observation depuis chaque angle. Ils observaient les scènes mieux qu'ils ne l'avaient pu sur place et arrivèrent à l'irruption des hommes en armes dans la salle de réception. Théo ouvrit d'autres fenêtres et recala les enregistrements trois heures avant l'arrivée des tueurs. Ils se promenaient tous les deux devant les images multipliées par quatre, revivant la soirée, y compris dans les endroits où ils n'étaient pas, comme les bureaux hyper protégés du dernier étage. Une heure passa. Ils continuaient leurs observations, ponctuées de commentaires principalement sur ce qu'ils faisaient dans la salle de réception.

— En plus, c'est vraiment Babeth qui vient à toi ! C'est qu'il a du charme mon pépère !

Quelques minutes plus tard :

— Et c'est bien elle qui t'attrape par le cou !

— Mais je te l'avais dit, tu ne me croyais pas totalement ?

— Si, mais avec un léger doute sur les détails, car j'ai vu le petit lot dans sa robe de soirée et à poil sur son lit, ce n'est pas n'importe quoi, elle est splendide, donc tentante !

— Je plais, que veux-tu, le charme naturel ne s'explique pas, il se vit !

— Cela dit Théo, c'est une belle prise, je le reconnais. Si elle n'était pas disjonctée lorsqu'elle s'est pendue à ton cou, c'est que c'est peut-être le coup de foudre !

— Astrid, s'il te plaît, elle est toujours dans le coma.

— Désolée, mais fait lui confiance, elle se bat. Et si elle te veut, laisse-toi faire dix fois, Théo, c'est la vie qui t'offre un cadeau en la mettant sur ta route. Tu ne te lasseras jamais d'être avec elle, de la regarder vivre, manger, dormir, sourire, se doucher, se vêtir, marcher nue, mettre ou enlever ses dessous, brosser ses cheveux … C'est une fée, je le sais. Tu pourrais être heureux, mon Théo !

— Astrid, observe, je reviens en arrière. Tu es aux toilettes, je suis dehors avec Babeth. Examine le type en retrait dans le hall. Il prend son téléphone et le porte à son oreille sans composer, il est donc l'appelé. Et là, tu vois, il coupe la communication et …

— Il numérote immédiatement. Il le remet dans sa poche et envoie un garde dehors.

— Nous y sommes, Astrid ! J'avance, et nous avons les grosses berlines qui arrivent précipitamment. Qui en descend ?

— Ce sont les tueurs, Théo. Ils prennent l'artillerie dans les coffres. Qui rejoignent-ils en premier ?

— Notre petit standardiste ! Saleté de mec ! Et ils se mettent en planque dans le hall. Nouveau coup de fil reçu, il adresse un signe aux tueurs qui avancent dans la salle.

— Et pan, l'invité se fait exploser la tête. C'est parti pour le massacre, Théo ! Mais quels salopards ces types !

Ils revivaient ce qu'ils avaient vécu sous tous les angles, observant les convives encore présents tomber un à un. Ils se virent mettre les mains sur les oreilles, imités dans la seconde par Babeth qui se tenait en retrait derrière Théo, réactive malgré le cauchemar qui se déroulait autour d'elle. En retard, les deux hommes les imitèrent, les autres s'effondrèrent presque ensemble. Dans les bureaux qu'ils n'avaient pas visités, la même scène se produisait. Les gens se figeaient, vomissaient et tombèrent au sol, morts. Un des deux tueurs qui s'étaient protégés tira. Babeth, qui se laissait glisser au sol, fût secouée brutalement, comme si un coup de poing au ventre l'avait stoppée dans son élan pour s'allonger. Elle porta la main à son côté, regarda le sang, incrédule, et fini de tomber à genoux en pleurant.

— Putain, heureusement que nous les avons butés, j'y retournerais pour les finir !

— Ils ont peut-être détecté l'installation du logiciel dans les toilettes et ils ont paniqué !

— Tu as raison, il faut savoir et comprendre, je reviens en arrière. Voilà, tu prends le minidisque sous la boîte de mouchoir, tu fais mine de te démaquiller, tu approches de l'ordinateur. Tu es habile, Astrid, tu es insoupçonnable.

— Le mec n'a pas encore été appelé, Théo. Attention, je te dirai pour le stop image. Top ! Alors, j'en suis où ?

— Regarde, je ne vois pas trop, tu as les deux mains sur le moniteur.

— C'était exprès, pour les caméras. Théo, ce sont les ennuis qui se prolongent. Je n'avais pas encore mis la carte, j'en suis certaine ! Ils ont reçu un appel sans relation directe avec l'installation. Donc, reste à savoir si c'est un hasard, ou s'ils ont été prévenus. Ça pue.

— Comme tu le dis. Les coïncidences de ce genre-là n'existent pas, nous avons été balancés ! Je le choperai, crois-moi, Astrid. Et il paiera sa forfaiture au prix fort ! À Caen ou pas, je lui ferai bouffer ses tripes. Comment pouvons-nous réagir et passer à la contre-offensive ?

— Les hackeurs ! Je ne sais pas quoi leur demander, mais eux sauront peut-être ! Je les appelle.

Toujours dans le bureau d'Astrid, ils montrèrent aux trois hommes ce qui s'était passé et les interrogèrent ce qu'ils imagineraient comme piste pour obtenir d'autres informations. Avant de répondre, ils se regardèrent, se sourirent et se lancèrent un défi en quelques mots :

— Dix minutes.

— Tenu, HackMan. Mais je le fais en moins de huit.

— Pfff ... Six pour moi, LanMan ! Chef, trouvez-nous le nom du mec au téléphone, et vous nous le donnez. Mais en même temps !

— D'accord !

Le trio ressortit en discutant et le duo s'observa, estomaqué, Théo plus encore :

— Ils sont hallucinants ceux-là ! Astrid, à priori tu les connais. Tu pourrais m'expliquer qui sont ces hurluberlus ? Pas des guignols, j'espère, nous n'en avons pas besoin en ce moment.

— Des nouveaux, des types qui voyagent dans le web comme toi sur un tatami ou dans ton armurerie, ou moi dans la chimie !

— Ah bon ! Et ils feront quoi en si peu de temps ? Je n'ai pas saisi.

— Aucune idée ! Cherchons le nom du mec, nous verrons bien.

Quarante minutes plus tard, ils étaient dans le bureau des hackeurs. Ils demandèrent à Théo de noter le nom sur des papiers à remettre simultanément à chacun. Ils comptèrent jusqu'à trois et se lancèrent tels des fous sur leur clavier. Les secondes s'écoulaient dans le silence, si ce n'était le crépitement des touches enfoncées à grande vitesse.

— Cinq cinquante-huit ! Voilà, j'ai le numéro de téléphone de votre homme, celui de son correspondant mystérieux et son nom. Bingo !

— Incroyable, nous aurions déjà le nom du traître, Théo !

— Je suis assez rapide en effet, Astrid ! Il s'agit d'un gars appelant d'un pays du Moyen-Orient. Illah Mohamed El Kredien, ministre du Culte. Je vous ai laminé, les mecs.

— Six minutes quinze ! Je ne suis pas sûr d'avoir été battu, PlayMan. C'est bien El-Kredien, je suis d'accord, mais je peux ajouter qu'il a reçu ses informations de France, du ministère du Commerce extérieur, le bureau du chef ! Ils se sont téléphoné à plusieurs reprises, notamment quelques secondes avant qu'El Kredien n'appelle l'ambassade.

— Théo, peut-être un ministre ! Vous avez réussi à remonter tout cela en six minutes ! Je m'incline, les gars, c'est puissant et précieux. Mais quelle est la part d'erreur possible ?

— Aucune, je suis certain de ce que je vous dis, chef. Alors, je suis battu, PlayMan ?

— Il peut y avoir débat, LanMan, nous aurions dû être plus précis sur l'objectif à atteindre. Par contre, HackMan, PlayMan et moi t'avons mis carpette sur ce coup-là !

— Nous en débattrons. Sept minutes, je suis en avance sur mon planning. Je suis d'accord pour El Kredien et le ministre du Commerce extérieur, mais j'ajoute un truc, les mecs, et vous en serez verts !

— Ne charrie pas, l'heure ou la durée ça ne compte pas, tu es largué, tu es cuit, c'est tout.

— Pas de souci, PlayMan ! Mais moi je peux vous dire de qui le ministre a reçu les informations. Je viens de l'isoler histoire de pouvoir discuter tranquillement.

— Tu as trouvé qui … Alors il peut y avoir débat aussi, HackMan, nous avons précipité les choses et manqué de méthodologie !

— Les mecs, c'est bien un ministre, pas un délégué. Nous ne jouons plus. Nous devons prendre une position. À mon avis, c'est le moment de nous retirer de la partie, ou alors de la jouer serrée, version essore méninge, et … qui dure !

— Que voulez-vous dire, HackMan ?

— Astrid, nous sommes des hackeurs, nos moteurs sont les défis. Pas n'importe lesquels. À notre niveau, nous œuvrons à emmerder tout ce qui veut policer le système à outrance et à contrer les grands capitaux qui nous exploitent ! Mais voilà que nous nous trouvons pris dans un truc qui pue, pas propre, et visiblement avec des implications qui nous dépassent. Nous devons donc choisir si nous dépassons le stade de notre mode de fonctionnement, ou non.

— Je comprends et respecte vos choix. HackMan, je peux vous dire que l'enjeu est immense et ce n'est pas une question d'argent. Du moins pas du côté où nous nous trouvons. Un groupe de pays, très militarisés et policés, a décidé de mener contre nous une attaque totale et à grande échelle. Nous assistons à la construction d'un IIIe Reich, sauf que ce coup-ci les Allemands n'y sont pour rien. Nous estimons leur intervention au minimum cinquante fois plus grave, violente et meurtrière à ce qui a été déclenché lors de la Seconde Guerre.

Incrédules étant donné la monstruosité de l'information, ils échangèrent un regard perplexe et Hackman l'exprima :

— Vous voulez nous manipuler, Astrid ?

— Vous avec ma parole que non. Vous l'avez constaté sur la vidéo et avec ce ministre félon. Nous avons besoin de vous pour sauver la population, pas seulement de notre pays, mais de celles de tous ceux qui ne sont pas dans leur coalition.

— Précisez l'idée.

— En gros, les trois quarts de la planète sont menacés. Ses gens veulent le pouvoir absolu en instaurant une dictature mondiale. Ils sont incroyablement riches et le seront plus encore. Relevez ce défi avec nous. Vous n'aurez jamais l'opportunité d'affronter de plus grands capitaux ni pires exploiteurs. Nous avons besoin de gens comme vous. En face ils ont des hackeurs, des bons, mais endoctrinés. Et ils sont partout.

— Je vous entends, Astrid, mais au préalable, je dois vous dire ainsi qu'à mes potes ce dont il retourne. Les informations reçues par notre bon ministre viennent d'ici, les gars. De La Source ! C'est gravissime. Et peut-être perdu d'avance. Je lui ai coupé les accès à nos ordinateurs, aux caméras et micros de nos bureaux. Pour l'instant, il est baisé, mais c'est un enfoiré de première, parole de HackMan.

— Pourriture ! Je file le bousiller, l'écarteler, le pulvériser, l'étriper ... Il pourra compter les os que je lui péterai. Il a une centaine de morts sur la conscience cet étron de porc. Qui nous espionne et nous trahit ?

— Attends, Théo, calme-toi. Écoutons et nous aviserons. HackMan, vous pourriez nous dire de qui il s'agit ? Ou son service ? Le niveau ? Enfin une information complémentaire ?

— Je peux. Cela vient de cet étage, donc de l'informatique. Astrid, c'est dans le bâtiment voisin. Il a ouvert une brèche avec des droits « administrateur » pour permettre des échanges échappant aux contrôles. Il sait que nous sommes là et nous a surveillés. Il s'agit du poste sept, Mickael Sheridan. Aucun doute.

Astrid se frappa les cuisses de rage :

— C'est un cauchemar. L'ennemi connaît l'existence de La Source, où nous sommes et ce que nous faisons. Il faut prévenir le Président de la situation, c'est trop grave, Théo !

— Je suis d'accord. Mais une chose m'échappe. Qui vous a parlé des caméras et des micros ? Et comment auriez-vous pu nous isoler, seul Richard peut faire cela.

— Dans la théorie, oui. Mais il n'aurait pas dû passer par le réseau informatique général du centre, car j'ai pu aussi, et le connard idem.

— Génial ! En résumé, c'est le bordel !

— Je pense que le mot est une synthèse appropriée à la situation. Vous n'êtes pas préparé à affronter ce type d'intrusion. Mais j'ai une proposition, si mes potes sont d'accord. LanMan, PlayMan, nous leur rendons la monnaie à ces bâtards où nous passons la main ? PlayMan ?

— Je ne passe pas. Jamais de la vie. Ils nous prennent pour qui ceux-là ? C'est des tarés. Si tu fonces, HackMan, je te suis, mais pas pour un coup, j'irai jusqu'au bout. Ce sont des tricheurs. Ouvrir le pare-feu en admin de l'intérieur, ce n'est pas respecter nos codes. Je leur montrerai ce que c'est que du hack ! Et ce qu'il en coûte de bafouer nos règles.

— Je suis plus sur la retenue, car fondamentalement et c'est dans mes chromosomes, servir le pouvoir n'est pas mon truc.

— Je te comprends LanMan, tu me connais, je suis comme toi. Mais j'ai un mauvais pressentiment, du genre l'impression que si nous ne participons pas à l'effort, servir ou non un pouvoir ne sera même plus une question à se poser. Tu as vu ce qui se passe ? C'est le plus grand défi que tu n'auras jamais à relever. Du vrai, du réel, avec des mecs en face qui utilisent des moyens d'états et militaires ! C'est bien cela, chef ?

— Précisément. Il ne s'agit pas de voleurs d'informations, mais d'une tentative de prise de pouvoir pour imposer une dictature militaro-religieuse au monde. Il ne sera plus question de choisir quoi que ce soit ni de se balader sur le web ! Il n'y aura plus d'Internet pour les civiles. En face, ils ont mis en place des militaires pour nous pirater, avec des moyens d'états. Il s'agit d'ores et déjà sans doute de la première vraie guerre avec le web comme arme pour la préparation d'une invasion !

— Plus d'Internet ? Même pas en rêve ! Je te suis, HackMan.

— Bon, alors j'en suis aussi. Nous leur donnerons du fil à retordre et ils se le prendront dans la tronche, ces tarés. Astrid, je vous propose d'oublier votre mode de fonctionnement habituel et d'agir au moins pour ce qui nous intéresse comme des hackeurs ! Vos règles ne sont pas adaptées à ce monde virtualisé, c'est un autre univers, le nôtre. Nous laisserons croire à ce rebut dégénéré, qui a utilisé sa fonction pour ouvrir une faille, qu'il est toujours le roi. Je dois vous dire qu'il a placé nos trois postes en observation, il est donc informé de l'objet de notre présence et de la recherche que nous avons effectuée.

— Mince ! Alors c'est foutu, les gars ? Nous aurions déjà perdu contre ces enfoirés ! Je refuse. Qu'allons-nous faire et devenir ?

— Attendez, Astrid. Il est au courant, effectivement, mais pas que nous savons qu'il sait. Je l'ai isolé, mais lui croit simplement que nous ne faisons rien. PlayMan, je connais ton talent de joueur pour piéger un autre hacker, tu pourrais le prendre en charge en continu ?

— Un peu mon neveu. Avec les caméras, il ne parviendra même plus pisser en paix ! J'analyserai ses frappes au clavier, ses paroles, la position de son regard sur ses moniteurs, ses clics, tout ! Pour moi, il déjà mort ce trou duc ! Le mec … obligé de passer en admin pour bidouiller, c'est un naze. Dans une heure, c'est moi qui déciderai ce qu'il fera ou pas.

— Pas de panique, Astrid, il veut jouer, nous en sommes. Alors c'est OK, PlayMan, nous comptons sur toi, fais quand même gaffe, n'oublie pas qu'il ne respecte pas les codes. Enfume-le jusqu'à le rendre fou, c'est un tricheur et il ne rigole pas, c'est un agent ennemi, un flic ou un militaire. LanMan, dit « grand malade du réseau », tu pourrais prendre le contrôle de leurs connexions, et des nôtres, et utiliser celle du sept pour t'emparer de la gestion de leur pare-feu, histoire qu'ils ne nous ferment pas les portes au nez au mauvais moment. Et tu fais gaffe, mec, de l'autre côté ce ne sont pas des hackeurs de quinze ans, mais des militaires. Et à mon avis, ils connaissent tes habitudes, car ils ont déjà ta carte de visite en main, adressée par numéro sept ! Ce paria.

— Théo, désolé pour ma façon de m'adresser à toi, mais je n'arriverai pas à dire le grade.

— Pas grave, LanMan, tu n'es pas à l'armée.

— Merci, mec. Dis-moi, je peux prendre le pouvoir sans permission sur leur foutoir en étant dispensé d'avoir nos petits flics français au derrière pour ça ? C'est qu'ils sont assez pénibles et certains m'ont dans le nez. Ce ne sont pas mes meilleures fréquentations.

— Aucun danger ! Si tu y arrives, fais en sorte qu'ils deviennent une annexe de La Source. Je couvre, et je te montrerai que je peux. Tu prépares ce que tu veux pour que le moment venu, tu mettes le plus gros bordel possible chez eux, no limit, man, carte blanche ! Mets-leur un merdier sans nom, qu'ils en deviennent fous ! Tu pourras même bousiller leurs installations et ramener le pognon si tu tombes sur une cagnotte. Nous nous ferons un gueuleton avec une pensée pour ces connards. Tu les mets à genoux ! À plat ventre !

— Elle me plaît ton idée, c'est d'accord. Ils en baveront un max. Ils découvriront LanMan qui se lâche et se fâche ! Ma carte de visite, je rêve, quel enfoiré ce sept !

— Bien, avec mes deux potes, nous brouillerons les plans et mélangerons les tuyaux. Le temps qu'ils s'en aperçoivent, qu'ils comprennent le pour quoi et le comment, nous utiliserons la sortie de sept, mais aussi par la même occasion son entrée chez ceux d'en face, en douceur. Nous deviendrons l'un des leurs et nous fournirons en plus des informations en nous faisant passer pour lui. Vous nous direz ce qu'ils doivent avaler. Nous les manipulerons et les contrôlerons grâce au jeu qu'ils ont mis en place ! Et soyez tranquille, nous modifierons les données qu'ils ont sur La Source, même sa localisation.

Le temps qu'ils comprennent que nous sommes infiltrés, ils mangeront grave ! Et là, c'est ce que je prends en charge. Ils n'ont pas fini d'en baver, parole d'Hackman. Vous ne savez pas, mais j'ai ma réputation.

— Théo, HackMan a raison. Nous avons une chance unique de les manipuler et de leur faire payer l'agression. Laissons ce sept en paix, ils le contrôleront et censureront ce qu'il envoie. En moins de dix minutes, ils ont identifié et maîtrisé l'intrusion dans nos systèmes. Imagine sur une journée ou un mois … Ils ont de la marge.

— C'est d'accord, Astrid. Mais vous me laisserez en finir avec ce traître. Il a une dette abyssale à payer. Et si vous le pouvez, sécurisez donc notre informatique pour qu'un autre numéro sept ne puisse plus jamais se croire à une journée porte ouverte. Et mettez une grosse tapette à souris que nous l'entendions gueuler. Messieurs, je vous remercie et si vous avez besoin de quoi que ce soit en équipement ou autre chose, vous me le dites, c'est oui pour tout. Félicitations sincères !

Astrid et Théo regagnèrent leur salle de travail et finirent d'analyser les images, puis ils se rendirent au restaurant où ils avaient prévu de partager le repas, afin de prendre le temps de discuter des évènements. En attendant leurs assiettes, Théo posa sa large main sur celle en proportion presque enfantine de son amie. Il l'observa un instant puis lui parla du film de la mission, revenant sur les images où elle intervenait. Surtout dans la cuisine où il avait découvert sur la vidéo qu'elle lui avait sauvé la vie en figeant net le grand cuisinier juste avant qu'il ne lui enfonce son hachoir dans le crâne, et sur sa rapidité à se glisser à côté de lui face à ceux restants. Il marqua un temps d'arrêt, ému également par sa discrétion, car jamais elle n'y avait fait la moindre allusion. Puis il commenta sa réaction lors de la sortie où son tir instinctif lui avait une fois de plus sauvé la vie en éliminant les trois hommes qui s'apprêtaient à leur tirer dans le dos alors qu'il portait Babeth. Elle lui souriait avec tendresse sans l'interrompre. Après une nouvelle pause, il lui dit qu'une telle série d'actions réussie, et sur une seule mission, relevait de l'exceptionnelle et n'était à la portée que d'un petit nombre, la plaçant d'emblée à un haut niveau de compétences. Puis il la remercia.

— Astrid, si tu n'avais pas désobéi à mes ordres … C'était ma dernière mission. Pourquoi ne pas me l'avoir raconté ?

— Tu aurais agi de même pour moi. Nous sommes une équipe. Et puis … tu te serais empressé de me reprocher mon indiscipline, patate !

— Tu es un exemple, Astrid. Travailler avec toi est un privilège. Je souhaiterais ton accord pour le dire aux hommes.

— Seulement si c'est une règle ou une tradition de vous raconter ce genre de chose. Et en dehors de ma présence. Je préfère mes combats contre les molécules.

Astrid demanda des nouvelles de Babeth, car depuis la veille au soir elle n'avait pu lui rendre visite. Il l'informa qu'elle était toujours dans le coma, sans signe de réaction ni de dégradation de son état. Elle prit beaucoup de précautions pour lui dire d'envisager qu'elle pouvait mourir, ou se réveiller diminuée, ou vidée de ses souvenirs, ou aussi en pleine forme, mais pas amoureuse, ou au contraire éprise, de lui ou d'un autre ! Théo écoutait avec sérieux, acquiesçant de la tête pour indiquer que, malgré son silence, il était attentif et comprenait. Une serveuse apporta les assiettes de crudités, ils firent une pause et c'est Théo qui reprit :

— C'est étrange la vie. J'ai essayé plein de fois de construire une relation avec une femme, en prenant le temps de la séduire, de faire les choses dans l'ordre, etc. Mais rien, des rapports oui, des câlins et de la tendresse aussi, mais l'amour ! Et voilà que sur une seule rencontre, je pense pouvoir être amoureux ! Mais elle est en train de m'échapper parce que sa vie l'abandonne !

— C'est en effet toujours mystérieux les histoires de coup de foudre. Théo, nous ne nous faisons plus de secret, n'est-ce pas ?

— Interdit, c'est une règle de survie dans le groupe.

— Ton dernier rapport libidineux remonte à combien de temps ?

— Ah ! Cela fait déjà un moment ! Je dirais … Attends une minute ! C'était avec Marion, trois jours avant l'ambassade. Il y a donc … Ouille ! Plus d'un mois ! Je n'y crois pas !

— Tu as dû compenser seul ?

— Non ! Mais c'est dans mes records. Je n'avais même pas réalisé.

— Ton compte est bon, Théo. Tu ne me dis plus « je pense pouvoir être amoureux », tu l'es ! Accepte ce sentiment et n'en ait ni honte ni peur, soit en fier !

— Mais je n'en … D'accord ! Je suis raide dingue de Babeth, je l'aime comme un fou et cela dure. Tout me plaît en elle, les petits détails, sa peau, son regard, ses oreilles, ses cheveux, son odeur, son haleine …

— Ta confidence me touche, certes, mais je crois avoir compris !

— Désolé. Merci, ça me procure un bien incroyable de le dire et de pouvoir en parler, surtout avec toi. En fait, je sais te l'avoir déjà confié. Mais c'était plus dans l'instant. Ça dur, c'est plus sérieux.

— Et côté désirs, tu penses que ça pourrait le faire aussi ? Parfois la découverte du corps de l'autre n'apporte pas ce que l'on imaginait.

— Astrid, je sais que ce n'est pas bien, mais pendant les soins aux urgences, je l'ai vue ! Elle est si parfaite, si douce au regard que j'aurais peur de la toucher avec mes grosses mains !

— Mais elle a vu que tu la regardais ?

— Non, elle était évanouie. Je ne l'ai pas fait exprès, mais sous le coup de la surprise et de l'émotion, je n'ai pas détourné mon regard, je l'ai regardée, dévisagée, détaillée.

— Elle est rasée ?

— Quasiment. Il reste une fine bande blonde au-dessus des … Eh, Astrid, tu fais caguer !

— C'est ça, c'est moi qui lui ai reluqué le minou ! C'est plus fort que toi ! Mais en faisant abstraction de ton regard déplacé, tu l'as observée et dévorée des yeux, c'est un bon point de plus, mon Théo.

— Sur le fond, tu as raison, je dois changer. Sinon elle ne voudra jamais de moi. Tu penses que j'ai une chance ?

— Je n'en sais rien, sincèrement. Déjà que savoir à quoi songe une femme n'est pas simple, alors une amoureuse doublée d'une psy, le domaine de la divination est proche !

— Astrid, je te propose de réunir le haut comité, celui du projet. Nous devons raconter ce qui est réellement arrivé dans l'ambassade, ce que nous savons de numéro sept, et puis … je voudrais parler de Babeth. Et que tu m'aides. Les discours, ce n'est pas là où j'excelle.

— Nous pouvons annoncer que nous saurons nous introduire chez l'ennemi et passer à l'action afin de leur en mettre une bonne. Pour le reste, j'ai déjà abordé le sujet !

— Putain, oui que nous couperons les c … Désolé ! Et là il ne s'agit plus de braquer une autre petite ambassade pleine de guignols qui savaient tout de nous, c'est entrer en guerre ouverte, mais en ayant la main alors qu'ils penseront l'avoir ! Astrid, ça bardera, il faut s'y préparer.

— Oui, c'est dingue, et j'en ai une drôle de trouille ! Théo, tu me dis « putain, oui ! », je peux te répondre « mais quel con » ou encore « tu es un grand malade pervers, toi ! ». Nous savons bien qu'il n'y a pas d'arrière-pensée négative, ce ne sont que des mots, des expressions toutes faites, de la déconnade entre potes, manière de nous exprimer notre tendresse. Mais avec Babeth, ne lui dit jamais « putain quoi que ce soit ! ». Tu lui briserais le cœur et l'amour qu'elle a peut-être pour toi ! Tu la perdrais, mon grand. Pour un mot, c'est ballot.

— Oh putain, oui ! Ça serait terrible !

— Théo ?

— Oh p… Crotte alors, ça part tout seul ! Je dois changer pas mal de choses, Astrid ! Tu pourrais être un bon coach, non ?

— Je crois que oui, mais pour les finitions, le tact de Camille ou Lily serait nécessaire. Il paraît que je suis extravertie et que je peux choquer ! Je ne commente pas, mais à mon avis, elles sont légèrement chochottes aux entournures. Babeth a un profil proche de celui de Camille, elle t'aidera mieux que moi à parler le dialecte fifille.

— Qu'est-ce que tu voulais dire en précisant que tu avais déjà abordé le sujet ?

— Long à la détente ! Si nous étions sur le tatami, je t'aurais étalé tout Théo que tu es. J'ai pris en charge l'intégration de ta dulcinée, que j'adore aussi. Ne t'inquiète pas, je suis là et je veille.

— Tu y as pensé ! Tu es un sacré phénomène, Astrid. Je ne sais même pas l'exprimer. J'ai pour toi un respect … Entre potes de l'équipe, ça peut sembler étrange, mais je t'aime, Astrid. En plus, je te dois la vie ! Tu pourras toujours compter sur moi, y compris si tu as merdé.

Astrid se figea et garda le silence, brusquement sérieuse et sombre. Théo l'observait et hésitait à l'interroger sur ce changement d'humeur. Il préféra attendre. Elle se pinça les lèvres, avala un verre d'eau, le fixa et soupira :

— Théo, j'ai été longue à la détente. J'ai fait un retour sur l'ambassade, croisé avec les hackeurs, et j'ai réalisé un truc qui décoiffe et fiche la trouille. Tu te souviens de l'invité qui a été le premier tué ? Un grand type qui a voulu la ramener.

— Oui, forcément, il n'avait plus de tête. Ils l'ont bousillé gratuitement, ces cons-là.

— Eh non, c'est là que ça coince ! En fait, Théo, ils se sont trompés. Ils savaient pour nous, et cet invité a trinqué à ta place, sa femme à la mienne. Elle a été la seconde à mourir, d'office ! Pourquoi elle ? Le sept savait que nous partions en couple, l'information a circulé. Ils ont été les premiers à insister pour sortir. Un grand en smoking …

— Saleté de type ! Tu as raison. Le regard du tueur lorsqu'il lui a posé le canon sur son front, c'était ça ! Putain de … ! Ce rebut avait commandité ta mort ! Moi, c'est mon job, mais toi ! Là, ça ne passe pas, je dois le démonter. Il pourra jouer au puzzle avec ses morceaux.

— Patiente. Théo, j'ai un service à te demander.

— Je te l'ai dit, tout ce que tu veux. Et plus encore.

— Merci. Il nous a fait sauter la tête, Théo ! Tu le claques, tu le boxes, tu te défoules, mais tu ne le casses pas. Tu le gardes entier et en étant de fonctionnement. Parce que comme tu le dis, ça ne passe pas ! Je veux faire sa connaissance et qu'il puisse la méditer.

— Ça marche. Ne me colle pas Camille ou Lily dans les pattes sur ce coup-là, Astrid, il doit payer à la hauteur de ce qu'il nous a fait. Les autres ne savent pas. Nous si. Et je sais ce que tu as dû faire.

— Il paiera, Théo, parole d'Astrid. Il nous a collé un contrat sur la tête et nous avons cent morts sur le dos à cause de lui. Il nous a fait exécuter et la gourance n'est pas son erreur. Théo, pas un mot à Marion ni à Matis. À personne. Juste nous deux. Il est à moi. J'ai une science du corps humain que tu n'as pas. Je te commenterai la démonstration.

— Entendu. Tout à un prix, il le saura. Je souhaiterais que tu ne sois pas trop expéditive. J'ai aussi Babeth en travers.

— Il est dans ma zone rouge. Tu sais que je suis tenace. Tu découvriras qu'Astrid peut être dure. Très dure. Tu devras garder cela secret, Théo. Pour compenser, je le laisse l'empaffé de ministre.

— Parfait. Ça marche pour moi. Je lui ferai part de tes sentiments.

CHAPITRE 36

Réuni à la requête d'Astrid et Théo, le comité avait écouté avec attention le récit du duo et visionné les parties de films portant sur les effets du virus. Matis avait demandé à ce que des propositions d'actions correctives soient évoquées pendant la séance, et, après un instant de réflexion, Lily intervint sur le fait qu'ils aient dû se boucher les oreilles :

— Pour éviter qu'Astrid et Théo entendent, il me semble que nous pourrions considérer les pistes tout de suite, car elles sont peu nombreuses. Il y a des bouchons ou des écouteurs, sinon, il faudrait valider au préalable qu'ils soient protégés du fait de la langue.

— Le risque serait diminué, Lily, mais pas supprimé. Dans la théorie Astrid ne risquait rien, elle le sait, mais elle s'est bouchée les oreilles. Toutefois, si nous parvenions à développer une sorte de vaccin qui les protégerait de la séquence virale, là, nous gèrerions !

— Excellente piste, Camille. Nous pourrions alors protéger les gens qui se trouveraient inévitablement, mais malencontreusement au contact du virus intellectuel, comme les invités ! Je n'ai pas idée de la façon dont nous développerions et diffuserions une telle immunité, mais c'est judicieux. Astrid, un avis ?

— Effectivement, je n'aurais pas eu à mettre mes mains sur les oreilles, ne se doutant de rien les gardes mourraient sans tirer. Babeth ne serait pas entre la vie et la mort ! Et ils n'auraient probablement pas pu massacrer les invités. Nous avons des pistes de travail intéressantes. Mais soyons lucides, ce n'était qu'une version de test, donc avec d'inévitables impondérables. D'où aussi la nécessité de ma présence. Toutefois, même avec cette protection, il suffisait d'un mercenaire sourd, ou écoutant de la musique avec des oreillettes, et le massacre avait lieu. Restons humbles, nous avons encore un long travail à accomplir.

Le petit groupe observa Astrid, en silence, réalisant à quel point elle avait malheureusement raison.

Théo annonça la découverte du traître, et Astrid développa le sujet pour qu'ils en assimilent les incidences. La rage fut la première réaction, puis le doute s'installa, en songeant qu'il était possible que d'autres infiltrés aient échappés à la purge.

Constatant la baisse subite de morale de ses amis, elle reprit la parole et expliqua les combinaisons de moyens qu'il convenait d'intégrer avant de pouvoir prétendre à autre chose que des tests sur une séquence particulière. Marion proposa de lever la séance, mais Matis intervint :

— Astrid, pourquoi as-tu coupé la vidéo ? Elle n'était pas finie.

— Parce qu'elle n'apportait rien à ce qui nous préoccupe, Matis !

— Ah ! S'il y a un souci, Astrid, je peux, et nous pouvons, vous aider, Théo et toi.

— Non, Matis ! Tu es gentil, mais c'est juste que c'est la partie où, notamment, je tue des hommes ! Ce n'est pas beau à voir et cela n'est porteur d'aucune autre information.

— D'accord, désolé, je m'inquiétais, c'est tout.

La réunion étant finie, la salle du conseil se vida presque totalement, seuls Lily et Matis y restèrent. Ils se regardèrent, échangèrent un sourire ennuyé et observèrent un silence, puis Lily fit le premier pas :

— Astrid est devenue notre amie et le projet lui doit énormément, mais je me demande si au nom de cette amitié, toi comme moi pouvons prendre le moindre risque de ne pas savoir, étant donné nos responsabilités quant à la survie de milliards d'êtres humains.

— C'est bien ça le problème ! Si nous constatons qu'elle a raison, nous culpabiliserons terriblement de notre manque de confiance, et si elle a tort, nous serons sans doute amenés à lui dire que nous avons douté d'elle et vérifié, et nous culpabiliserons terriblement !

— C'est précisément ça ! En plus, compte tenu du sacrifice et du niveau de prises de risques que La Source a exigé d'elle, c'est immoral !

— C'est exactement ça ! Mais si nous laissons passer une information et que la guerre survient, la question de la morale sera pénible !

— C'est terriblement ça ! Et lorsque …

La porte de la salle du comité s'ouvrit et ils s'interrompirent.

— Je constate que vous n'êtes toujours pas arrivés à vous décider de sortir du bureau ou à regarder la fin de la vidéo ! Cela ne m'étonne pas, c'est sans solution, alors me voilà. Je tenais juste à que les autres s'éloignent pour que nous restions tous les trois.

— Astrid, je suis ton amie, et je … Tu ne dois pas m'en vouloir !

— Mais qui t'a dit que je t'en voulais, Lily ? J'ai précisé que la voie n'avait pas d'issue, mais pour vous, pas pour moi.

— Ah ! Et ça veut dire quoi ?

En guise de réponse, Astrid posa sa main sur le dessus de bureau qui s'illumina, elle fit défiler quelques fenêtres et s'assit :

— Je vois que vous n'aviez même pas rallumé l'écran. Ça me fait plaisir que vous hésitiez autant pour moi ! Mais vous n'avez pas d'autre possibilité, vous devez la regarder, alors c'est moi qui vous la montrerai !

Ils virent la vidéo de la cuisine, Théo se faire encercler, lutter et recevoir le coup de hachoir qui lui avait lacéré le dos. Lily sursauta et porta une main devant sa bouche. Sachant que son amie serait en difficulté sous peu, Astrid lui saisit un avant-bras et le serra. Ils la virent entrer d'un bond dans la pièce, frapper, sauver la vie de Théo, et les qui hommes s'écroulaient autour d'elle, jusqu'à la séance où elle enfonce une longue lame dans un ventre et la tourne d'un coup de poignet.

— Voilà le film d'épouvante, vous avez vu la scène de la cuisine !

— La vache, Astrid ! Mais tu sais faire ça ? Ta vitesse, ta précision, ta force, ta volonté, ton efficacité … C'est ahurissant ! Ma Lily, tu as vu notre Astrid ?

Lily regardait l'écran fixement, les yeux trop grands ouverts, la bouche pendante et les joues creusées, livide, et sa respiration devenait difficile. Elle était en pleine crise d'effroi. Astrid et Matis échangèrent un regard, il lui passa une main sur le visage, Astrid dans les cheveux.

— Je vous l'avais dit, mais vous deviez voir, alors voilà ! Lily, tu devrais me parler, je ne voulais pas que tu me voies faire ces horreurs, mais maintenant que c'est fait, ne me regarde pas comme un monstre !

— Quelle … violence ! Astrid ! Tu as … si … tué … avec tant … et le sang … les morts …

Elle se pencha en avant, essaya de maîtriser un haut-le-cœur, mais vomit à plusieurs reprises. Contrariée, Astrid lui tenait les cheveux pendant que Matis cherchait un seau. Lily se redressa lentement et s'adossa. Elle était d'une extrême pâleur et les regarda ennuyée, demeurant silencieuse alors que Matis faisait le ménage. Elle changea de place pour s'éloigner des salissures et fit signe à Astrid de la suivre :

— Tu as été manifestement choquée. Tu devrais t'allonger, Lily.

Après quelques minutes, Lily reprit des couleurs, adressa un sourire encore crispé à son amie et, en lui prenant la main :

— Je suis navrée de n'avoir pu maîtriser ma réaction. Astrid, je ne voudrais pas que tu te méprennes. Ce que j'ai visionné m'a bien sûr heurtée, terriblement. Mais le plus éprouvant, c'est d'avoir réalisé ce que je t'ai demandé d'accomplir. Même si nous ne nous le disons pas, tu sais que nous sommes proches l'une de l'autre, autant qu'avec Camille. Ta main était comme la mienne, elle frappait et j'ai ressenti le manche dans ma paume, et … Tu étais au milieu de ces cadavres … Ce n'est pas possible !

Lily pleurait sans fausse pudeur, elle se livrait toujours choquée :

— Astrid, cela ne peut pas continuer ainsi, je t'aime, certes différemment de Matis, mais c'est malgré tout beaucoup plus que de l'affection. Nous fusionnons dix à quinze heures par jour depuis des mois. Tu comprends ? Je ne supporte pas. Je n'assimile pas. Ce que tu as dû faire est monstrueux, en plus c'était ma place, et c'est moi qui aurais dû trouver le courage d'accompagner Théo. Je ne peux pas continuer ainsi. Je ne voulais pas ça. Je suis désolée … jamais je n'ai imaginé une chose pareille. Si c'est pardonnable, il te faudra du temps pour me l'accorder, et c'est normal, car c'est impardonnable, mais laisse-moi supplier ton pardon.

— Pour un gros coup de blues, c'en est un beau celui-là ! Je suis là, devant toi, en forme, sans une écorchure. Je suis emplie du plus profond soulagement que je n'ai jamais ressenti, car je suis revenue en vie alors que je m'étais préparée à mourir. J'ai une envie de vivre et de profiter de chaque instant qui relève de la rage. Donc, pour me soutenir, tu me donnes de l'affection, de l'amour, de la joie et des sourires … J'ai besoin de recevoir. Et tu continues à te défoncer avec moi pour nous sortir de ce merdier, chef Lily ! Au fait, je t'ai dit que j'ai une plaque gradée, à mon nom ?

— Toi ? Tu veux dire comme Théo ou Alex ?

— En moins velue, sans le gadget et avec des seins, mais oui.

— Tu sais que cela ne m'étonne pas ? Quoique tu fasses, tu es à fond et brillante.

Matis vint s'asseoir près d'elles, observa les yeux rougis et les joues mouillées de Lily :

— Voilà, c'est propre. J'ai gardé le seau pour le cas où !

— Désolée, cela ne se commande pas trop. Nous en étions où ?

— Tu évoquais l'incroyable exploit d'Astrid. Pour clore le chapitre, ma Lily, oui, elle a fait ce que nous avons vu, mais tu devrais te reprendre et accomplir ta part de travail qui est d'observer ce qui s'est passé ! Astrid, c'était quoi ta tenue d'intervention ? Érotique à l'extrême, mais spéciale et pas facile à porter !

— L'immense veste empruntée à Alex, car j'étais à poil. Un mouvement et hop, au sol et moi cul nu ! Ça les a surpris les autres.

— Normal, tu es très belle, encore plus que je ne l'imaginais.

— Merci ! Au départ j'avais une tenue de sport, jolie et seyante, version seconde peau, mais Camille l'a rectifiée aux ciseaux avant de partir.

Matis marqua une pause, puis, alors que Lily semblait perdue dans ses pensées, il questionna Astrid sur un ton différent, exprimant le doute et un caractère confidentiel :

— Après ces vidéos qui montrent l'efficacité avec laquelle tu as su intervenir, Astrid, je m'interroge sur ce que j'aurais pu faire ou non. Car finalement, avec le même entraînement que celui que Théo t'a infligé, je pouvais sans doute assumer la mission à ta place. À ton avis, j'avais une chance d'en revenir ?

— Je n'en sais rien, Matis. Mais être en couple était un avantage, vous deux seriez un duo, donc très surveillé. Tu n'aurais pas pu t'intégrer à la majorité des invités qui étaient des hommes, comme je l'ai pu, ni te rendre aux toilettes des femmes, résultat, pas de virus. J'imagine que tu fais également allusion au combat, c'est ça ?

— Oui ! Mon interrogation est tardive et doit te paraître dérisoire, mais je ne peux pas m'empêcher d'y songer. Aurais-je eu ton courage, ta volonté pour passer outre la peur que tu devais avoir au ventre, ta détermination pour tuer, la force physique étonnante dont tu disposes … C'est d'autant plus troublant que tu m'es fort proche.

— Je n'ai pas la réponse, tu t'en doutes, Matis. Fais un tour sur leur tatami, tu te feras une idée.

— Pourquoi n'ont-ils pas été contaminés par le virus, ces cuisiniers ?

— Ah, quand même, Lily est de retour. Je pense qu'il ne parlait pas la langue, Lily. Mais je ne peux pas en être certaine, comme tu l'as vu, cela a été assez rapide.

— Effectivement. Matis, je te laisse mener les recherches avec Théo ? Il faut valider les langages parlés par ces hommes, c'est important.

— Je m'en occupe. Astrid, le début et la fin de l'enregistrement que nous n'avons pas vu, c'est encore dans ce genre ou il est possible qu'il y ait une information ?

— Au départ, c'est les mêmes horreurs en plus immondes. Si tu veux voir de la cervelle sortir de la tête d'un homme, des boyaux au sol ou une femme se retrouver sans visage … C'est dégueu, Matis !

— Ça devrait suffire pour moi. Et la fin ?

— C'est Théo et moi qui mettons en scène le massacre pour que l'enquête aboutisse à la conclusion qu'ils se sont entretués. Alors nous tirons des balles dans tous les corps, et avec leurs saloperies d'armes c'est une horreur, je te conseille de passer à autre chose !

— Désolé que tu aies dû faire cela, Astrid, et entends le sens de mes mots, je t'aime.

— Merci beaucoup, Matis. Je suis profondément demandeuse d'amour depuis ces horreurs, car j'ai en moi un grand vide froid à reboucher. Dans tout mon être. Et des images et sensations terribles plein la tête. N'hésitez pas à le dire dix fois si vous en avez envie. Je vous aime et j'ai besoin d'être aimée. Passer sans réelle transition de sa paillasse à cette horreur, cela secoue quand même ! Pour les cuistots, j'ai déjà demandé à Élise de faire une recherche afin de valider l'histoire de la langue. Mais ce n'est qu'une précaution, je ne suis pas dans le doute. Il y a eu un souci identique dans l'entrée avec des espèces de mercenaires.

— Astrid, je savais, mais je n'avais pas vu. Je suis effrayée, consternée, outrée, et plein de choses encore, que nous ayons pu te demander un tel sacrifice. Tu dois être déclarée inapte à ce genre d'intervention. Tu es la plus brillante des chercheuses du centre et tu as été mise en danger face à plein d'hommes avec des couteaux partout, ils t'auraient découpée en morceaux s'ils l'avaient pu !

— J'ai eu une sacrée trouille, à un niveau que je ne savais pas être possible, un truc de fou. Mais comme tu l'as aussi constaté, je ne leur ai pas tellement laissé la possibilité de me charcuter. Théo et son groupe m'ont entraînée à cela. J'en ai bavé, mais je suis revenue.

— Astrid, je pense que Lily a en partie raison. Certes il faut au moins pour l'instant quelqu'un comme toi au service action, mais le projet serait gravement compromis s'il t'arrivait malheur. Il faudra donc que nous prenions le temps d'aviser de cette situation, car personne n'avait envisagé qu'il puisse se produire ce genre de pépin, et encore moins que tu sois à ce point exposée et sollicitée.

— Ça, il faut bien admettre que moi non plus ! Cela dit, Théo m'a offert une formation d'enfer, quand je revois ce que j'ai réussi, c'est dingue ! Maintenant je peux sortir en boîte seule, même sans culotte !

Ils échangèrent un regard et un début de sourire. Lily soupira et prit la parole :

— Astrid, merci mille fois, en te portant volontaire et en m'imposant ton intervention, tu m'as sauvé la vie. Je n'ai aucun doute. J'aurais été massacrée. Tu en es consciente, n'est-ce pas ?

— Pour avoir vécu ce que Théo et moi avons dû affronter, je sais que tu ne serais pas revenue, Lily, ni Camille. Donc ni Théo. Notre choix était le bon et je ne le regrette pas.

— C'est toi qui as su imposer ta décision, Astrid ! Tu me prends dans tes bras ? Je dois encore pleurer, j'ai les images de ce que tu as dû faire qui passe en boucle, c'est … Pardon.

Deux jours passèrent. Le couple était depuis le matin dans le pavillon de réception de Cité-Lily en compagnie du président qui ne cachait pas son plaisir d'être présent en ce lieu. Il leur fit part du compte rendu officiel et officieux suite à l'intervention dans l'ambassade. Officiellement, un commando d'intégriste avait fait irruption dans la salle de réception, car ils jugeaient inacceptables les festivités qui s'y tenaient et avaient ouvert le feu. Les gardes de la résidence étaient intervenus et la fusillade a provoqué un carnage. Les survivants ont été victimes de leurs blessures peu après. La version officieuse est que le chef intégriste et ses hommes, hébergés et cachés par l'ambassade, sont entrés en conflit avec un officiel et ses propres équipes sur un attentat en cours de préparation. Ils se sont entretués en causant des victimes parmi les invités qui n'avaient rien à voir avec la discorde.

Le président les félicita pour la qualité de l'intervention et s'enquit de la santé de ceux ayant effectué cette mission. En lui en faisant un rapport détaillé, en passant sous silence la partie liée au virus, ils précisèrent que l'expérience s'était avérée concluante et que si la situation l'exigeait, ils étaient à présent à même de déclencher l'intervention qui avait donné naissance à La Source. Ils souhaitaient toutefois différer encore, car ils pourraient sans doute limiter les victimes collatérales.

— Madame Lescure, Monsieur Lescure, si vous me faisiez l'honneur d'accepter de m'héberger cette nuit, je pourrais vous donner ma réponse demain dans la matinée. Je dois vous signaler que j'aurai besoin d'utiliser mon téléphone portable, ou l'un des vôtres.

— C'est que nous n'avons pas de lieu d'hébergement en mesure de recevoir une personne de votre statut !

— Ne vous inquiétez pas de cela, Lily, je n'ai pas toujours été président, une chambre d'hôtel normale fera l'affaire.

Matis se leva, demanda de l'attendre un instant et rejoint Richard pour discuter avec lui de ce qu'il serait possible d'envisager pour leur hôte de marque. Richard lui sourit et l'invita à s'asseoir :

— Matis, j'ai un truc à te dire, mais qui amputera mon plaisir !

— Ah ! Alors c'est à toi de juger.

— C'est déjà fait puisque je t'en parle. Comme je te l'ai expliqué, mon travail d'architecte est de me projeter au-devant des besoins et désirs, de m'introduire dans la vie du client et de gérer l'avenir. J'ai considéré qu'avec le temps, La Source aurait la nécessité de disposer de cités à offrir à ceux de ses membres qui évolueraient en responsabilités, mais aussi d'en mettre à disposition des personnalités. Mon petit chez-moi, que tu as eu la gentillesse de m'accorder et que tu es le seul à connaître, me sert de prototype pour réaliser justement ces lieux. Je comptais te faire sous peu la proposition de les inaugurer et de les offrir à Astrid, Camille et Marion, te demander ton avis pour Théo qui vit avec les militaires, et te proposer d'en mettre à disposition des hôtes de marque, tels que le président, pour nous adonner à la communication, ou au lobbying, comme tu veux. Mais voilà, tu me gâches tout !

— Des domaines supplémentaires ? Mais où les as-tu planqués ?

— J'avais deux niveaux sous le coude ! De quoi implanter de vingt à quarante Cités-X de la taille de la mienne ! J'en ai quatre de prêtes.

— Je suis mauvais comédien, Richard, depuis toujours. Je devrais jouer l'étonnement, te dire que tu devais m'en aviser, etc. Mais si je suis venu t'en parler, c'est que je te connais et me doutais que tu aurais encore une carte dans ta manche pour me sortir de là !

— En gros et précisément, tu savais pour mon recel de niveaux !

— Qui peut savoir ! En tous les cas merci, Richard, tu es quelqu'un de précieux et je peux toujours compter sur toi. Que dirais-tu de présenter au président sa résidence, conçue par Richard ?

— J'hésiterais et te répondrais que … Diablerie, que mon ego serait comblé ! Merci, mec, ça, c'est le pied !

— Compensation méritée à ta frustration. Pour faire bref, je te fais signe, je te l'amène et tu prends le relais. Nous prendrons le repas ce soir, tous ensemble. À tout à l'heure et encore merci, tu es un grand !

Matis s'en retourna auprès de Lily et du président et informa ce dernier que son séjour était organisé. Il adressa un sourire complice à son épouse et reprit la conversation de travail. Matis voulait essayer de se faire une idée sur les conséquences des dommages collatéraux, mais aussi des possibles réactions des états et armées qui préparaient cette agression délibérée, une fois privés des guides et chefs. Ils partagèrent un repas bon enfant avec les habitués de la table lorsque le président était là, et Astrid montra sa capacité à se reconstruire rapidement en se lâchant et en portant l'animation de la soirée à elle seule, outrant Camille qui rougissait pour elle, mais faisant rires aux larmes les autres. Avant de se séparer, Théo demanda un service au président, à savoir d'accepter de l'accompagner en prenant un ascenseur direct qui lui éviterait les rencontres. Ils se trouvèrent en quelques minutes dans une pièce aux murs couverts de matériel informatique où trois hommes, avec des casques musicaux sur les oreilles, tapaient sur des claviers à grande vitesse, sans pouvoir les entendre. Théo expliqua ce qu'ils avaient déjà réalisé et mettaient en œuvre et lui fit part des inquiétudes des hackeurs par rapport à la loi, car ils s'apprêtaient à pénétrer en toute illégalité dans les profondeurs des systèmes informatiques d'états. Théo tapota sur l'épaule de chacun. Ils se tournèrent et les regardèrent, sidérés en découvrant la personne qui l'accompagnait. Le président s'approcha d'eux, ils se levèrent et il leur serra la main en les remerciant, puis les assura de son soutien et que ce qu'ils entreprendraient pour participer à la mission de La Source serait couvert par La Source, par ses dirigeants et par lui-même, chef de l'état.

Les trois rebelles lui sourirent timidement en hochant la tête, mais ne surent quoi lui répondre et surtout, ils n'osèrent pas. Le président et Théo partis, ils se regardèrent, médusés. Jamais ils n'avaient imaginé un jour intégrer un organisme d'état ou assimilé, encore moins obéir à un plan, et voilà qu'ils étaient salués et rassurés par le président de la République, qui de plus les plaçait sous sa protection, en s'étant déplacé physiquement. Le trio se laissa retomber dans les fauteuils lourdement et simultanément. PlayMan commenta :

— Les mecs, c'est du délire ! Je ne capte pas ce qui m'arrive, pas plus qu'à vous ! Le Président de la République est venu à nous, dans nos bureaux, exprès pour nous rencontrer, nous saluer et nous parler. J'en ai eu la chair de poule ! Délire !

— Comme tu dis, c'est trop balaise ! En plus nous pouvons tout foutre en l'air chez les autres tarés, et non seulement nous n'aurons pas les flics aux basques, mais le président nous couvre ! Moi, LanMan, agent spécial du président. Balaise trop top!

— Je n'arrive pas à y croire non plus. Un ancien pote se souvient de nous, nous intégrons une installation de malade, avec un équipement de folie, au milieu de génies en tout genre, et bouquet final, le président débarque physiquement et nous fait causette ! Je veux me taper l'incruste ici, les mecs ! C'est du lourd.

Le chef de l'État visita le domaine qu'il lui avait été octroyé pour ses séjours, guidé par Richard et en compagnie du couple. Jamais encore il n'avait vu semblable équipement et était totalement subjugué. C'est dans ce contexte qu'il passa sa nuit dans le centre, pendant laquelle il ne dormit pas vraiment tant il était émerveillé et à la découverte de son domaine. Il donna sa réponse comme convenu au couple, à savoir qu'il était préférable d'intervenir au plus tôt, même si l'attaque ennemie n'était programmée que pour dans quelques mois. Le temps donnait toujours plus de moyens et de recrues aux acteurs du complot, ce qui augmentait chaque jour le danger d'une réussite partielle de la mission principale, ou qu'un ou des activistes mal contrôlés prennent des initiatives regrettables. À la question valait-il mieux prendre le risque de perdre la vie de membres clés de La Source ou celui de faire des victimes collatérales lors d'une intervention, le président n'hésita pas et précisa que la valeur des contributeurs au projet ne pouvait pas s'évaluer en vie contre une ou plusieurs autres, car ce n'était pas l'étalonnage à retenir.

Chacun de ceux-ci se devait dorénavant de prendre conscience qu'il faisait partie d'un mécanisme voué à installer et promouvoir dans le monde un nouvel ordre et équilibre, reposant non plus sur des valeurs militaires, économiques, fanatiques, religieuses ou politiques, mais morales ! Du basique certes, mais que seuls des surhommes aux supers pouvoirs avaient une chance de parvenir à réussir. Pour ces raisons, ils n'étaient plus réellement propriétaires de leur vie, au profit de La Source, mais aussi de la nation, et au-delà des peuples du monde qu'ils contribueraient à sauver et aider en donnant accès à une vie plus juste. Leurs existences étaient à ce titre plus que vitales. Avant de partir, Jean-Louis remit une enveloppe au couple en leur demandant d'attendre son départ pour l'ouvrir. Il partagea le repas de midi avec eux puis s'en retourna à ses fonctions étatiques. Matis vida le pli et quatre feuilles s'étalèrent sur le bureau, une lettre de motivation, un curriculum vitae et une approche de ce qu'il apporterait à La Source, s'il était accepté, une fois son mandat achevé. Ils s'observèrent, car surpris de la forme humble de sa demande, et ne sachant comment y réagir.

Matis et Richard se retrouvaient dans Cité-Richard, souvent par simple amitié, afin de parler en toute liberté. Au cours d'un de leurs rendez-vous, ils échangèrent sur l'avenir de La Source et de ses occupants. Matis demanda à son ami de prévoir systématiquement, lors de l'ajout de niveaux, de conserver un tiers des surfaces à la réalisation de mini cités, qui, plus nombreuses seraient destinées à récompenser les membres méritants, et d'envisager la création de quelques-unes vouées à devenir des centres de vacances. Le tout dans le plus grand secret afin de préserver la bonne harmonie de la jalousie.

De leur côté, Camille et Marion se retrouvaient régulièrement chez Astrid avec qui elles suivaient une thérapie pour surmonter l'épreuve de l'agression. Marion était la plus traumatisée et son visage reflétait en permanence son tourment. Dès qu'elle quittait son masque public, elle devenait crispée, sombre et morose. Astrid les invitait à s'exprimer, puis les emmenait pratiquer une activité physique intense, suivie d'un sauna, et elles reprenaient la discussion. Camille et Marion avaient demandé à Astrid de ne jamais raconter leur calvaire, car les coupables étant morts, cela n'aurait servi à rien si ce n'était d'avoir à affronter les questions et regards. Marion considérait Astrid différemment depuis qu'elle lui avait sauvé la vie, seule contre une bande de monstres, en risquant sa vie pour la sienne. Son amitié s'était commuée en une d'admiration profonde, respectueuse et une dévotion totale.

Camille en était juste plus éprise et se sentait protégée et aimée, elle l'adorait. Dans le rapport aux autres, Marion avait pris ses distances avec les hommes et passait son temps libre avec ses amies, et Camille n'était dorénavant hétéro que dans sa tête. Astrid semblait en avoir presque oublié le traumatisme de l'ambassade. Après de difficiles circonvolutions, Marion avait demandé timidement à Camille si elle accepterait de dormir parfois avec elle, ou elles deux, en toute amitié, juste pour recevoir de la chaleur et ne plus être si affreusement seule. Celle-ci l'avait invitée le soir même après s'en être entretenue avec son amie et elles partagèrent le grand lit d'Astrid. Marion se trouva embarrassée au moment de se coucher, hésitant à pénétrer dans la chambre où deux femmes couchées la regarderaient, et elle le fut davantage lorsqu'elle dut entrer en contact avec le corps d'Astrid qui était au milieu. Après s'être discrètement blottie en se mettant de dos et sur le côté, elle s'endormit apaisée et profondément, pour la première fois depuis l'agression. Quelques minutes plus tard, elle se tourna, se serra contre Astrid et posa une jambe et un bras sur elle. Les deux amies l'observèrent et échangèrent un regard complice, car le visage tourmenté de Marion se détendait déjà. Elle se rapprocha encore et cala sa joue contre le sein d'Astrid, en lâchant un soupir presque voluptueux. Elles se sourirent. Camille s'installa comme Marion et s'endormit. Astrid ne pouvait plus bouger, mais elle ne le voulait pas. Surtout pas. Les deux corps fragiles et doux s'étaient volontairement quasi emboîtés contre le sien et lui apportaient une chaleur jusqu'au plus profond de son être, et c'est précisément ce dont elle avait besoin pour calmer la tempête qui était en elle. Sa violence s'auto alimentait, elle le savait, mais subissait. Les images de ses deux amies écartelées sur la table tels des lapins écorchés, avec autour d'elles ces porcs occupés à trouver du plaisir en les martyrisant, revenaient la hanter à chaque fois qu'elle ne savait pas où elles étaient. La violence de ces hommes était d'autant plus terrifiante qu'elle trouvait sa source dans l'excitation bestiale d'êtres dépravés et inhumains. Penser qu'elle les avait tués ne lui apportait pas un effet durable, la révolte était plus profonde. Avoir vu, vécu et ressenti la souffrance de l'acte de viol dans son corps et son âme avec brutalité, car il s'agissait de ses amies, avait été pire qu'un choc. Une sorte de coffre à vengeance avait été éventré dans son propre ventre et l'empêchait d'oublier ce que subissaient les victimes. Les bourreaux devaient en payer le prix, même si leur vie n'était qu'un acompte.

Astrid posa ses mains sur les têtes calées contre sa poitrine, presque comme des enfants, elles ressentirent le geste protecteur malgré le sommeil, car elle perçut leurs corps se détendre. Sans s'éveiller ni bouger, Camille se para d'un sourire béat. Rassurée et apaisée, Astrid soupira. Elle savait qu'elle changeait et en comprenait parfaitement les causes, car personne ne pouvait sortir indemne d'un drame tel celui de l'ambassade ou d'un viol collectif. Les deux cumulées forgeaient en elle une détermination nouvelle. Ce qu'elle avait cultivé jusqu'alors sur le respect de la vie et la non-violence évoluait, car il était dorénavant certain que chacun ne bénéficiait pas de le même autorisation de vivre, et encore moins en paix. Les prédateurs frappaient selon leur bon vouloir, ils étaient à présent exclus de sa compassion. Le droit à la vie ne devait plus relever d'une idéologie, ceux qui le refusaient optaient pour un chemin dangereux, il était donc vital de leur appliquer la règle qu'ils préféraient. Astrid eut un petit rictus de sourire en songeant à ces parasites choisissant leurs prélèvements comme d'autres la nourriture au supermarché. Ils étaient des chasseurs habitués à la gratuité, elle veillerait au plus vite à rendre les proies hors de prix. Hommes, femmes, mineurs, peu importerait dès lors qu'ils avaient la force et la volonté de frapper pour obtenir. Ils devraient apprendre à vivre comme chacun, à se retenir, à s'investir pour mériter, à respecter, et à se faire soigner, faute de quoi la suite serait leur problème, et de personne d'autre. Elle ne pourrait jamais être partout à la fois et intervenir à temps pour sauver les Camille et Marion du monde entier, mais au moins elle ferait en sorte que ceux qui décideraient d'accomplir le mal pensent qu'ils risquaient d'en payer le prix, et non plus d'être grondés, ou pire, en paix devant un repas et un film.

CHAPITRE 37

Les mois de travail s'enchaînaient et s'écoulaient à une vitesse stupéfiante pour tous. Mais pour certains, les heures, jours ou semaines de vie privée, à défaut d'être sociales, n'étaient que souffrances liées à la solitude et prenaient le temps de flâner.

Les hackeurs subissaient ce genre de tourments, comme la majorité des membres arrivant à La Source. Toutefois, eux se trouvaient dans la situation d'être les nouveaux, alors que les groupes d'affinités existaient et fonctionnaient. Ils leur appartenaient certes de s'intégrer, mais si la difficulté était commune, elle contribuait toutefois à ce que l'isolement du trio perdure, car ils étaient par nature plus enclins à fréquenter le monde virtuel que le réel. De plus, ils n'appartenaient pas à une communauté nombreuse, comme celle des scientifiques, des militaires, ou du personnel de maintenance, et il était logiquement rare que quelqu'un les visite durant les heures de travail dans ce bâtiment totalement dédié à ce qu'ils maîtrisaient, le hack. Hugo, dit HackMan, et Paul, dit PlayMan, peu disposés à se préparer à manger et pas davantage à entretenir une cuisine, avaient l'habitude de prendre leurs repas au centre commercial, où les restaurants étaient nombreux et variés. Ils y voyaient du monde, et au fil des jours sympathisèrent naturellement avec d'autres habitués. Léo, dit LanMan, moins sociable et plus pantouflard, préférait s'alimenter rapidement dans son appartement. Il se faisait livrer et n'en sortait que pour se rendre à son travail qui était aussi sa seule passion. Le temps passait et la vie dans La Source se déroulait sans lui, si bien qu'il ne connaissait personne de plus que depuis sa première semaine. Ses deux seuls amis percevaient sa morosité et s'en inquiétaient, mais il refusait toujours la moindre sortie ou activité annexe.

— Je te sens fatigué, LanMan, alors ne t'impatiente pas, s'il te plaît, je veux juste te parler, car nous sommes amis.

— Compassion préambulaire que ton introduction, HackMan, et elle ne me dit rien de bon. La placidité sera mon seul vecteur émotionnel.

— Ça démarre bien, c'est prometteur ! Disons que comme je suis le plus âgés de nous trois, donc en quelque sorte l'aîné, je me mêle de ce qui ne me regarde pas forcément.

— HackMan ! Tu sais pertinemment que tu n'as que sept mois de plus que moi. Je me marre. Cela dit, physiquement c'est vrai que tu parais davantage, car je n'ai pas perdu un cheveu alors que toi tu devrais prendre un traitement, sinon tu finiras par faire des économies de coiffeur. À trente-quatre ans, ce n'est pas cool, limite suspect.

— Mais c'est rigolo, LanMan ! Sérieux … Tu crois que je me prépare une boule à zéro ? PlayMan, je me dégarnis ?

— Eh bien … J'ai l'impression que grincheux a raison, tu devrais consulter un doc pour qu'il te file une pilule, ou deux si tu veux avoir une tignasse comme la mienne, même s'il est exact que je suis le plus jeune. Mais penses-y, ma copine était sensible à la touffe que j'ai sur le crâne.

— Ah l'allure du juvénile ! Gamin. Six mois de moins que LanMan, cela dit … il est vrai que j'ai moi-même … Enfin, peu importe, ce n'est pas le propos. LanMan, je trouve que tu ressembles de plus en plus à ton avatar. Sans rire, Léo, tu m'inquiètes.

— Houlà ! Si tu m'appelles par mon prénom que j'avais presque oublié, c'est que j'ai vraiment une sale gueule !

— C'est précisément l'expression qui convient. Tu es malade ?

— Je ne crois pas, mais tu as raison, Hugo, je ne me sens pas trop en forme. En réalité les mecs, je ne sais pas si je tiendrai encore longtemps ici. Alors j'y pense au lieu de dormir, et voilà. Bonjour la galère.

— Tu veux partir ! Mais non, c'est lourd ton histoire ! Tu pourrais nous en parler quand même, nous sommes plus que des potes tous les trois. C'est quoi le souci, la hiérarchie ?

— Au début oui, mais non, ils sont sympas, et je crois que c'est bien ce que nous faisons. Pirater les militaires d'en face, c'est cool. En fait mon problème, c'est que je ne vois personne, je n'ai pas de copine … Tu visualises le truc ! Vous êtes mes amis et je ne suis pas seul, mais même si tu perds encore des cheveux, Hugo, tu seras toujours trop velu pour moi, et Paul avec sa tignasse, c'est pire !

— Je comprends, ce n'est pas facile pour moi non plus. Mais avec Paul nous sortons, nous arrivons parfois à manger à la table d'un groupe ! Avec des nanas et tout ! Ce n'est pas balaise, mais il y en a déjà deux qui nous répondent.

— Galère ! Ici elles sont forcément prises ! Donc vu que dehors les places sont trop chères pour moi, là, il me faudrait consacrer six jours par semaine à la drague pour un espoir. C'est mort.

— Je ne peux pas te dire que tu as tort, c'est la misère. Tu réalises que ma tignasse ne suffit pas à les attirer ? Tu imagines le délire ? Hugo, Léo, soyez sincères, c'était mieux pour vous dehors ? Moi j'étais déjà seul. J'ai eu deux nanas qui se sont barrées. À cause de moi ! « Puisque tu l'aimes tant que ça, ton putain d'écran, je lui cède la place ! » Au mot près, la même sortie chacune. Délire. Hugo ?

— Tu es un veinard, je n'ai pu me faire larguer qu'une fois. Les autres, après un jour ou deux, elles avaient compris. « Ah, toi t'es balaise devant ton pc, pour le reste … bye ! » Et toi, Léo ?

— Faites chier les gars avec vos souvenirs ! Moi, c'était pareil qu'ici en fait. Ça me remonte super bien le moral vos histoires. Je me raccrochais à l'idée que la cause de ma vie de merde c'était La Source, en réalité c'est moi ! Galère. J'en suis au point de ne même plus avoir le fantasme de me payer une pouffe pour la nuit, jolie ou pas !

— Moi, j'y pense encore, mais ça ne marche plus à tous les coups. La mort annoncée de ma pseudo vie nocturne, c'est du balaise. Et toi, Paul, tu en es où ?

— Ouah, c'est délire la confesse ! Moi, j'en rêve toutes les nuits. Ça fonctionne encore, mais juste pour l'indispensable. Le minimum vital ! Faudrait peut-être que nous reprenions le contrôle de nos vies ! Hugo, Léo, pas un de nous trois est un fêtard, mais à l'évidence nous devrions songer à vivre.

— Oui, c'est une bonne idée, mais ce n'est pas Léo qui nous prendra par la main pour sortir, il a les batteries à plat, en plus il n'a jamais su. Et toi, Paul … comment te dire sans être vexant … pour ce qui est de la déconne, tu es le plus nul de nous trois !

— Sympa. Mais je le sais, j'ai toujours été comme ça. Bon ! Je ne crois pas que nous soyons sur la bonne voie pour remonter le moral de Léo.
— Paul, tu es quand même le plus jeune ! Tu pourrais te remuer et nous aider à nous marrer un chouya.

— L'âge, c'est comme ça t'arrange, Hugo. Je suis d'accord avec le fait que quelques mois ne sont pas significatifs à partir de trente ans. Les mecs, nous avons déjà dressé un bilan : sortis du hack, nous sommes des nullos, appelés communément ringards par les nanas.

— C'est sympa, les gars, d'essayer de me remonter le moral, mais franchement vous n'êtes pas terribles. Je suis juste plus mal. Galère.

Ils se regardèrent puis baissèrent les yeux, consternés par leur réalité. Hugo se leva et fit quelques pas :

— Je refuse de me laisser faire. Léo, Paul, je nous donne une semaine à compter de tout de suite pour remédier à ce merdier. Faute d'une solution, je propose que nous fassions appel ensemble à un toubib, un psy, un coach ou je ne sais pas qui, mais nous réagirons.

— Je suis d'accord, même si la semaine passera encore plus vite ! Mais c'est exagérer, à plus de trente piges, ça me mine d'en arriver là. Nous formons un joli trio de boutonneux. Délire !

— Je vous laisse gérer les gars, je suis plus en état, mais c'est sûr, j'ai besoin de vous. Là, je galère grave !

— Nous aurions dû en parler avant ! Détends-toi Léo, Paul et moi agirons, parole.

Trois jours passèrent pendant lesquels Hugo et Paul envisagèrent diverses hypothèses, pour aboutirent à la même conclusion : seuls, ils ne changeraient rien à leur façon d'être. Paul demanda à Hugo s'il accepterait la délicate mission de chercher de l'aide, pour eux trois, mais surtout pour Léo. C'est ainsi que pour la première fois, Hugo était dans un autre bureau que ceux de leur immeuble informatique, celui de la patronne, Lily Lescure. Il n'avait pas idée de la manière d'aborder cette démarche, il savait juste qu'au pied du mur, il aurait une petite chance de trouver un soutien, à défaut d'une solution. Installée dans un bureau de travail sobre, vêtue de son habituelle blouse blanche, elle était assise et lui souriait. Il était mal à l'aise dans son corps, dans cette pièce, sur ce fauteuil, avec sa quête et face à elle. Percevant sa difficulté, Lily prit la parole pour mener l'entretien qu'il avait sollicité :

— Je suis heureuse de vous rencontrer, Monsieur Laerte. J'ai entendu parler de vous à maintes reprises, toujours en bien. Je m'étais promise de prendre le temps de vous rendre une visite, ainsi qu'à vos deux collègues et, je crois, amis. Pas seulement de courtoisie, mais d'intérêt, je tiens à le préciser. Toutefois, les journées sont si courtes !

— Je suis venu vous voir au sujet d'un souci, une difficulté, une contrariété serait plus juste, et je sais que les gens qui vous connaissent vous portent une grande admiration, en plus vous êtes la patronne.

— C'est donc assurément une chose assez embarrassante ! Si je peux intervenir, ne doutez pas, je le ferai.

— Embarras, me semble être le bon terme. Mes deux amis et moi-même, tout particulièrement LanMan, enfin Léo, sommes confrontés à un problème pour lequel … Je ne sais plus trop. C'est gênant.

— Je suppose que le fait que je sois une femme, et/ou la patronne, ne vous facilite pas la tâche. Mais vous le saviez toutefois avant de venir.

— Précisément, les deux ! Enfin tout. Mais … Bon ! Peut-être sauriez-vous me donner un conseil. Vers qui dois-je me tourner pour discuter d'un problème assez masculin, et délicat.

— Le souci se précise. Vous savez qu'il y a un hôpital, donc ce n'est pas une maladie. Ce n'est pas le travail, je vous sais brillants, et je l'aurais su. Mais vous êtes isolés. Votre ami pourrait subir un niveau de frustration si critique que vous estimez qu'une aide est nécessaire.

— Je ne pouvais pas mieux l'exprimer.

— Nous nous dirigeons sur un soutien psychologique, n'est-ce pas ?

— Je le crois. Je suis désolé de venir vous importuner avec ce genre de tracas, mais la situation de Léo l'exige, il en est à envisager sa sortie.

— Ah non ! Pour ce motif ce n'est pas envisageable. Ne soyez pas inquiet, La Source compte un trio assez renommé dans des domaines adéquats : Astrid Meillan, Camille Delporte et moi.

— Ah, mince ! Ce n'est pas du simple qui s'annonce !

— Certes, trois femmes. En ce qui me concerne, mon poste n'est pas de nature à faciliter l'échange sur la libido, même si ce n'est pas un souci pour moi, car je suis docteur.

— Mais c'est embarrassant, comme nous l'évoquions.

— Je pourrais donc vous adresser à deux autres médecins, Camille ou Astrid. Camille est douce et à l'écoute, elle est fine et sait aller au-devant. Pour l'aspect psychologique et physiologique, elle est compétente, elle évolue dans un style classique, avec de la retenue et de la pudeur. Astrid, avec le même niveau de compétence, est plus libre dans le propos. Pour elle, le plaisir physique est ordinaire, plus simple, elle est donc directe dans l'approche.

— Je ne sais pas ! Ce qu'il nous faudrait, c'est apprendre pourquoi nous ne savons pas nous détendre, nous lier, nous amuser, draguer, et avec de la chance, savoir comment faire ! D'après mes deux amis, je serais moi aussi assez nul.

— Je vous envoie Astrid. Vous pouvez vous fier à elle, c'est un personnage, une boule de vie et une grande scientifique. Laissez-vous guider, elle saura.

— Ce n'est pas un prénom courant, pourtant nous avons déjà rencontré une jeune femme se prénommant Astrid. Elle est la seule à venir à nous. Très sympa. Et jolie ! D'ailleurs nous l'apprécions, elle donne l'impression de tout comprendre. Elle travaille avec le lieutenant, un type super, bien qu'il soit militaire.

— C'est elle, il n'y en a qu'une comme elle, dans La Source aussi, et elle est celle dont il s'agit. Elle collabore avec lui en complément de ses activités ! Vous verrez, c'est quelqu'un ! Hugo, j'imagine ce que cela peut avoir de difficile de solliciter un soutien pour une chose si personnel, aussi je tiens à ce que vous sachiez que je vous remercie infiniment d'avoir pu vous dépasser pour un ami. Je suis informée de votre travail et sais que nous avons un besoin vital de vos trois compétences.

— C'est agréable à entendre, et aussi de se savoir compris, surtout pour une chose comme celle-là.

— Hugo, je ne doute pas qu'Astrid saura vous faire comprendre qu'envisager de vivre sans gérer sa libido et ses besoins affectifs relève de la même démarche que de croire qu'il n'est pas forcément nécessaire de dormir, manger, boire ou de ne pas être seul !

— Ah bon ! Entendu, je … Enfin, merci ! Vous êtes différente d'une patronne genre … patron. Pas que vous ressemblez à un homme, non, avec vos formes, aucun doute, vous … c'est que, au contraire, vous … Bref. J'ai à présent le sentiment que c'était tout simple. C'est cool. En fait vous semblez relax. Je voulais dire génial. Style sympa. J'y vais !

Une heure plus tard, Lily faisait part de l'entretien à Astrid et Camille et elles approuvèrent son choix. Astrid se rendit dans le bâtiment des hackeurs en début d'après-midi. Elle les salua amicalement et leur demanda si le travail avançait comme prévu. HackMan lui en fit un résumé, puis elle s'adressa à eux sur le même ton et sans marquer la moindre pause :

— Les gars, je serai claire et concise. À La Source, il n'y a pas plus important que l'objectif qui est le nôtre. Rien. C'est la seule chose qui doit compter et tous nous préoccuper.

Ils l'observèrent surpris et déstabilisés, mais bien qu'elle fît silence, ils attendirent la suite.

— Pas de question, c'est parfait, nous gagnerons du temps. Pour être tenu, un projet doit être porté par une équipe en pleine possession de ses moyens. Pour y parvenir, chacun veille à être en phase avec le groupe et en paix et harmonie avec lui-même, sinon, c'est mettre en péril les chances de succès. Alors je vous l'annonce sans détour : en dehors de vos incroyables compétences, une chose ne me convient pas du tout et pose un problème, genre majeur, vous ! Vous ressemblerez bientôt à des endives sentant le topinambour.

Ils étaient à présent médusés. Ils recevaient un seau d'eau froide, un de tiède puis un de glacée. Léo se tassait à vue d'œil sur son fauteuil.

— Je reviens dans une heure quarante-cinq et je vous veux tous les trois en tenue de sport et bien chaussés. Vous passerez pour cela à la boutique spécialisée au centre commercial. Je vous fais préparer le nécessaire par Marie. Juste une précision avant la suite : vous venez ! Pas d'histoires tordues ou de bobos à la noix, même pas en rêve.

Elle ressortit sans un mot de plus. Les trois hommes avaient pris en quelques minutes une bonne trentaine d'années de plus.

— Elle est canon, Astrid, mais sauf erreur, elle nous a pourris un bon coup ! Ça commence bien. Galère !

— C'est un peu ça, Léo. Ou gronder, comme des attardés ! Délire.

— Tu as raison, Paul, il faut reconnaître que la tornade subie était inattendue, mais aussi que nous n'avons pas moufeté. Vous avez déjà fait du sport, les gars ? Parce que moi, depuis le CM2, j'ai comme un doute ! Non mais, vous me voyez, moi, HackMan, en survêt ?

— Je te ferai une photo souvenir ! Je crois avoir pratiqué le foot en sixième, une ou deux fois. Je n'avais jamais le ballon, je n'ai pas voulu continuer. Mais je me souviens du délire, le prof gueulait tout le temps. Paul qu'est-ce que tu fais, Paul tu te bouges, Paul il faut courir, Paul tu te relèves de suite, Paul tu reviens sur le terrain ! Délire ! Et à la piscine, Paul saute à l'eau, Paul lâche le bord, Paul nage, Paul sort, Paul plonge, Paul respire … Délire !

— Du sport ! J'ai dû arrêter ça comme vous deux, j'étais nul ! Elle veut me tuer ou quoi ? Je n'ai jamais fait de pompes ! Quoique si, trois ou quatre séries sur mon ex-copine. Pour elle, parce que moi … Une fois, j'ai senti mon cœur sur le point de lâcher. J'étais sur elle, enfin dedans aussi, c'est sûr que c'était cool, mais la galère, les mecs ! Un cauchemar qui revenait : Léo accélère, Léo reste en cadence, Léo tu ralentis, Léo continue, Léo encore, Léo plus fort, Léo plus loin … La galère, j'ai cru y passer. Je lui ai dit de se mettre sur moi pour gérer elle-même, moi je serais resté tranquille, allongé à sa place, et voilà, mais non !

— Paul, Léo, pas de panique, faisons confiance à Astrid, elle veut nous aider et de ce qui se dit, c'est une tête ! Et puis, si vous voulez lui dire que c'est non … Là, les gars, désolé, mais je ne m'y colle pas ! Imaginez qu'elle revienne avec le lieutenant ! Je fonce au magasin, vous venez ?

— Pfff ! Tu peux être sûr qu'elle ne cavalera même pas devant nous à poil pour nous motiver ! Nous ne courrons après rien du tout ! Délire !

— Paul, ton histoire de nanas qui courent les fesses à l'air … Les pouffes, c'est cuit pour moi, mais là, Paul … Faire du sport avec des filles à poil, voir les seins sauter, les fessiers en plein effort, les cuisses qui se contractent ! Top galère, ah ouais ! Là je sens que … Eh, les mecs, elle n'est pas morte ! À la vache, elle est vivante ! Ah, je suis content de la savoir en vie. J'aurais presque de l'énergie ! Ah, ce que c'est chouette !

— Trop forte cette Astrid. Au magasin de sport.

Lorsqu'ils se présentèrent à la boutique, une charmante vendeuse proposa à chacun de choisir sur une palette les couleurs qu'ils aimaient, puis elle disparut quelques minutes.

— Les gars, vous avez vu la nana ? C'est le délire. Elle est belle, elle sourit, elle sent bon ! J'avais oublié !

— Paul et moi avons bien essayé de te sortir, Léo, mais tu ne voulais rien entendre !

La jeune femme revint avec trois gros sacs de sport nominatif :

— Voilà, Messieurs, vous disposez à présent de l'équipement nécessaire à la pratique des activités prévues par Astrid, à vos mensurations et dans des couleurs coordonnées à vos goûts. Vous n'avez rien à payer, car Astrid s'est chargée de gérer. Si vous aviez besoin de quoique que ce soit de plus, n'hésitez à me faire demander, je m'appelle Marie.

Une heure plus tard, Astrid s'invitait à nouveau dans le bureau des trois hommes, qui l'attendaient en tenue de sport, comme elle. Sans communiquer sur la destination ni le programme, elle les fit monter à l'espace vert qu'elle avait fait libérer jusqu'au soir afin d'être dans les meilleures conditions. Ils découvrirent le merveilleux site baigné par le soleil. Ils étaient totalement subjugués par la beauté et la quiétude du lieu. Elle leur fit faire la promenade circulaire en présentant l'intérieur et l'extérieur, et ils firent la marche sans même percevoir la distance parcourue. Arrivés au sentier dans les buissons, elle bifurqua et ils arrivèrent au lac. Ils découvrirent la plage, la cascade douce, la beauté de l'eau qui reflétait le ciel et les berges, et une saine béatitude incroyable. Hugo s'assit sur un banc en fixant le site :

— C'est somptueux, Astrid. Je n'ai jamais vu un lieu aussi beau et dégageant un tel bien-être ! L'immense espace vert, avec malgré tout une intimité sublime au cœur de ce petit bois ! J'ai l'impression d'avoir été dépouillé de ma fatigue et des fardeaux qui m'empêche de respirer.

— Pareil pour moi, Hugo, j'en ai presque la tête qui tourne. Galère. C'est la première fois que je suis quelque part sans être immédiatement en manque de mon clavier. Ouah, le dépucelage ! En plus nous avons méga marché, et ce n'est même pas la galère !

— Merde alors ! Paul, Hugo, je dois être plus secoué que je le croyais, je risque de pleurer. Délire ! Ça y est. Je ne sais pas pourquoi, mais je chiale, les gars ! Angoisse mortelle !

— Messieurs, je vous souhaite la bienvenue dans ce qui sera votre salle de remise en forme pour quelques séances. Nous commençons de suite. Je vous propose d'utiliser nos prénoms.

— Astrid, nous n'avons pas couru depuis longtemps, ne soyez pas trop dur avec nous.

— J'entends bien, Hugo, mais pas de traitement de faveur. Et vous me faites confiance.

— Courir, ah non, mais c'est le délire ! Vous n'imaginez pas, Astrid !

— C'est vrai, Astrid, Léo a raison, nous risquons de mourir ! C'est galère ce plan !

— Je vous demande une dernière fois votre confiance. Nous nous asseyons au bord de l'eau pour dix minutes de silence. Pas un mot, pas un geste. Respiration calme et profonde. Nous fixons le lac et la nature.

Ils ne posèrent pas une question, s'installèrent, et semblèrent absentés en une poignée de secondes. Astrid les observait discrètement, mais avec attention pour suivre l'évolution de leur relaxation. Hugo avait une sorte de sourire béat, il avait réussi à décrocher et faisait partie de l'eau et des arbres. Paul était contemplatif, il était toujours subjugué par le lieu et voulait l'absorbé. Léo était effondré, comme s'il réalisait qu'il était passé à côté de sa vie. À huit minutes, elle pressa sa montre sans le laisser voir, à douze arrivèrent par le sentier six jeunes femmes au pas de course. Ils tournèrent la tête et les virent. Astrid fit signe de maintenir le silence. Les filles enlevèrent leur survêtement et étaient déjà en maillot de bain deux pièces. Elles approchèrent de la rive ensemble, les saluèrent en souriant, puis se glissèrent dans l'eau sans bruit et s'éloignèrent en faisant une brasse coulée qui respectait le calme de ce coin de paradis.

— Si vous êtes d'accord, nous attendons qu'elles partent avant de passer à la suite. Je vous propose de rester ici et nous en profiterons pour les regarder. Elles sont jolies non ? Paul ?

— C'est comme dans les films où tout est parfait et beau. Ce sont des fées ! J'étais déjà émerveillé, cette fois je viens de comprendre ce que veut dire paradis.

— Et vous, Hugo ?

— J'ai la même vision que Paul, je vois des sylphides fantasmagoriques. Vous avez vu leur ventre si doux, et ces jambes si femme ? Et la brune avec les cheveux longs, elle a des seins qui sont l'ultime perfection, elle est prodigieuse. Et la petite blonde, les mecs, matez ce derrière dans son mini maillot ! Il donne l'envie de le mordre tout en le câlinant.

— J'ai vu et revu, Hugo. Et celle à la peau mate ! Le dos ! Les reins, les fesses, les cuisses ! Un chef d'œuvre. Mais faut pas toucher. Galère !

— L'Asiatique avec ses cheveux noirs, c'est une porcelaine. Et sa poitrine … ses seins sont des bijoux ! Ce n'est pas possible d'être aussi belle et parfaite !

— Moi, c'est le bas de son ventre qui m'a mis à l'envers, Hugo, son maillot descend tellement bas, tu as vu ça ? C'est une déesse !

— C'est vrai qu'il est mini. Et ses épaules ! Et ses fesses ! C'est comme la grande, châtain clair, elle a une classe ! Et ses seins presque lourds ! Vous les avez vus quand elle marche ? Et les jambes de la métisse ! Léo, tu ne dis rien ?

— Non ! Je sais à présent, pour en avoir la confirmation visuelle et émotionnelle, que j'ai raté ma vie. J'ai découvert en quelques minutes le monde et la vie, et je ne suis pas dedans. Ma vie est un délire ! Attention, elles reviennent ! En plus elles sourient ! Hugo, Paul, je crois qu'elles ressortiront de l'eau vers nous ! Je fais quoi les gars, je les regarde, je dis bonjour, je baisse les yeux, je pars ? Vite les gras, elles approchent !

— Détendez-vous, Léo, vous ne faites rien, vous les admirez, car elles sont belles, c'est tout, c'est simple et agréable. Je peux vous les présenter si vous voulez !

— Mais non ! Je ne sais pas quoi dire, moi, c'est trop galère la honte, Astrid !

Les nageuses arrivaient au bord juste devant eux, elles se relevèrent et sortirent de l'eau une à une, ruisselantes. Le peu de tissu qu'elles portaient était collé à leur corps. Elles levèrent les bras et passèrent les mains sur leurs cheveux pour les tirer en arrière. Les trois hommes suivaient le moindre des gestes, sans cligner des yeux.

— Coucou, Manon. Il est sympa ton maillot, minimaliste, polisson et chic. C'est délicieusement petit.

— Bonjour, Astrid. Merci. Je l'adore. Je le trouve sexy et pourtant, tu as vu comme il tient bien les seins ?

— Oui, un bel article qui invite à te dévorer des yeux. Salut, les filles. Tina, Gaëlle, Carole, Gina, Mahé, je vous présente trois redoutables informaticiens, des génies et des hackeurs ! Hugo, Léo et Paul.

Tina, la métisse, fit la bise à Astrid, puis naturellement se baissa et fit de même aux hommes. En se penchant, ses seins à peine dissimulés par le petit maillot s'offraient pendants aux regards, et les trois les dévorèrent des yeux. Léo rougit. Hugo se leva, imité par ses amis et toutes les femmes leur firent deux bises. Ils discutèrent un moment, parce qu'Astrid posait des questions, et ils apprirent qu'elles s'entraînaient une fois par jour ensemble, parfois ici, ou à la piscine, ou encore au centre sportif. Astrid demanda si pendant une semaine elles seraient ennuyées de partager les séances d'activité physique avec les trois débutants qui ne connaissaient pas les installations, ni personne. Les hackeurs retinrent leur respiration, embarrassés et pétrifiés. En guise de réponse, elles fixa d'autorité un rendez-vous pour le lendemain à midi trente et partirent comme elles étaient arrivées.

Paul et Hugo affichaient un large sourire, Léo ouvrait de grands yeux, semblant ne pas réaliser ce qui s'était passé, car cela relevait pour lui du plus pur fantasme. Paul lui posa une main sur l'épaule :

— Tu gères, Léo ? Tu es tout chose. Je ne sais pas toi, mais je n'ai jamais vu un tel groupe de sportives !

— Galère incroyable ! Six fées à peine vêtues qui sortent de nulle part, elles m'ont fait la bise et ont disparu ! Moi qui voulais quitter le centre. J'ai pris un coup, les gars, la grande gifle.

Réalisant qu'ils avaient commenté les formes des amies d'Astrid en sa présence, Hugo s'adressa à elle :

— Astrid, nous nous sommes laissés emporter par l'enthousiasme en voyant vos si belles copines, et nous avons quelque peu manqué de retenue, surtout en étant avec vous, il ne faut pas …

— Stop ! Pas de souci Hugo. Elles sont jolies et hyper désirables, ne pas les regarder serait leur faire injure. Je les ai matées autant que vous, recto verso ! Elles me font toutes craquer. Si j'étais obligée de n'en choisir qu'une, c'est dans la frustration qu'aujourd'hui, j'inviterais … Mahé, l'Asiatique, pour ses fesses qui sont le petit truc en plus pour moi, son adorable popotin m'hypnotise, elle est torride. Sinon les deux grandes, Gina et Carole, pour leurs seins splendides, j'adorerais. Les trois autres pour ce ventre musclé et doux et ces cuisses félines d'authentiques sportives. En fait, je les voudrais les six.

Ils se turent et l'observèrent pour s'assurer qu'elle plaisantait, mais il semblait bien qu'il n'en était rien. Astrid leur parlait de ses désirs en toute simplicité. Il s'agissait peut-être d'une extra-terrestre.

— Bon, je suis désolée de vous interrompre dans votre méditation sans doute pleine de doux et délicieux fantasmes, mais nous avons un programme de remise en forme à tenir.

— Astrid, je ne voudrais pas être indiscret ni inconvenant, mais vous nous faites marcher ?

— Ah non, Paul, nous le tiendrons et j'y veillerai.

— Oui, mais non, je parlais de Mahé !

— Pourquoi ce doute sur Mahé ! Sa peau mate doit avoir un goût chaud et suave, et son derrière, j'y planterais mes doigts, mes yeux et lèvres, et je le mangerais ! Vous ne la trouvez pas désirable, vous ? C'est curieux, pourtant elle est superbe ! J'aurais cru.

— Mais non ! Enfin, si, bien sûr, moi aussi, mais … vous … Astrid, vous laissez entendre que … femme …

— Ah, c'est ça ! C'est simple, Tina et Gaëlle, je connais déjà, elles sont sublimissime. J'adore la douceur féminine autant que le corps des hommes. Le plaisir est différent, c'est évident, mais tout aussi intense. Les concernant, je ne suis pas plus insensible que vous à de telles plantes. Elles sont sublimes. Cela vous dérange ou vous choque que je parle librement ?

— Non, absolument pas ! Au contraire ! Enfin non, mais … Pfff … C'est juste que je … Certes, énoncé ainsi tout est simplissime.

— Si vous voulez revoir ces filles, ce n'est pas compliqué, demain vous partagez leur entraînement, et voilà ! Nous nous rendons au centre du plateau, il y a un point d'observation qui nous servira d'étape. À votre place, moi, je ferais au moins les séances footing avec les fées, les yeux plantés dans leurs fesses ! Elles sont vraiment belles. Je dis si j'étais vous, mais ce n'est qu'un avis. Je ne voudrais pas que vous vous sentiez mal à l'aise, en plus par ma faute. Au contraire.

Ils marchèrent en direction du point dominant, en discutant du lendemain et de leur volonté de se mettre au sport. Astrid présenta le panorama, puis s'adressa à Léo :

— Est-ce que tous les trois vous échangez librement de tout, je veux dire ensemble ?

— Oui, je crois que nous sommes assez libres.

— Y compris pour parler des émotions, Léo ? Comme d'être amoureux, cocu, infidèle, d'avoir eu un rapport intime, du dernier râteau, d'un chagrin sentimental, etc.

— Même de nos fantasmes ! Entre nous le sujet n'est pas un souci, c'est juste la matière à discussion qui fait défaut ! Galère.

— Je comprends cela. Et vous Paul, Hugo ?

— Idem.

— C'est ça.

— Parfait. Léo, nous nous asseyons, j'ai prévu un échange d'une petite heure, puis nous aurons un coach qui nous rejoindra.

Ils prient place à une table ronde en bois, et Astrid retira du dessous quatre sacs en papier contenant des encas :

— J'avais prévu avant de venir. Léo, tout en grignotant, je voudrais que vous me parliez de la femme, en générale. Ce qu'elle représente, les moments où vous vous sentez dominé, dominant, en danger, en confiance, attiré, repoussé, comment vous y pensez dans vos fantasmes, à quoi ressemble celle qui vous accompagne lorsque vous vous accordez un plaisir solitaire, qui était votre dernière copine, la partie de son corps que vous aimiez le plus sentir, ce qui était agréable et pénible chez elle, la rupture … En résumé, expliquez-moi le sexe opposé à vous.

— Ah oui quand même, tout ça ! Galère ! Et vous êtes une femme !

— Je sais cela, oui, mes parents me l'ont dit il y a quelques années. Mais je suis aussi médecin, chercheuse, lieutenante, je peux parler de derrière, de service trois-pièces, de bouton rose, d'onanisme, de sécrétion, de masturbation, d'obsessions … Je fais l'amour par passion, parfois aussi pour assouvir, avec des hommes ou des femmes, à deux ou à plusieurs. Je prends soin de moi et j'aime le plaisir.

— Ah bon ! Voilà qui a le mérite d'éviter les malentendus ! Je peux également en parler avec une certaine liberté, sauf que je ne pratique plus depuis des semaines. Enfin … Il s'agirait plutôt de mois ! Mais ça, c'est un autre sujet.

Léo se lança dans les confidences, sur sa première copine, sa découverte du sentiment amoureux, sa mère, sa sœur, ses craintes … Astrid le guidait d'un mot ou d'une question, et après vingt minutes, elle demanda à Paul d'en faire autant, puis à Hugo. Ils se racontèrent en toute confiance, plus librement qu'il ne l'avait jamais fait. Une personne arrivait dans le dos des hommes. Astrid lui sourit :

— Bonjour, Élise, je te présente tes trois élèves, Hugo, Léo et Paul. Messieurs, votre professeur de yoga se prénomme Élise. Je vous laisse avec elle une heure et je reviens.

Elle se leva, Élise prit sa place et instaura un échange avec les hackeurs qui l'écoutait et buvait ses mots. Puis ils commencèrent les exercices. Astrid profita de l'instant de répit pour se rendre auprès de Marion afin de savoir comment réserver des prostituées. Marion la dévisagea, étonnée, presque réprobatrice :

— Je n'ai pas à porter de jugement, Astrid, mais tu es largement assez jolie, populaire, décomplexée et tout le reste pour ne pas avoir à utiliser les services de nos assistantes sexuelles. Et puis, quand même, Astrid !

Pour tes désirs saphiques, tu as Camille, et … je suis souvent avec vous, y compris dans le lit, alors … Zut ! Sache que je désapprouve vivement ! Sauf si … Tu aurais des envies à ce point spéciales, Astrid ? Il te suffirait d'oser m'en parler, n'en doute pas.

— Ma petite Marion, tu es toute mignonne et je t'adore, mais tu as raison, je me défoule à peu près avec qui je veux ! J'allume et je dis oui, c'est simple, efficace et rapide. Merci quand même de te soucier de cela pour moi. Seulement là, j'ai des gars en perdition à gérer, car c'est pour eux la misère totale côté intimité. Ce sont des membres clés du projet et il y a déjà des idées de vouloir sortir à cause de ça, ce qui n'est pas envisageable, mais alors, pas du tout. Il me faut donc des filles en priorité, et je ne veux pas entendre parler de liste d'attente. Une blonde, une à la peau mate et une Asiatique ou une grande brune fatale. Tu te débrouilles. Dans deux jours, à partir de dix-huit heures jusqu'au levé, et idem pour les trois journées suivantes.

— Enlève-moi un doute, Astrid. Tu ne serais pas en train de me passer commande de filles ? À moi ! Tu es consciente que je ne suis pas une … une … entremetteuse !

— La blonde, assez menue ; l'asiatique avec cheveux longs, mais si tu n'as pas, une paire de brunes avec le sein lourd. Tu les envoies à mon bureau dans deux jours à dix-sept heures quarante-cinq que je puisse les briffer.

— Dis donc, je sais que tu as déjà demandé à six de tes copines de sport. Tu prépares une orgie ou quoi ?

— Ces jeunes femmes, dotées d'une plastique de rêve, sont ingénieures et chercheuses, pas des assistantes sexuelles. Elles m'aident parce qu'elles m'estiment et que j'ai sollicité d'elles le service de les motiver pour sortir les maîtres du web de leur terrier. C'est déjà un exploit.

— Astrid. En dehors du fait que tu me déstabilises et me perturbes, je crois important que tu saches que j'ai participé à la sélection des assistants sexuels. Étant donné le niveau général des habitants de La Source, femmes ou hommes, il n'y a personne issu de la prostitution. La moins diplômée à un excellent bagage dans le social. La plus dotée a un doctorat en psychologie. Idem pour les mâles, je le précise.

— Tu as raison de me le signaler. Je me suis trompée, je l'ignorais. C'est étonnant, mais je les comprends.

— Pour ma part, j'ai quand même du mal. C'est spécial.

— Pas pour tout le monde, Marion. C'est aussi une science passionnante, et qui sait parfois être ludique. Si tu n'as qu'une brune à la poitrine rebondie, tu en sélectionnes une avec de petites fesses, format Camille, ou comme les tiennes. Merci.

— Non mais ! Astrid, tu m'as écoutée ou non ? En plus tu me passes commande même de la taille des attraits. Je refuse de choisir des femmes. Ni des hommes d'ailleurs.

— Blablablas ! Tu perds du temps.

— Tu m'énerves. Je ne veux pas réserver des … employées.

— Ma petite Marion, comme je te le disais, tu es toute mignonne. Mais ce n'était pas une question ni une supposition, c'est une mission. Tu t'y colles et tu utilises tes prérogatives pour décaler les réservations ! Je compte sur toi, et tu n'as pas le droit à l'erreur, Marion. Aucune marge ! À plus tard. Si tu as envie de t'amuser ce soir, mémorise ta façon d'être, tu es à croquer lorsque tu joues l'outragée.

Astrid s'en retourna en laissant Marion la bouche ouverte, ahurie du culot de son amie et de l'autorité dont elle avait fait preuve.

— Ça alors ! Non mais, elle est folle ! Je dois choisir des nanas … Elle veut que je réserve des filles, moi ! Avec mon code. J'hallucine.

Tout en continuant de marmonner, elle se mit à son écran et commença à rechercher les profils attendus, puis à consulter les plannings. Astrid revint vers Élise et les trois hommes sans bruit, car ne voulant pas prendre le risque d'interrompre la séance à un moment où Élise aurait obtenu d'eux la concentration requise. Elle fit en sorte d'arriver dans le dos des informaticiens. Leur professeur la vit, mais Astrid lui fit signe de poursuivre et s'assit en retrait pour les observer en silence. Élise avait dû avoir quelques difficultés à ce qu'ils prennent une posture de yoga, même simple, car en l'instant, cela ne ressemblait pas à grand-chose. Ils semblaient toutefois dans l'effort. Elle les fit mettre debout puis leur demanda de se baisser tout doucement en gardant les jambes tendues. Hugo avait à peine le dos à l'horizontale, mais dit ne pouvoir faire mieux. Paul râlait en tirant sur ses muscles et touchait ses tibias à mi-hauteur. Léo voulut l'imiter, mais tomba sur les fesses, il renouvela l'effort, mais pour perdre l'équilibre une nouvelle fois. Élise leur dit qu'ils étaient sympas, mais aussi trois catastrophes. Elle s'approcha d'eux et appuya sur les épaules de Hugo, avec douceur, mais il tomba à genoux, et sur celles de Paul qui cria. Elle soupira.

Après ces essais étonnants, elle se tourna pour aider Léo et se baissa vers lui, offrant ses fesses tendues à Paul qui se redressa prestement afin de positionner son visage au plus près. Ne se sachant pas observé par Astrid, il s'immobilisa ainsi. En le voyant faire, Astrid sourit :

« Paul, tu ne devrais pas, contente-toi d'y penser, de regarder, mais sans t'attarder, mais n'essaie pas la main aux fesses avec Élise, ce n'est pas le genre et tu le regretteras ! ».

Une dizaine de secondes après qu'elle se soit adressée à lui par la pensée, il fit mine de basculer et, pour se rattraper, se saisit des fesses d'Élise et planta son nez dedans. Astrid sourit et attendit la riposte qu'elle savait inévitable. Élise pivota sur elle-même en une fraction de seconde en se laissant tomber à genoux, passa ses épaules entre les jambes de Paul qui n'avait pas encore réagi, puis elle se releva brusquement et le projeta bras tendus. Paul se trouva à l'horizontale, mais à presque deux mètres de haut, et retomba plus loin d'autant, sur le dos, comme un sac. Élise était déjà lancée et atterrit à plat sur lui, qui expulsa bruyamment le peu d'air restant dans ses poumons. Elle l'immobilisa sans lui faire mal, mais il ne pouvait plus bouger et soufflait avec difficulté :

— C'est bon. Désolé. Je suis mort ! Pitié, Élise.

Hugo et Léo arrivaient, n'ayant rien compris ni vu ce qui avait pu envoyer si soudainement Paul plus loin. Élise se redressa et s'assit sur son ventre en le fixant et en souriant, tout en jetant un œil rapide à Astrid qui riait :

— Je vous souris encore, Paul, mais je vous déconseille d'imaginer en profiter pour me peloter, je pourrais avoir la main leste !

— Je ne bouge plus. Je ne peux pas de toute façon. Je suis en morceaux. Désolé, Élise. J'ai tenté de résister, mais … Délire !

— Comme quoi vous auriez dû essayer avec plus de conviction.

— Je le crois aussi. Vous pourriez me libérer ? S'il vous plaît. Je suis détruit. Vous ne risquez rien !

— Mais non, il n'est pas cassé le pépère, c'est juste qu'il n'a pas eu le temps de sortir le train d'atterrissage.

Hugo se pencha sur lui, dubitatif :

— Mais, qu'est-ce que tu fiches par terre ? Tu as fait quoi ? Tu étais avec nous et hop, plus là !

— Je n'ai pas bien compris. Je crois que j'ai vu à l'envers. En volant ! Puis je suis tombé. Très loin. Tout pété.

— Ce n'est rien, Hugo. Paul a voulu tester mes réflexes, mais il manque d'entraînement !

— Je vois ! Paul, tu as mis la main aux fesses à Élise et tu as morflé ! Tu as l'air malin. Tu es lourd !

— Eh oh, c'est bon. J'ai pris cher, basta. Aide-moi à me relever, mais doucement. J'ai peut-être des trucs cassés. Léo, s'il te plaît, ton bras aussi, je me suis crashé.

— Présente au moins tes excuses, Paul. Ce n'est pas à moi de le faire ! Il ne faut pas trop lui en vouloir, Élise, vous êtes une belle femme et Paul tout comme nous deux est en crise de manque !

— Je voulais procéder, Hugo, mais debout ! Élise, je vous prie de m'excuser, j'ai été particulièrement grossier.

— Ça marche pour moi. Gamin. Astrid, tu prévois une séance de massage pour notre parachutiste sans parachute.

— Il plane mal ! Paul, vous m'avez fait rire comme je n'avais pas rigolé depuis un moment. C'était digne d'un film comique. Et cette chute en vol plané, du grandiose. Pour la peine, sale gosse, vous nous inviterez au restaurant tous les cinq.

— Si Élise accepte après mon … dérapage, c'est le moins que je puisse faire.

L'incident n'avait pas créé de malaise. Dix minutes plus tard, Élise partie, elle leur demanda de prendre les sacs de sport et ils partirent par un autre sentier que celui qu'ils avaient pris pour venir, et firent une ballade dans le petit bois, reprirent le chemin de ronde et bifurquèrent au centre. Arrivés à la piscine, ils restèrent à nouveau en admiration devant l'installation. Astrid quitta son survêtement. Elle était en maillot dessous, et les invita à la suivre. Avec les trois paires d'yeux accrochées à son corps fort peu dissimulé, elle passa à la douche puis plongea.

— Tu as un short de bain sous ton survêtement, Paul ? Moi, non.

— Non plus ! Et toi, Léo !

— Léo ? Tu baves, fermes la bouche.

— Les mecs, vous avez vu comment elle est fichue, Astrid ? C'est une bombe cette femme. Et elle me parle. Je crois que je suis amoureux. Je n'ai pas maillot. Galère.

Astrid ressortit la tête de l'eau, toute proche :

— Votre nécessaire est dans les sacs, les gars. Alors hop, du nerf. Ça fait un bien fou.

— Il n'y a pas de cabine, Astrid !

— Finement observé, Hugo. Mais ce n'est pas grave, je suis certaine que vous vous êtes déjà vus à poil tous les trois.

— C'est exact, mais il y aurait comme une nana dans la piscine ! Sympa, certes, mais ... nana quand même !

— Bon, je plonge, mais je ressors de l'autre bout, si vous n'avez pas eu le temps ... tant pis pour vous.

— Ouah, les mecs, ce n'est pas un short, mais un slip de bain ! Un moule choses. Devant Astrid. Galère !

Elle disparut sous l'eau et parti en nageant. Ils se dévêtirent avec rapidité et furent en maillot avant qu'elle ne ressorte. Ils passèrent à la douche et Paul plongea, Hugo sauta et Léo se laissa glisser dans l'eau. Après trente minutes de natation, elle mit fin à la séance et ils sortirent, se séchèrent, puis Astrid leur donna une petite heure pour rentrer chez eux et se changer pour une chemise blanche et des jeans ou un pantalon noir. Elle passerait chercher chacun à son appartement.

Elle sonna à la porte de Léo qui ouvrit rapidement, en jeans. Il regarda étrangement Astrid qui était en robe décolletée noire et tenta de bredouiller quelque chose dont il ne sortit que « jolie ». Ses amis étaient en pantalon noir. Elle les emmena à son laboratoire où elle les présenta à Camille, qui travaillait en blouse blanche avec deux assistantes, Yolande et Mylène, puis ils s'enfermèrent tous les quatre dans le bureau d'Astrid. Elle enchaîna rapidement et expliqua qu'ils devraient se dépasser, car devant suivre strictement ses instructions. Ils acceptèrent, inquiets, puis ils descendirent au centre commercial où elle les précéda dans un restaurant chic. Une table leur était réservée et ils s'installèrent alors qu'elle parlait avec un serveur. Elle les fit changer de place de sorte qu'il ne soit pas l'un à côté de l'autre.

— Vous attendez du monde, Astrid ?

— Oui, Hugo, deux minutes. Les gars, je vous préviens, pas de blagues de geeks, ni d'histoires graveleuses, ni de culs, ni de branlettes, et pas de lamentations sur votre condition non plus. Vous ferez preuve de savoir-vivre en étant à l'écoute. Des questions ? Non ? Parfait.

Camille arrivait en robe courte à bretelles gris perle, accompagnée d'Élise en jeans et chemisier blanc, de Marion en tailleur écru et de Yolande et Mylène, en tenue sport et seyante. Astrid les plaça de sorte que chacun des trois hommes ait une femme à sa droite et à sa gauche. L'apéritif arriva rapidement, car elle avait tout organisé pour éviter les temps morts, et elle fit les présentations puis engagea la conversation. Ils parlaient peu, elles discutaient et plaisantaient. Ils les écoutaient et les admiraient. Le repas se déroula dans une bonne ambiance. Astrid les poussait régulièrement à s'exprimer et les pilotait discrètement pendant que ses amies, prévenues, faisaient semblant de ne pas s'en apercevoir. Astrid donna le signal du départ en se levant. Ils croyaient la soirée terminée, mais à la sortie de l'ascenseur, ils découvrirent encore un endroit merveilleux, le niveau des plaisirs. Elle les conduit dans la plus grande discothèque sans laisser retomber le bon élan, et elle prit Léo et Camille par la main, Marion se saisit de Paul et Yolande, et Élise de Hugo et Mylène. La musique était entraînante. Elles commencèrent à danser, ils étaient tétanisés. Elles les prirent par les deux mains afin de les guider en communiquant sur les mouvements à faire, pour obtenir qu'ils parviennent au moins à bouger. Astrid fit en sorte de croiser le regard de chacun des trois et ne leur laissa aucun doute sur le message, ils devaient se dépasser. Il fallut une bonne heure aux six femmes pour obtenir qu'ils bougent à défaut de faire mieux que de dansoter, mais ils suivaient le rythme, souriaient et s'amusaient. Ils étaient simplement heureux, car non seulement ils arrivaient à danser, vu par eux, mais en plus ils avaient des cavalières ravissantes et agréables. Les pistes se remplissaient à fil des minutes. Astrid sourit à Léo, se tourna vers une jeune femme toute proche qui dansait et lui tendit une main puis la tira à eux et la confia à Léo en se saisissant d'une autre cavalière. Ils changèrent ainsi de partenaires sept à huit fois. Trois heures plus tard, les femmes leur faisaient la bise sur le palier du niveau des appartements et chacun regagna son logement. Les amis se rendirent chez Hugo, comme si cela était une évidence :

— Je vous offre une bière les gars, j'ai passé la meilleure soirée de ma vie. Sans déconner, de ma vie ! Paul, une brune ou une blonde ?

— Une blonde, avec des seins partout, et pour Léo, une brune avec des fesses tout autour ! Blague à part, je suis comme toi, Hugo, c'est la meilleure soirée de ma vie ! Et j'ai dansé, incroyable ! Et ses femmes, belles, souriantes, gentilles, pas une n'a eu un sourire moqueur alors que je devais bouger comme un sac ! Ça, c'est la vie. Léo, tu as géré ?

— Je voudrais ne jamais en sortir ! C'était génialissime, hyper puissant. Je suis tombé amoureux de chacune de mes cavalières, sans déconner les mecs, raide dingue, je les aime ! Elles étaient gentilles, tolérantes, belles, sexy, leurs seins dansaient sous les tissus, les fesses ondulaient, et elles me regardaient et parfois me prenaient par la main ! Je les adore, je veux toutes les épouser. Je ne partirai pas d'ici, jamais. Dehors, c'est de la merde, je vous le dis, de la chiasse faisandée. Je viens de naître ! Et là je dois encore pleurer, fais chier ! Mais je ne pensais à rien d'autre qu'à danser et à les admirer, j'étais si bien ! Alors c'est ça, la vie !

— Hugo, je crois que notre pote a retrouvé l'envie de vivre et que dès demain, nous l'aurons avec nous au restaurant.

— C'est super, je suis content pour vous deux comme pour moi ! Dis-moi, Paul, qu'est-ce que tu as fichu avec Élise ? Tu n'as pas pris un tel vol plané juste pour l'impressionner !

— J'ai merdé, les gars ! J'ai été trop con sur le coup. Pendant qu'Élise était penchée pour aider Léo, j'ai comme qui dirait … Disons qu'elle était si proche que je me suis perdu !

— Non, Élise ne t'en a pas mis une pour ça, raconte et avoue.

— Vous penserez que je suis un pervers, et ce n'est pas la peine de le dire, je le sais. Je lui ai senti les fesses pendant quelques instants !

— Mais ! Tu es con ou quoi, tu lui as sniffé le derrière !

— Je suis au courant, Hugo, c'est bon, c'est naze. Délire fugace.

— Attends, Hugo, je pressens la suite. Paul, Élise était penchée sur moi, elle ne s'est retournée que pour te faire voler, donc …

— C'est que dans l'élan … j'ai eu comme une pulsion, et elle s'en est aperçue lorsque je lui au mis les pognes au derrière et le nez dedans. Je suis au courant, laissez tomber.

— Les mains au popotin d'Élise qui a accepté de s'occuper de nos trois misères ! Non mais, Paul ! Tu percutes j'espère, tu lui as senti et peloté les fesses ! Galère.

— Je sais Léo ! Que veux-tu que je te dise, j'ai été en dessous de tout ! Mais c'est fait. D'où le long courrier.

— Tu m'étonnes que je t'aie vu passer en version planeur. Je l'ai à peine vue pivoter que tu étais sur orbite. Le vol que tu as pris !

— J'ai cru à ma dernière heure, sans déconner, je me suis senti décoller. J'ai eu le temps de me dire « oh, je vais mourir, c'est foutu » et le crash !

— Bon, nous n'allons pas nous gâcher la soirée avec tes âneries, ça serait dommage.

— Hugo, Léo, désolé ! Mais ma connerie mise à part, vous avez vu ça ? J'avais à peine fini de me crasher qu'elle était déjà sur moi. Elle aurait pu me casser la tête, j'étais à sa merci ! Bonjour le sexe faible ! Quand tu la vois danser tu te dis que c'est une petite pin-up et tu te passes le scénario version plan drague et cul si affinité, mais … voilà !

— Paul, Hugo, j'ai passé plus qu'une soirée géniale. En fait, tout le temps où Astrid nous a sortis de notre monde virtuel a été une découverte d'une intensité inouïe. Je veux rester. Vous resteriez aussi ? Avec moi, s'il vous plaît, les mecs.

— Oui, et pour être sûr de pouvoir ne pas me faire virer, je te le dis, Léo, ils découvriront HackMan le grand. Je me défoncerai pour être indispensable. Ça chauffera pour les autres guignols.

— Ça marche pour moi aussi les gars, ma retenue je me la mets au … quoique pour les fesses, aujourd'hui j'en resterai là ! Je leur montrerai ce qu'un PlayMan qui travaille en équipe arrive à accomplir. Les comiques ne retrouveront même plus le chemin des chiottes. Il est hors de question qu'il se passe de moi ici, je prends racine. C'est ma vie.

— Alors nous sommes d'accord. Je réveillerai super LanMan et ferai en sorte qu'ils en bavent tellement qu'ils finiront par avoir des doutes sur leur propre identité et sur ce qu'ils tapent sur le clavier. Je te mettrai un tel bordel dans les tuyaux qu'ils ne comprendront plus rien à ce qu'ils font … Et je me menotte ici. Je suis fou d'avoir songé à sortir. Si un jour je refais une allusion de ce genre, mettez vos mains sur le fessier d'Élise et dites que c'est moi ! J'existe, les mecs, j'ai envie de rire !

Astrid était dans leur bureau dès le lendemain matin, car elle voulait savoir ce qu'ils faisaient toute la journée devant leurs écrans. Ils lui expliquèrent ce qu'ils préparaient pour l'objectif, pour la protection de La Source et pour déployer bientôt de grandes oreilles qui sauront tout. Après s'être consultés du regard, ils lui montrèrent quelques réalisations qu'ils faisaient pour se détendre. Ils lui laissèrent choisirent une personne sur le réseau interne et lui dirent d'observer. Une minute quinze plus tard, ils lui remettaient un passeport biométrique au nom de Camille Delporte. Septique, Astrid sourit et leur montra autre chose, elle entra son identifiant de lieutenant et posa le document au nom de Camille sur un écran. Le système l'analysait.

— Vous constaterez dans un instant que ce n'est pas si facile. Le programme vérifie tout, les empreintes, l'ADN, l'image du fond d'œil, la totale. Ça serait trop simple.

Une fenêtre d'identification s'ouvrit et afficha que le passeport était conforme, puis déroula les informations relatives à Camille. Astrid resta interdite :

— Vous savez faire un document biométrique sans la personne et en plus tout est exact ! Je sais, vous avez piraté les bases de données de nos serveurs informatiques pour changer les informations.

— Ah non, aucun intérêt, n'importe qui peut faire ça, Astrid. LanMan et moi avons créé un programme qui recherche des infos, PlayMan a fait un pilote pour l'imprimante trois dimensions à même de reproduire une empreinte, sur une autre le bon fond d'œil, et sur une très spéciale un leurre pour la chaîne ADN, et le reste.

— Mais, vous êtes des dangers publics, c'est génial ! Je peux en informer Théo ? Vous imaginez en mission ce que cela représente ? C'est … La vache ! Mais s'ils ont un lecteur d'empreinte sur place, c'est fichu quand même.

PlayMan lui tendit en souriant un coffret avec la peau synthétique d'une main de Camille à poser sur la sienne, un appareil dentaire, des lentilles et un flacon avec du sang artificiel.

— Vous demandez, Astrid, nous faisons, je ne vois pas ce qui pourrait nous tenir en échec avec nos petits programmes pas discrets.

— Mais, comment vous avez eu ses dents, et ses yeux ?

— Nous avons piraté les scanners des systèmes de sécurité. Nous pouvons faire de même pour chaque personne passée au contrôle, donc nous accédons au corps de tout le monde, y compris à l'intérieur !

— C'est infernal ce concept. Cela implique que les machines nous mettent cul nu, des deux côtés de la peau ?

— C'est exactement ça, Astrid. Choisissez sur le moniteur une partie du corps de votre amie que vous savez être différenciable grâce à une particularité que presque personne ne connaît. Vous verrez !

— D'accord, vous ne regardez pas pour ne pas pouvoir tricher. Voilà, c'est fait.

— Ça marche. Astrid, vous voulez avec ou sans la pigmentation de la peau ? À plat, en relief …

— Le plus proche possible de la réalité, le touché, le volume, la totale. Je veux savoir.

HackMan revint à eux trois minutes plus tard et remit un coffret à Astrid en souriant.

— Quand même, Astrid, ce n'est pas très sport pour Camille !

— Pas grave, je ne suis pas en compétition. Elle n'a pas de cicatrice, pas de tâche de peau, rien de travers ni de difformité. Ça complique la quête d'un signe distinctif. Celui-là, je le connais et personne ne peut le voir. Et je veux savoir jusqu'où vous pouvez concevoir sans le modèle et en si peu de temps. Cela pourrait s'avérer hyper important.

Elle ouvrit la boîte et en sortit un organe génital parfaitement imité. Elle l'examina avec attention et sérieux, cherchant la faille :

— Mais c'est un truc de dingue, son visage, j'aurais pensé que vous aviez piqué une photo, ses dents une radio, et pour ses mains et le reste aussi, mais là … son minou ! Et tout est parfaitement conforme, je suis sidérée, les quelques frisettes épargnées, le moindre détail de peau, les formes … ! Je suis si-dé-rée !

— Pardonnez-moi si je me trompe, Astrid, mais si je comprends bien, cela veut dire que vous connaissez Camille avec une précision, disons étonnante, à en être capable de valider notre système ?

— Normal, Hugo, c'est ma copine, je connais sa boîte de jeux sur le bout des doigts.

Les trois hommes la regardèrent encore plus étonnés qu'elle ne l'était, imaginant déjà Astrid et Camille ensemble. Léo commenta presque machinalement :

— Alors vous êtes une vraie bombe, comme celle de mes fantasmes. C'est possible, ça existe ! Et vous me parlez. Délire ultime !

— Si c'est flatteur, Léo, je le suis ! Camille est ma petite amie. Ce truc de dingue doit être mis au plus vite à disposition des forces spéciales du centre, c'est génial les gars.

— Nous avons imaginé quelques applications. Pour le côté rigolade, je peux vous montrer une autre partie intime, Astrid ?

— Je ne suis pas du genre coincée, Paul, il faut tout me dire et j'adore les blagues potaches.

Il lui remit un nouveau coffret qu'elle ouvrit, intriguée, et en sortit un organe mâle au repos, aussi réaliste que pour Camille.

— Oh, un guignol ! Même au toucher, c'est parfait.

— Imaginez-vous en mission. Vous êtes déguisée en homme, car une femme se ferait interpeller de suite. Une petite envie pipi, vous placez la prothèse comme un gogirl, donc de sorte de pouvoir uriner dedans. Vous la faites sortir par la braguette et vous devenez un mec qui pisse. Tenez-le dans votre main.

— Élise sera ravie. Ça par exemple, il a bougé ! Il a des émotions !

— Exact, si besoin de vraisemblance, en urinant vous gardez les doigts autour pour que la matière réagisse, et une caméra qui vous observe enregistrera un type en train de pisser avoir un début d'érection ! Plus de femme, disparue la belle Astrid !

— Vous êtes trois barges, géniaux. C'est le petit bout de qui, Paul ?

— Vous captez vite, et il me frappera ! Vous tenez celui de Léo.

— Tu es gonflant, Paul, tu ne peux pas t'empêcher ! Tu es vraiment chiant. Astrid, si vous vouliez lâcher le truc ! Galère !

— Une seconde. Vous pourriez donc faire un corps entier et quasi similaire à la personne choisie, Paul ?

— Oui, un clone parfait, c'est du délire ! Mais pas vivant ! Les yeux pourraient battre, le pouls serait possible, des détails, mais marcher, parler, réfléchir ou bouger, non. Nous, c'est pour nous distraire.

— Notre lieutenant, Théo, en tombera à la renverse ! Il vous passera des commandes, c'est sûr. Ah, mais dites donc, Léo, ce n'est pas mal ! Même la taille du levé de couleurs est conforme ?

— Parfaitement, Astrid, nous avons validé avec Léo, c'est étonnant, mais cela fonctionne pour ça aussi.

— Paul ! Si j'étais Élise, tu prendrais un vol long-courrier ! Astrid, je peux le reprendre ?

— Votre clone est sympa, Léo, je vous le rends, mais j'aurais bien voulu voir jusqu'à quel point la matière pouvait se dilater ! Si vous savez faire des empreintes pour mes doigts, vous pourriez réaliser un masque de Camille pour que j'aie son visage ?

— Oui sans souci. Nous prenons la numérisation des deux faciès, une face est adaptée au porteur, l'autre a l'apparence choisie. Nous avons fait des essais, le dernier semble réussi. Mais Léo a ciblé une personne que nous ne connaissons pas, alors c'est difficile à évaluer. Elle était le meilleur modèle, parce qu'à l'hôpital, ils l'ont quasi numérisée.

HackMan revint avec un fauteuil de bureau sur lequel une femme était assise, vêtue simplement d'une jupe. Il fallut un instant à Astrid pour s'assurer qu'il s'agissait bien d'un mannequin. Babeth était devant elle, parfaite, avec un léger sourire. Elle s'approcha et toucha son visage, puis ses cheveux, c'était Babeth. Astrid commenta :

— Je la connais, elle est si fidèle que j'ai du mal à réaliser.

— C'est le béguin inconnu de Léo. Elle est belle et le plus fou, c'est que forcément, elle existe !

Astrid la tira en avant et observa son dos, puis lui retira le simulacre de jupe. La cicatrisation de la perforation était fidèlement représentée, preuve des dires des hackeurs.

— C'est quoi, Paul, ce raté sur le ventre et dans le dos ?

— Une bizarrerie. Hugo l'a refaite en pensant à souci d'impression, mais c'est pareil ! Elle avait peut-être un médaillon lors des scanners … Nous ne savons pas, nous n'avons pas cherché. Ce n'est pas important pour nous.

— OK. Paul, votre inconnue a été traversée par une balle de fusil, du très gros calibre. Ce trou, c'est la réalité. Vous ne pouvez pas la voir déambuler dans La Source parce qu'elle ne le peut pas.

— Ça, c'est moche ! La pauvre … Nous ne savions pas. Et elle est ?

— Vivante, dans le coma.

— Galère ! Qui lui a infligé un truc pareil ?

— Nos ennemis, Léo ! Elle n'y était pour rien, mais elle était présente, comme d'autres. Elle était sublime, en robe de soirée et elle dansait. Ils l'ont fusillée à quelques mètres dans la salle de réception.

— Oh non ! Galère ! Nous ne savions pas, nous ne l'aurions pas choisie sinon. Je suis dégoûté. Paul, nous la gardons ?

— Je ne sais plus ! Astrid, nous ne faisons cela que pour nous amuser. Astrid, si jamais nous la détruisions, faites un essai de suite. Ce n'est pas abouti, mais caressez sa nuque, puis … ses seins. Le principe manque forcément d'élégance, si ce n'est de respect, mais comme vous le savez, nous sommes un peu … victimes de solitude.

Astrid passa le bout de ses doigts sur la peau de Babeth qui devint doucement granuleuse, elle frissonnait. Babeth sourit, leva les yeux et expira. Astrid retira prestement sa main :

— C'est trop fort, j'y croirais ! Les mecs, ne montrer jamais miss soupirs à Théo, vous prendriez un vol à une autre altitude que ceux proposés par Élise, croyez-moi !

Elle les félicita à plusieurs reprises, leur fixa rendez-vous pour la fin d'après-midi à la même heure que la veille, et rappela que des fées les attendraient pour un footing, puis elle se ravisa avant de partir :

— Vous pourriez me rendre un service avec vos appareils ? C'est perso et pas sérieux.

Comme ils acquiescèrent sans hésiter, elle repartit avec un grand sourire et des coffrets qu'elle déposa à son bureau, puis ils se rendirent à l'espace vert et la seconde séance débuta. Elle leur fit faire les mêmes choses plus un tour du plateau à petite foulée avec les six joggeuses. Le soir, ils se retrouvèrent au domaine des loisirs, mais au lieu de la discothèque, ils découvrirent la thalasso et les massages. Le lendemain ils prirent le souper avec de nouvelles amies d'Astrid, une Asiatique, une petite blonde et une brune à la peau mate. L'ambiance fut plaisante pour tous. Ils se rendirent à la discothèque et, à la grande surprise des trois hommes, les jeunes femmes se firent câlinent, n'hésitant pas à se serrer contre eux pendant les danses, et lors des slows à faire s'effleurer les joues. Ils étaient au paradis. Astrid donna une nouvelle fois le signal du départ. Obéissants, ils firent la bise avec regret aux cavalières et suivirent leur pilote. Toutefois, en arrivant sur le parvis, Astrid s'arrêta et s'adressa au trois en même temps :

— Léo, Hugo, Paul. Nouvel exercice à réaliser de suite. N'oubliez pas que nous sommes là avec un objectif, celui de vous aider à vivre dans le réel. Alors sans possibilité de refus, vous retournez à l'intérieur et vous invitez chacun votre cavalière à faire quelques pas dehors, puis vous les prendrez par la main et irez marcher vers le kiosque qui se trouve là-bas. Vous vous y arrêterez pour les étreindre. Non Léo, pas d'objection ni de question. Je vous ai expliqué, il suffit de continuer à suivre mes instructions. Donc vous les embrassez, version mecs bien, cools et respectueux. En décodé, Paul, pas de main au popotin ni sur la poitrine, aussi tentante soit-elle ! Ensuite vous les reprenez par le bras et vous leur proposez de vous accompagner chez vous, pour la nuit. Non Léo, tout est clair, vous n'avez rien à dire. Voilà un étui pour chacun avec des préservatifs, mais vous verrez ça avec vos conquêtes, et vous faites l'amour ou forniquez comme des pervers, sans mon aide si possible. Après le petit déjeuner, retour à mon bureau pour un point.

Vous les inviterez pour la soirée de demain et pour la nuit aussi. Filez, je vous attends. Paul, vous passez le premier, Léo vous suivez, Hugo derrière, et si Léo … vous le poussez. Sinon j'interviens et je vous colle une gifle devant tout le monde, je vous en donne ma parole.

— Trop drôle ! Il ne manquerait plus que ça, prendre une calotte là-haut milieu ! Délire !

— Paul, après votre appontage forcé sur le dos, je pense que vous devriez éviter de douter. Si vous le souhaitez, j'en ai pour dix secondes et nous verrons si vous disposez d'un meilleur train d'atterrissage sur le ventre. Puis nous reviendrons vers Hugo et Léo, et voilà !

— Délire ! Alors toi aussi tu es une catapulte à mec qui plane ?

Constatant rapidement qu'elle ne plaisantait pas, ils se rendirent auprès des jeunes femmes qui dansaient toujours et les tirèrent en dehors de la piste pour communiquer. Paul la joua baba cool, Hugo fit dans la galanterie et Léo dans la version bégayeur à couleur variable. Ils ressortirent néanmoins extrêmement fiers avec les trois jeunes femmes à leur bras. Astrid s'éloigna discrètement et s'installa sous la pergola cible. Respectant les consignes, ils arrivaient vers le kiosque, lentement, la gorge serrée, le cœur tapant fort, totalement paniqués. Ils découvrirent Astrid assisse devant une table ronde, sirotant avec nonchalance un verre en les observant. D'un petit mouvement de la main, elle leur fit signe de continuer, puis d'un second destiné à Paul, elle mima un avion s'écrasant sur la table. Il tira à lui sa partenaire, l'embrassa dans le cou, sur la joue, et pour finir, il effleura sa bouche du bout des lèvres. Lorsqu'elle lui rendit son baiser, cette fois avec la langue, Paul sursauta comme s'il avait reçu une décharge électrique. Il la serra contre lui et l'embrassa avec une fougue passionnée. Hugo, qui l'observait du coin de l'œil se lança et déposa un baiser sur la bouche de sa cavalière avec tendresse, en espérant, et elle enchaîna sans retenue. Léo était en pleine noyade, il ne savait plus quoi dire ni faire et cherchait le regard de ses deux amis, mais ils étaient ailleurs, alors il se tourna vers Astrid avec désespoir. Elle le fixa et se leva, elle venait à lui décidée, la main ouverte à son intention. Il comprit qu'elle oserait le gifler devant cette merveilleuse jeune femme. Il sourit avec peine, et alors que son bourreau n'était plus qu'à trois pas de lui, il passa sa main avec une extrême délicatesse derrière la nuque de sa partenaire et déposa un timide baisé sur le coin de ses lèvres. Constatant qu'elle ne se refusait pas, il renouvela, mais sur la bouche et elle lui sourit.

Léo marmonna une sorte de « nialsi » qui devait vouloir dire dans sa tête « génial, merci », et il l'embrassa avec une véritable passion. Elle leur laissa deux minutes de quiétude puis se racla la gorge. Ils savaient pourquoi. Cette fois c'est Hugo le premier qui glissa un mot à l'oreille de la jeune femme, elle lui sourit et lui tendit la main, Hugo s'en saisit et y déposa un baiser, puis ils commencèrent à s'éloigner. Paul imita son ami et murmura sa proposition, qu'elle accepta d'un hochement de tête, il l'embrassa avec fougue tant il était heureux et ils suivirent le couple. Léo était une nouvelle fois en perdition, en proie à une panique totale, il bafouillait et reculait en haussant les épaules pour faire comprendre qu'il était désolé. Sans la moindre hésitation, Astrid était descendue du kiosque et approchait dans le dos de la jeune femme. Trop paniqué pour s'en être aperçu, Léo la vit surgir brusquement à côté d'elle, il ouvrit de grands yeux, respira profondément et, écarlate, demanda presque rapidement à sa cavalière si elle accepterait son invitation à finir la soirée chez lui. Attendrie par son embarras, elle lui déposa un baiser sur la bouche, le prit par la main, et ils partirent. Astrid les suivit et monta dans l'ascenseur avec les trois hommes et les compagnes d'une nuit. Elle chantonnait sur la musique d'ambiance en souriant alors qu'ils étaient écrasés par leur silence. Elle sortit avec eux et resta sur les paliers sans se cacher, attendant que les portes des trois appartements se referment. Elle était satisfaite, sa mission était en bonne voie et elle saurait demain jusqu'à quel point. Elle rentra à son logement, mais en ressortit presque aussitôt et sonna à la porte de Camille. Celle-ci l'accueillit, ensommeillée, vêtue d'un mini caraco de soie qui faisait office de chemise de nuit. Elle lui offrit néanmoins ses bras grands ouverts. Astrid déposa des paquets cadeaux sur son chevet, à n'ouvrir que le lendemain, puis elles se couchèrent l'une contre l'autre et s'endormirent. Lorsque Camille s'éveilla, Astrid avait préparé le petit déjeuné à la salle à manger et l'attendait, son amie arriva, ébouriffée, avec ses paquets cadeaux non ouverts en main. Elle s'installa en silence et, en déjeunant paisiblement, enleva les rubans, puis les ouvrit un à un en posant sa tasse, bouche bée. Il y avait une étiquette dans chaque boîte, Astrid, Lily, Camille, Marion, Matis, Théo, Richard, et Monsieur plus, avec l'entrejambe parfait de chacun à l'intérieur. Elle voulut protester, mais Astrid lui fit signe de ne rien dire et lui déposa un pénis dans la main. Camille semblait désabusée par le jeu puéril, mais elle se figea en sentant le latex bouger dans sa paume. Astrid pouffa de rire en voyant le visage de Camille, qui finit par en faire autant.

Contente de ses cadeaux, elle lui présenta les clones de leur partie intime. Camille était sincèrement amusée par son amie résolument impossible. Astrid lui fit un clin d'œil avant de se rendre à la cuisine. Camille hésita, surveilla qu'elle était bien sortie de la pièce, puis inspecta les reproductions parfaites à en être étrange. Astrid, qui l'observait en cachette, revint brusquement en faisant sursauter Camille qui avait un doigt dans la matière et devint écarlate en dissimulant rapidement ses mains derrière son dos, comme une enfant. Astrid piqua un fou-rire terrible en regardant l'étiquette dans la boîte vide, car elle avait réussi à prendre Camille sur le fait et elle ne pourrait plus nier.

Dès qu'elles furent prêtes, Camille se rendit à son laboratoire et Astrid auprès de Théo afin de lui expliquer ce qu'elle avait découvert et déjà imaginé comme application pour l'unité. Théo ponctuait de « Non ! » et de « Ah bon ! », mais il était perplexe, si bien qu'elle lui fixa rendez-vous pour la fin de matinée chez les hackeurs et s'y rendit de suite pour faire un point avec eux. Ils étaient au travail, le sourire jusqu'aux oreilles, et lorsqu'ils virent arriver Astrid, ils se levèrent en même temps et lui firent deux grosses bises en la serrant dans leurs bras, puis ils lui offrirent un thé et s'installèrent :

— Serait-ce que la fin de soirée a été à la hauteur de vos espérances ? Pour tous les trois ? À voir vos mines réjouies, j'ose y croire. Léo ?

— Je n'ai pas le recul nécessaire pour exprimer ce que j'éprouve, Astrid. Mais c'est une révélation, une seconde naissance, l'ouverture à la vie … Jamais je n'ai ressenti un bien-être si profond, une telle force en moi, un désir de vivre et d'aimer aussi puissant … je suis léger, avec de la bonne énergie.

— Je pense que nous pouvons nous tutoyer. Je ne suis pas restée pour surveiller après qu'elle soit entrée chez toi. Elle n'est pas repartie ?

— Ah non ! Nous avons fait l'amour comme des fous, je l'ai câlinée, aimée, baisée, hier soir, dans la nuit, tôt ce matin et avant de partir … J'ai peu dormi, mais j'ai une patate ! Cette une maîtresse formidable. Elle m'a clairement dit que nous ne pourrions rien construire ensemble, mais elle est d'accord pour me revoir. Et c'est une femme bien, sincère, droite, douce, aimante, attentionnée, coquine lorsqu'il le faut, pudique parfois, la classe ! Astrid, je ne veux pas être grivois, mais … cinq fois !

— C'est le score de quoi ? Le nombre de rapports ?

— Oui et non, en réalité c'est plus, mais ça, c'est moi ... ! Après avoir dansé, dragué, fait le premier pas pour l'embrasser ... une nuit de rêve, le truc dingue ! Et je l'ai beaucoup regardée dormir. Elle est si belle !

— Parfait, je suis contente. Et pourrais-je savoir ce qu'il en est de tes projets ?

— Mais c'est celui de La Source ! Je me battrai comme un malade, je fournirai un travail si énorme pour nous tous que personne ne parviendra à remettre en question ni La Source ni ma présence ici, ou alors il faudra me trouver et me tuer. Et je dirai lieutenant à Théo !

— Génial. Je suis sincèrement émue pour toi, mais je ne te laisserai pas tomber, car tu auras des petites rechutes, c'est inévitable, normale et souhaitable.

— Je vous le demande, Astrid, ne m'oubliez surtout pas. Je vous suis débiteur à jamais. Astrid, je voudrais laisser le nouveau Léo s'exprimer. Je n'ai pas l'habitude et je ne sais pas gérer, mais je le veux. C'est comme d'avoir découvert la lumière après toutes ces années d'obscurité.

— Je serais contrariée de ne pas avoir suffisamment gagné ta confiance pour mériter que tu me dévoiles la réalité de Léo.

— Vous l'avez sans limites, Astrid. Et bien plus. Alors voilà, vous êtes une belle personne dans tous les sens du terme, et la première à prendre le temps de me regarder, de m'écouter, de me comprendre et à m'aider, en dehors de mes deux potes, mais qui étaient aussi mal que moi sur ce plan-là. Je suis conscient que vous avez dû gérer, planifier, peut-être même truquer un peu ... Mais merci, et ... Je vous aime, Astrid. Mais n'ayez crainte, ma passion est raisonnée.

Elle s'approcha en souriant et lui fit une grosse bise. Léo essuya une larme. Astrid se tourna vers Paul :

— Paul, pourrais-je savoir ce qu'il en est pour toi, surtout ne commets pas l'erreur de vouloir te caler sur, ou en dessous ou dessus de ce qu'a dit ton ami, tu te tromperais gravement et moi aussi. Sois juste toi-même.

— Entendu, Astrid. J'étais dans un tel état de frustration que j'en ai déconné avec Élise, vous le savez. Mais cette soirée a été, comme l'a exprimé Léo, une naissance. J'ai été ce que j'ai toujours rêvé d'être, j'ai fait ce que je ne pouvais qu'imaginer en me ... en fantasmant. Délire ! J'ai dansé, dragué, je me suis mélangé et amusé avec des femmes.

Devant du monde, en plus. J'ai osé, certes parce que je vous ai vu au kiosque, c'est vrai, mais j'ai embrassé ma cavalière et j'ai trouvé le courage de lui demander de rentrer avec moi ! Et la nuit ! C'était comme un énorme soleil ! La pauvre aura peur de me revoir, mais attention, j'ai été doux, soyez sans crainte, seulement … voilà ! Elle est si douce, gentille, belle, elle sent bon, ses seins sont des œuvres d'art, ses fesses sont de pures merveilles, elle s'est souciée de moi, elle s'est occupée de moi, elle m'a laissé en faire autant pour elle. Un rêve. Nous avons fait des pauses, mais c'était pour boire un litre d'eau et nous doucher. C'est tout ! Je suis vivant, Astrid, je vis. Et je vous le déclare solennellement : pour me sortir de La Source, il faudra me satelliser. Je reste ici quoi qu'il en soit. Et pour les histoires de hiérarchies, terminé, je me dépasserai. La Source ne pourra plus se passer de moi, et les autres, je les mettrai version puzzle, dispersés, éparpillés, et il leur manquera toujours des pièces !

— Formidable, Paul, je suis ravie pour toi, et touchée par ce partage.

Elle lui fit à lui aussi une grosse bise. Lorsqu'elle voulut se redresser, il l'attrapa par les épaules et la serra contre lui :

— Merci, Astrid. Une femme telle que vous n'a que faire de paumés de notre genre, c'est une évidence, vous êtes trop … tout ! En plus, nous avons le même âge, ça devrait être la honte pour nous. Mais vous évoluez dans un autre monde que nous. Pourtant, vous nous avez tendu la main pour nous sortir du trou. Alors quoiqu'il vous arrive ou que vous me demandiez, n'importe quand, je serai à vos côtés, je vous aiderai, et … j'essaie ! Astrid je vous … enfin, vous voyez, c'est plus fort que de l'admiration. Je vous … aime ! Bordel, je l'ai dit !

— Merci beaucoup, Paul, cela me touche sans doute plus que tu ne l'imagines. Hugo, es-tu disposé à me raconter ?

— Évidemment, je suis même impatient. Je ne reprendrai pas les mots de mes deux potes, bien que nous ayons des ressentis très proches. J'ai été totalement débordé par mes émotions. Je me suis vu comme dans un film. Ce n'était pas moi. Je réussissais ce que j'ai toujours désiré du plus profond de mon être, lorsqu'assis sur ma chaise je regardais les autres exister. C'est un déclic fort et bouleversant. J'aurais pu ne pas vivre, Astrid, sans ce hasard inouï qui nous a amenés ici, je le sais à présent. Cela m'a déchiré le cœur et la tête. Je suis totalement admiratif de la façon dont vous nous avez managés, en douceur, mais avec fermeté, et avec une précision et une justesse simplement incroyable !

Je ne vous connais malheureusement pas assez, mais je suis certain que vous êtes une femme brillante, Astrid, et très intelligente. J'aimerais vous parler de ma nuit, si cela ne vous met pas mal à l'aise !

— Au contraire, je voudrais savoir, s'il te plaît …

— Ma compagne annoncée éphémère a été d'une gentillesse sublime. Nous avons fait l'amour comme jamais, elle m'a laissé m'occuper d'elle, que d'elle, j'ai pu lui donner du plaisir autant que je le voulais et j'y suis parvenu ! Elle a tellement reçu qu'elle s'est assoupie, elle était encore plus belle. Elle m'a également précisé que je ne devais pas penser à construire une relation avec elle, mais qu'elle serait contente de me revoir. J'ai dormi avec elle dans mes bras, c'était aussi fort que de refaire l'amour. J'ai reçu et offert de l'affection en plus du plaisir, c'est énorme, Astrid, colossale ! Je suis contraint de répéter, parce qu'ils l'ont dit avant moi, mais je tiens à partager, Astrid, tellement c'est extraordinaire. Vous êtes une femme qui n'a pas besoin d'aller au-devant des hommes, au contraire, j'imagine que vos prétendants vous poussent à choisir, simplement parce que vous irradiez comme un aimant à vie. Malgré cela, vous nous offrez ce que personne n'a jamais fait pour moi ni pour mes amis, avec un tel tact que j'ai pu échapper à l'embarras légitime lié à la situation, alors que vous m'avez tenu par la main, tel un enfant, pour que je puisse … côtoyer des femmes et faire l'amour ! Le comble du pire, c'est que nous avons à peu près le même âge. Je devrais avoir honte, n'est-ce pas ? Mais vous avez effacé cela comme si ce n'était pas. Alors, Astrid, au moindre souci, que vous soyez fautive ou non, dans la détresse, en fuite ou en colère, j'espère compter parmi ceux que vous solliciterez pour vous aider, et comme je ne quitterai jamais le centre, je serai toujours là pour vous. Je vous le demande. Merci. À présent m'y voilà à mon tour ! Ne vous moquez surtout pas. Ce n'est pas facile, mais je veux rester celui que vous m'autorisez à être et oser vous exprimer ce que je ressens. Astrid, sachez qu'avec le plus grand respect, je vous aime profondément.

— Merci beaucoup, Hugo, je suis à nouveau très émue. Je passerai une journée formidable. Tous les trois, vous n'étiez pas obligé de me dire votre estime et j'y suis sensible, cela m'apporte une félicité qui me dit que vivre, c'est aussi se serrer les coudes. C'est magique. Toutefois, vous m'aurez encore sur le dos pendant quelque temps. Je vous dis à ce soir, nous avons une autre sortie de prévue. Vous ne parvenez pas à me tutoyer. Je respecte et je m'adapte.

— Non ! Surtout pas, Astrid. Nous sommes dans le besoin de vous sentir proche. Nous en parlons souvent. Mais … nous nous découvrons comme des gamins, immatures, alors tant que nous le serons par rapport à vous, nous préférons vous vouvoyer. C'est au-delà du respect que nous vous vouons, car cela nous permet aussi de gérer plus simplement notre handicap.

— C'est entendu, Hugo. Le jour où tu te sentiras en phase, tu me tutoies et je comprendrais. Pareil pour vous, les enfants.

Elle se leva en leur adressant un clin d'œil, fit un gros bisou à Hugo qui essuya une larme à son tour, et elle se retira. Elle était fière de ce qu'elle avait réussi, pour La Source certes, mais pour eux également. Ils étaient brillants, mais éteints. À présent, ils espéraient vivre à la lumière, grâce à elle.

Deux jours plus tard, Astrid donnait pour instructions aux trois assistantes sexuelles d'accompagner les hackeurs une fois de plus au niveau des plaisirs, mais d'y rester avec eux et de les faire participer à l'après-soirée. L'objectif pour elles étant de les amener à gagner un début d'autonomie, de les accompagner pour suivre leur progression, et de parvenir à ce qu'ils sortent et s'amusent sans être pilotés.

CHAPITRE 38

Réunion de crise à La Source.

Le comité extraordinaire se réunit une fois de plus, mais pour cette séance, Lily et Matis avaient inconsciemment provoqué la connotation qui convenait en utilisant le petit amphithéâtre et en s'installant sur la chair. Il prit la parole :

— Nous vous avons réuni pour vous faire part d'une information dont l'importance et la gravité requièrent une certaine solennité. Lily ?

— Non, Matis, continue, je préfère.

— Comme tu veux. Alors voilà, je ne pense pas qu'il y ait deux ou trois façons d'annoncer ce genre de chose. Nous allons, nous, La Source, entrer en guerre face à plusieurs gouvernements belliqueux dotés d'armées, mais aussi de sortes de milices fanatiques. Nous pouvons choisir d'attendre qu'ils tirent les premiers pour voir où cela tombera, ou d'intervenir avant le drame. Soyez convaincus qu'ils n'hésiteront pas à nous attaquer ou à riposter de la façon la plus véhémente, agressive et meurtrière qui soit, sans préoccupation des victimes collatérales. Je ne doute pas que vous vous souveniez de l'affaire de l'ambassade et de ce qu'Astrid et Théo ont été amenés à faire. Vous savez aussi forcément que nous avons été infiltrés. Je vous précise que nous devrons fatalement prendre les mesures nécessaires pour nous préparer à gérer à nouveau ce genre de situation, qui perdront probablement leur caractère exceptionnel. Nous agirons de manière préventive, sans volonté d'agression, mais avec fermeté, car nous ne pouvons pas prendre le risque d'une riposte qui pourrait être fatale à des millions, voire des milliards, de personnes. Je vous laisse assimiler ces terribles informations, puis vous pourrez nous questionner, en étant assurés que si nous avons la réponse, nous vous la communiquerons.

Un silence pesant régnait au sein du petit groupe, plus insupportable du fait de la connivence et convivialité qui étaient habituellement la règle. Théo fut assez naturellement le premier à se ressaisir :

— Matis, ce qui est attendu de nous est un travail discret sur des sites ennemis éloignés, avec un engagement physique, voire militaire ?

— Non, normalement nous devons parvenir à tout gérer à distance, depuis La Source. C'est uniquement en cas d'imprévu, d'impossibilité de préparation ou d'obtention des informations nécessaires que nous devrons intervenir physiquement chez l'ennemi.

— Quand tu dis plusieurs gouvernements, tu sous-entendais bien un certain nombre d'états, genre nations … ?

— Oui ! C'est exact, c'est la seule manière d'éviter des représailles de leurs alliés et donc une inutilité de notre intervention.

— Mais, il s'agirait de combien de pays et de personnes ?

— Huit états majeurs avec des dizaines de millions d'habitants impliqués. Il a été identifié derrière eux une douzaine d'autres, mineurs, mobilisant plusieurs millions de protagonistes supplémentaires. Ils les soutiendront militairement dès qu'ils constateront notre impuissance. Au globale, les populations de ces nations dépassent les deux milliards. Un quart de la planète veut digérer le restant.

— C'est énorme ! C'est la catastrophe absolue !

— Les informations sont validées par différents services secrets.

— Il s'agit donc bien d'une entrée en guerre à un niveau international.

— Je le pense, et malheureusement sans le moindre doute. Mais en ce qui nous concerne, notre approche est novatrice, car, et peut-être paradoxalement, nos choix visent à développer une gestion humanitaire des conflits. Sachez que la tâche qui nous a été confiée est de sauver probablement les trois quarts de la population de la terre. Nos interventions sont totalement légitimes, bien que déraisonnables et un chouya mégalo. Mais devrions-nous assister sans réagir pour autant ? Lily et moi nous y refusons.

— Je préfère me concentrer sur cet aspect de notre mission. Matis, tu as le droit de nous dire lesquels de nos alliés nous soutiendront dans l'action concrète ?

— Je devrais soupirer, Théo, ou inventer pour ne pas créer de panique, car nous serons assez seuls.

— Comment ça ? Genre juste deux ou trois pays ? Ou comme à l'époque de Napoléon !

— Non, Théo, pas de partenaire engagé avec nous. Et pas dans la situation de Bonaparte qui avait la France derrière lui. Nous nous débâterons dans un type de scénario différent, appelé super nanar. C'est du genre nous seuls, La Source, contre eux tous !

Théo afficha un petit sourire, chercha celui de Lily, de Matis, mais les deux presque simultanément confirmèrent en fermant les yeux plus longuement et en hochant la tête. Alors il marmonna un vague « ça changera de ces cons de cuistots. Je n'aurais pas dû poser la question ». Astrid sourit malgré la gravité ambiante :

— Nous devrions avoir un uniforme pour consolider notre appartenance à ce petit groupe de sauveurs. Je propose un slip bleu sur une combinaison rouge et des accessoires blancs.

— Tu as raison, Astrid. La tenue réglementaire est avec la discipline le fondement d'un corps d'armée. Je troque le mien à une condition. Seins nus pour les femmes. Ça sera excellent pour le moral de tous, et nous en aurons grand besoin.

— Astrid ! Théo ! Vous êtes consternants. Matis vous annonce une guerre planétaire et vous plaisantez !

— Lily, nous nous battrons dans l'excellence. Théo sera en première ligne à chaque fois que nécessaire, je le sais. Si je dois retourner danser dans une ambassade, j'ira et j'en reviendrai. Mais pas en chialant. Je le ferai, car j'ai envie de vivre, que tu vives, que Camille vive, que Mathis vive, que Théo vive, que Marion vive, que Richard vive, que le monde vive ! Alors voilà mon avis : si la moitié de La Source pleure et que l'autre à la courante à cause de la trouille, nous serons mauvais !

Théo hocha du chef pour confirmer son partage de l'approche d'Astrid, mais le silence régnait. Chacun attendant la réaction de Lily. Elle soupira, deux fois, puis fixa Astrid. Camille sentant Lily en difficulté intervint :

— Je peux répondre, Lily ? Tu n'ignores pas qu'Astrid est souvent ingérable, mais que pourtant, il lui arrive d'être perspicace. Alors …

— Je ne le sais que trop, Camille, et elle nous fait du bien. Toujours. C'est ce qui m'interpelle. Astrid, j'ai besoin de ton soutien, pas d'être déstabilisée. C'est une charge terrible qui nous incombe.

— Monstrueusement inhumaine, Lily, n'en doutons pas. Théo et sa bande ne m'ont pas appris qu'à donner des baffes. Ils m'ont enseigné un savoir que nous ignorons dans la recherche. C'est à gérer un évènement potentiellement violent. Avant, pendant et après. C'est une science, Lily. Préalablement à la mission, ils …

— Astrid, pas ils, nous, s'il te plaît.

— Tu as raison, Théo. Donc, nous nous soutenons, nous partageons et nous nous aimons ! Pendant l'opération, nous ne sommes qu'un. Après, nous nous soutenons, nous partageons et nous nous aimons. Pour tenir, nous passons de potaches à grivois, de dragueurs à fornicateurs, de rieurs à moqueurs, et nous pleurons aussi, ensemble. C'est quatre lignes, mais il faut une grande complicité et beaucoup de travail et de sacrifice pour y parvenir.

— Je crois comprendre. Et, que mon conseilles-tu ?

— Pour les uniformes seins nus, ce n'est pas raisonnable, car vous seriez toutes jalouses des miens ! Mais continuons à vivre et à sourire. Offrons-nous encore de bonnes bouffes. Chamaillons-nous. Faisons l'amour. Moquons-nous. Applaudissons-nous. Si nous devons mourir, ça sera autant de moments partagés à emporter. Mais nous réussirons, parce qu'ensemble et avec la patate, nous l'avons prouvé, nous sommes suffisamment et génialement tarés pour réussir l'impossible.

— Tu me bouscules ne fois de plus, mais nous aviserons plus tard. Matis, tu te charges de l'organisation.

— Pas de problème. Mais de quoi ?

— Tu pourrais suivre, c'est important. Tu dois sélectionner un jury de qualité, objectif et connaisseur. Nous devons déterminer une fois pour toutes si Astrid a oui ou non une plus belle poitrine que la mienne !

— Non mais … Mince alors ! Tu te sens bien, ma Lily ?

— Parfaitement. Finissons-en avec cette réunion et nous aviserons. Nous en étions au fait que nous sommes seuls, nous, La Source, pour affronter un groupe d'agresseurs un peu nombreux !

Marion haussa les sourcils, acquiesça et reprit :

— Lily, Matis, je ne vous en voudrais pas le cas échéant, mais si je saisis bien le sens de cette information, l'objet même d'un projet de l'envergure de celui de La Source trouve sa motivation avec cet évènement. Avec le recul, je dirais que c'était prévu depuis le début.

— Ton affirmation n'a rien d'une question, Marion, et tu as raison. C'est cet unique objectif qui a donné naissance au projet. Notre réussite fait que le centre trouvera sa place dans le fonctionnement de l'état et comme le pense le président, dans le monde.

— Ce qui signifie que nous deviendrons un instrument du gouvernement, ou de l'armée, ou des deux. Nous serons une sorte d'équipe de nettoyeurs des temps modernes ! Au mieux des mercenaires.

Lily prit la parole en marquant une pause pour préparer sa réponse :

— Merci, Marion, de manifester cette inquiétude. Elle a été celle de Matis et moi pendant des mois. La solution que nous y apportons s'est concrétisée avec les comités. Étant donné la nature de notre découverte, et bien que nous soyons totalement dépendants du gouvernement et de la nation, en l'occurrence du président actuel qui a de plus pris l'initiative de donner naissance à La Source, nous l'avons informé que ne saurions mettre un tel outil dans les mains d'un pouvoir politique. Aussi, l'engagement accepté est de fournir une protection à la nation, de veiller sur elle et d'étudier ses demandes, en échange de son soutien et d'une couverture militaire. Nous avons à cet effet créé avec toi un ensemble de comités de gestion des évènements du monde ayant pour mission de proposer des interventions à des groupes qui en examineront l'éthique, et qui eux, après études, nous présenteront leurs rapports. Il n'y aura ingérence qu'en respectant cette procédure. Pour gérer et veiller au fonctionnement de ce système complexe, mais extrêmement important, nous avons fait le choix d'en confier la charge à une personne qui devait avoir une haute compréhension de la science, un sens et une perception des responsabilités à la hauteur du projet, capable de résister aux tensions, n'hésitant pas à manifester sa désapprobation, en restant à l'écoute et en qui nous ayons confiance.

— Je me doutais que l'un comme l'autre ne laisseriez pas à la dérive le fruit de notre travail, mais le danger lié aux contraintes et aux pressions existe. Nous avons de la chance que vous l'ayez bien géré et d'avoir un Président de la République de cette qualité.

— Et une présidente, Marion. Tu fais à présent partie des personnes clés du centre. Et pour assumer ces nouvelles responsabilités, nous avons désigné un membre fiable, toi, Marion. La présidence était un banc d'essai complet, tu es celle que je pressentais. Te voilà avec une charge de titan sur les bras. Tu contribueras activement.

— Mais je t'ai tra …

— Marion, non ! Notre unique actualité, c'est le projet.

Le ton sec de Lily dissuada Marion de poursuivre. Elle rougit en baissant son regard, ses lèvres tremblaient, elle souffla puis sourit à Lily. Elle aurait voulu lui parler, mais sa gorge ne laisserait passer que des pleurs, alors elle lui souriait et des yeux lui exprimaient sa dévotion et sa reconnaissance. Richard s'extirpa enfin de sa torpeur liée à la nouvelle :

— Je n'en reviens pas ! Je suis architecte, moi, et me voilà partie prenante dans un conflit d'envergure internationale !

— Richard, nous sommes tous dans ce cas-là. Pas bâtisseur, mais ni Lily ni moi, chercheurs et fervents défenseurs des droits de l'homme, n'avions envisagé de piloter des missions visant à anéantir des vies !

— Matis, tu aurais pu ajouter Marion, Astrid et moi, innocente et fragile Camille. Nous sommes trois chercheuses également et n'avons jamais envisagé cela, en plus, comme vous le savez, enfin non, je ne reviendrai pas sur ce qu'Astrid est la seule à avoir déjà dû faire physiquement.

— C'est exact, j'aurais dû le préciser d'emblée, mais je ne voulais pas me substituer à vous sur ce grave sujet. Cela étant, tu vois, Richard …

Celui-ci n'ayant rien à ajouter, Théo profita de l'instant de silence pour prendre la parole :

— J'aimerais apporter une précision. Vous m'avez chacun écarté de vos listes de ceux qui n'envisage pas que … Ce qui est sans doute normal vu par vous, car je suis militaire de carrière et que j'ai à mon actif un nombre de missions conséquent. Toutefois, je souhaiterais vous informer que je ne suis passé à l'action que pour défendre mon pays et mes compatriotes. Je ne suis pas belliqueux et n'en veux pas à la terre entière. Je ne suis pas un homme de main ni un nettoyeur. Cela peut vous paraître étrange, mais je tiens à ce que cette précision soit une évidence pour tous, même si elle vous semble relever de la nuance.

Astrid intervint spontanément :

— Tu as raison, Théo, chacun doit exprimer ce qu'il ressent et pouvoir bénéficier du soutien d'être compris. Rassure-toi, cela n'a rien d'un détail et tu devais le rappeler. Mais nous le savons, n'en doute pas.

Lily sortit de sa réserve et fit deux pas pour s'approcher du groupe :

— Vous me connaissez bien à présent, pour quelques-uns d'entre vous avant même ce virage dans notre vie qu'a été La Source. Je ne suis pas de nature vindicative, revancharde, xénophobe ou raciste, et je me plais à croire que je suis, en dehors de mon travail, assez connue pour être le contraire de tout cela. Mais voilà, nous vivons dans un monde qui est vivant, avec ou sans nous. Vouloir la paix et le bien-être pour tous ne consiste pas à s'asseoir par terre au milieu de la rue en fumant un pétard ou en ayant une fleur à la bouche. Avec cette attitude, il est possible de se reposer, de se donner bonne conscience, de se faire écraser ou pisser dessus, mais la société se moque d'une personne assise regardant les oiseaux. Être pacifiste, c'est être actif au sein de la collectivité pour œuvrer dans le sens de la paix. Personnellement j'étends l'humanisme au-delà des philosophes. Je considère que chaque individu pour qui l'être humain et la vie sont la sublimation de la nature, et qui cherche à contribuer à son épanouissement en l'aidant à se développer, est un humaniste. Ce qui est à notre portée, pas du fait du hasard, mais par le fruit d'un travail continu depuis que nous avons la possibilité d'apprendre, c'est justement le pouvoir d'œuvrer à aider le monde à cesser de s'autodétruire, de se massacrer, par la bêtise de quelques masses qui se laissent piloter, et qui confient à des êtres fondamentalement haineux, leur capacité à réfléchir et agir. Ensemble, nous avons réussi une chose unique dans l'histoire de l'humanité. Maintenant nous sommes au pied du mur de la réalité et nous devons choisir d'effacer ce savoir ou de nous en laver les mains en le confiant à des politiques ou à des militaires, ou encore d'assumer et de tenter de transformer notre civilisation en un monde sans guerre ni génocide, et peut-être même qu'un jour nous pourrons ajouter ni haine ni violence. Je suis persuadée qu'il s'agit concrètement de ce que nous avons entre les mains et sous notre responsabilité. Alors voilà mon choix. J'assume ce rôle et je préserverai le produit de nos intelligences autant que je le pourrai de toute divulgation à qui que ce soit, à n'importe quel prix, car le monde n'est pas prêt à recevoir une telle connaissance. Il s'en servirait contre lui-même, comme toujours. Mais je ne resterai pas pour autant assise sur mon derrière avec notre secret, je l'utiliserai. J'assumerai les morts que je serai contrainte de provoquer pour le salut de l'homme et de toutes les populations. Pour réussir cette mission, je travaillerai à me forger une morale qui m'aidera à appréhender ces bannissements comme étant les preuves de mon action humanitaire, car je dois préserver aussi longtemps que possible ma capacité à gérer.

Mon projet idéal serait un jour de pouvoir transmettre notre savoir à des successeurs à qui nous pourrions confier une véritable maîtrise de ce que nous avons baptisé virus intellectuel, et qui pourrait devenir la médecine quasi absolue du cerveau et du corps, permettant de guérir des traumatismes, des déviances, des pulsions, des névropathies, enfin tout ce qui contribue à rendre l'humain mauvais et nuisible pour la communauté, et aussi des maladies invalidantes ou mortelles. Je voudrais que vous poursuiviez avec moi ce travail. J'ai besoin de vous. Si toutefois vous vous en sentiez incapables, ou que cela soit trop éloigné de votre conception de la vie, de ce que vous êtes, voire que vous soyez effrayés par cet affrontement, je m'engage à vous permettre de sortir d'ici peu de La Source, libre et en bonne santé. Par contre, j'ai une exigence. Il faut que vous choisissiez maintenant. Si vous hésitez, écoutez-vous et retirez-vous, je ne veux pas de héros, juste des scientifiques et des professionnels qui s'engageront totalement pour une cause. Alors je vous le demande et vous le propose en toute amitié. Prenez quelques minutes pour vous offrir une introspection sérieuse et lucide. Et décidez.

Elle se tut et les observa, grave et tendue, d'autant qu'ils restaient silencieux. Camille se leva et l'applaudit, seule, en lui souriant. Astrid fit de même, puis les autres, y compris Matis qui bougea de quelques pas pour s'intégrer au groupe. Ce fut encore Camille qui fit les premiers pas en avant et vint se placer à côté de Lily, face à leurs amis :

— Lily pouvait, peut et pourra toujours tout me demander, elle est et restera ma référence. Je le dis sans ambages devant vous : quoiqu'elle décide, m'invite à faire ou exige de moi, je serai avec elle. En plus, je sais que son jugement est fiable, fondé et juste, alors je n'ai pas besoin de quelques minutes pour prendre ma décision.

Astrid, fidèle comparse et membre du trio, se plaça à côté de Lily :

— Je ne parle certainement pas aussi bien que mes amies, mais j'ai montré par mon engagement que je pouvais m'investir jusqu'à me sacrifier, en toute certitude de le faire pour une bonne cause, parce que je suis confortée dans mes convictions par Lily, qui comme pour Camille, a toujours été un repère pour moi. Je n'ai pas à y penser, car c'est mon dogme depuis mes études.

Lily prit les mains de ses deux amies dans les siennes et les serra avec émotion, elle affichait la sérénité, mais avait la peur en elle et Astrid et Camille le sentaient au travers ce contact physique.

Elles communiquèrent leur partage par quelques pressions des doigts sans se concerter. En retour, Lily adressa un rapide et discret remerciement. Elle regardait son conjoint, surprise :

— Matis ? Tu es mon époux, mais tu as effectivement le même droit que chacun. Tu … tu hésites, tu souhaites prendre un autre chemin ? C'est difficile, mais, et nous ? Tu … ça serait …

— Moi ? Non mais, ma Lily ! Non mais, oh, c'est le bazar dans ta tête ! C'est Astrid, elle t'a donné un pétard à fumer ? Non, je ne me pose pas la question parce que je ne suis pas concerné par ce choix, les fondateurs du centre, c'est toi et moi ! Non mais … Mince alors ! Que je t'abandonne maintenant ! Franchement !

— Mais enfin, Matis ! Constate qu'en l'instant nous formons deux groupes de personnes, donc tu ne restes pas indécis et tu nous rejoins !

Il fit trois pas rapides en pinçant ses lèvres pour communiquer sur son embarras de n'avoir pas fait cela de lui-même. Marion et Théo rejoignirent à leur tour Lily, Marion prit la parole :

— Je n'ai pas hésité. Si je n'ai pas agi aussi promptement que Camille et Astrid, c'est parce que je voulais emmagasiner dans ma mémoire les images, les mots et les émotions que nous partageons en cet instant qui est, je le crois, un virage irréversible dans nos vies et qui fera peut-être que nous influerons sur l'histoire, la grande. Ce qui est absolument insensé ! Je joue parfois à la femme forte, mais lorsque nous sommes entre nous, je suis à fleur de peau et … ça y est, je chiale encore, car je suis heureuse avec vous. Je vous aime, et j'ai peur. Ça me soule !

Astrid la tira contre elle et lui cala le visage dans le creux de son épaule, son amie s'y réfugia sans hésitation et pleura, librement. Chacun se tourna vers Théo, attendant son commentaire.

— Marion a parfaitement exprimé ce que je ressens. De plus, depuis mon arrivée ici j'œuvre pour et appartiens à La Source sans retenue. Alors je n'ajouterai rien. Sauf peut-être que pour des civiles, vous avez de sacrées paires de roubignoles !

Puis ils se tournèrent vers Richard qui seul restait face à eux. Il semblait malgré tout serein, comme souvent, mais hors du groupe. Matis s'adressa à lui :

— Richard, mon ami, aurions-nous achevé notre passionnant et incroyable chemin ensemble ?

— Hein ? Ah, mais non ! Tu ne me débarqueras pas là, même pas en rêve ! Je resterai collé à vos fesses, enfin, à vos basques, jusqu'au bout !

— Eh bien alors, pourquoi restes-tu à l'écart ?

Richard se leva en souriant et se joint à eux :

— Désolé, j'étais perdu dans mes pensées, comme souvent. Je vous entends parler de projets, et de La Source devenue un système appelé à devenir historique. Site que j'ai conçu dans ses moindres détails. Je constate que vous semblez partager une information quasi magique ou mystique, et je me disais que la vie est parfois curieuse, puisque je suis amené à prendre la première décision de ma vie sans comprendre pourquoi ! Vous avez visiblement tous oublié un élément important : je suis le seul ici à ne pas savoir ce dont il s'agit ! Aucune idée ! J'entends que vous voulez peser sur le cours de l'histoire, maîtriser dix-huit pays menaçants, ce qui me semble au minimum totalement délirant. J'en suis à méditer que j'aurais dû ajouter un niveau pour ceux laisseraient leur raison dans le projet ! Mais, vous paraissez si unanimement sûrs de vous que je pense que vous devez avoir connaissance d'une chose formidable, qui sans doute me dépasse. Mais qu'importe, je vous connais tous, je sais que vous êtes brillants et peu enclins à agir par fanatismes, donc je vous suis.

— Mince alors ! Richard ! Je suis désolé, mon ami, nous partageons tant au quotidien que j'ai complètement oublié au fil des mois que tu n'étais pas dans cette partie de vie à La Source. Nous remédions sur le champ à cet impardonnable manquement. Marion, tu es la présidente, je te laisse expliquer à Richard ce dont il retourne ?

— Avec l'accord de Lily, je pense que serait une bonne chose, Matis.

Lily acquiesçant, Marion essuya ses yeux et relata les travaux et résultats des équipes de chercheurs, commenta les étapes ayant abouti à la découverte, dont elle expliqua les applications. Richard, qui au début écoutait avec attention, saisissait maintenant avec stupéfaction, regardant chacun pour chercher à y déceler s'ils n'étaient pas en train de lui jouer une farce. Marion fit silence à la fin des explications, regarda Lily pour valider si elle avait été suffisamment complète, puis observa Richard, abasourdi :

— Dingue ! C'est totalement dément, vous auriez donc réellement le pouvoir d'agir sur l'histoire ! Lily, tu me confirmes tout ce qu'a dit Marion ?

— Oui, Richard, c'est la vérité, hautement improbable et incroyable, mais nous avons en main une sorte de puissance absolue qu'il nous appartient d'apprendre à maîtriser et à ne surtout pas laisser nous échapper. Nous devons réaliser cet exploit en commettant le moins d'erreurs possible lors du choix des cibles et des utilisations. Par contre, je voudrais ne plus t'entendre dire « vous avez le pouvoir ... », tu es un des membres clés de La Source sans qui rien de tout cela n'aurait pu voir le jour, d'où ta présence dans ce comité. Donc, tu diras « nous avons le pouvoir ... »

— Si je ne risquais pas de me faire mal, j'en tomberais sur mon auguste séant. Matis, cet instant si particulier te semblerait-il être le bon pour annoncer ce que tu sais ?

Astrid s'avança d'un pas et les montra du doigt :

— Ah, les voyous, ils ont un secret ! Les filles, Théo, ces deux énergumènes nous ont fait une cachotterie !

— Tu as raison, Astrid. Richard et moi avons un non-dit, très lourd à taire, parce que c'est un truc de fou.

— Sauf que moi, je sais, car je suis tout en version extra : vertie, lucide, terrestre ... Vous nous enviez cet équilibre amoureux, sensuel et libre, qui nous caractérise, Camille et moi. Vous le fantasmez tellement que vous avez décidé de suivre notre exemple, tous les deux !

— C'est amusant, Astrid ! Mais ce n'est pas ça pour autant. Avant de laisser à Richard le soin de vous faire une proposition, je voudrais poser au préalable une question à Théo, ensuite, je vous invite tous au restaurant. Théo, dans ta fonction, est-il nécessaire que tu dormes et vives avec tes hommes ? Pas de méprise, Théo, je suis sérieux. Comment pourrais-tu construire une vie à deux ainsi ? Par exemple avec Babeth ! Car après tout, c'est à envisager.

Théo le regarda, étonné. Il réfléchit, sourit et lui répondit :

— Matis, nous sommes potes et amis, merci de t'en soucier. Mon travail est ma vie et mes hommes sont ma famille. Je ne peux pas envisager de ne pas vivre avec eux, comme eux tous, et cela pour plein de raisons. Astrid sait à présent ce dont je parle, c'est une nécessité liée à un besoin, pas à une contrainte.

— Depuis l'affaire de l'ambassade, je comprends cette exigence, car effectivement, ensemble nous formons une famille.

— Il est toutefois exact que construire une vie de couple dans ces conditions est ardu, tout comme avoir une vie sentimentale et érotique. Pour la vie intime, je m'en sors bien. Pour ma vie amoureuse, c'est plus compliqué et pour l'instant, c'est assez endolori. Pour ce qui est d'une vie en couple, je pense que si le moment venait pour moi, il me faudrait solliciter du comité l'autorisation d'avoir un appartement à moi au sein de mon unité spéciale. Et si cela était possible pour moi, je ne pourrais l'accepter que si c'était envisageable pour chacun de mes hommes.

Matis jeta un coup d'œil rapide à son épouse, qui du regard lui donna sa réponse, invisible pour les autres, Matis poursuivit :

— Ah ! Pour moi, tout ça me semble logique et sain. Pour Lily aussi. Marion, y trouverais-tu à redire, et toi, Richard, y verrais-tu une difficulté d'adaptation ?

— Pour moi, cela n'est pas un sujet d'interrogation, la demande est si légitime qu'elle devrait être retenue sans même attendre que le besoin soit là ! Et je pense que la présidence n'a pas véritablement à statuer sur cette question.

— Dans le cadre des travaux continus à La Source, je ne vois aucune difficulté à ce type d'aménagement. Avec du temps, mais pas de souci !

— Alors, Théo, c'est fait.

— Génial, merci les mecs, et les filles aussi !

Théo en profita pour faire une bise à chacune et donna une poignée de main à ses amis. Richard revint sur l'idée de Matis :

— Ta proposition d'un repas au restaurant est sympathique, Matis, mais avec un encas rapide de suite, nous parviendrions à faire ce que tu sais sans tarder. Le temps libre est rare ici. Ensuite, si chacun est d'accord, nous nous offrirons ce gueuleton ! Cela nous permettra de rester unis pour gérer au mieux l'épouvantable annonce de conflit. Sans oublier le poids du secret que Matis et moi portons.

Matis acquiesçant, ils partirent, tous les deux, en veillant à ne pas se retourner, laissant leurs compagnons sidérés dans la pièce. Lily intervint juste avant qu'ils n'ouvrent les portes, tant elle ne parvenait pas à croire qu'ils oseraient se retirer ainsi :

— Mais enfin ! Non mais, oh, les gars ! Vous vous êtes cognés la tête ou quoi ? Vous n'envisagez pas de nous laisser en plan après nous avoir explicitement dit et redit que vous aviez un secret ?

Richard se retourna :

— Je crois que c'est pourtant ce que vous vous apprêtez à vivre, jolie Lily. Rendez-vous dans dix minutes au lac de l'espace vert. Nous mangerons notre sandwich au bord de l'eau. Et puis, le propre d'un secret, n'est-ce pas, c'est bien d'être et de le rester !

— Mais enfin !

La porte se referma sur eux. Le petit groupe resta à partager la plus totale des frustrations. Astrid sourit :

— Cela dit, il y a des secrets qui ne le sont que dans l'idée. Parce que nous … nous sommes au courant !

— Mais enfin, Astrid, tu n'envisages pas ce que je crois ? Nous ne savons rien du tout ! Tu oublies. Compris ?

— C'est quoi que vous ne savez pas, en fait ?

— Mais enfin ! J'ai dit non, Marion ! Astrid vient d'une autre planète, tu le sais, alors tu laisses tomber !

Marion fit une petite moue en scrutant ses amies, puis :

— Certes, cela dit, il y a quand même un arrière-goût de conspiration !

— Tant que ce n'est pas de constipation, la faisabilité et l'honneur sont saufs !

— Mais enfin ! Astrid, j'ai dit silence ! Cinq minutes, ça serait trop de demander ? En plus, franchement … ton humour !

Théo, qui comme Marion, n'entendait pas obéir à l'ordre de Lily, résuma la situation :

— Matis et Richard connaissent un truc que nous ignorons, mais en fait que Lily, Astrid et forcément Camille, qui rigole, savent. Eux ignorent donc que vous savez, et Marion et moi ne savons rien du tout !

— Nous sommes tenus à l'écart, c'est l'idée générale et précise du machin, Théo. Et je suis de ton avis, il y a du louche.

Matis et Richard arrivèrent au restaurant en pleine discussion et passèrent leur commande. Ils définissaient la méthode à utiliser pour offrir un cadeau à chacun et hésitaient sur l'ordre de remise. Matis proposait par âge en partant du plus vieux, ce qui ne convenait pas, car les femmes n'aimaient pas trop être identifiées par rapport à cela, Richard de le faire sur un tri hiérarchique, ce qui posait un souci, car entre Astrid, Camille et Marion le choix était délicat.

Puis Richard proposa de mettre un numéro d'ordre dans une boîte et de laisser le hasard agir. Ce fut la solution retenue. Ils préparèrent le nécessaire et les rejoignirent, étant entendu que Matis ne serait que l'assistant de Richard. À leur arrivée, le petit groupe les attendait à l'entrée du site, assis dans l'herbe et en pleine discussion sur la vie amoureuse dans le centre. Ils prirent la direction du lac et, après quelques minutes de marche, déposèrent les paniers piquenique sur une table en bois. Richard installa le tout, Matis fit la distribution des sacs repas dont le contenu était identique et ils commencèrent à manger dans ce cadre somptueux, mais aucun ne revint à la charge sur le secret du duo, semblant s'être donné le mot en ce sens. Matis commenta l'instant en exprimant son bien-être et s'étonna que cela soit la première fois qu'ils fassent un repas comme celui-là. Camille reposa sa fourchette de crudité et déplia un coupon :

— Tiens, il y a un papier dans mon sac, et dessus juste un numéro, le deux.

Elle reprit son couvert et mangea, Astrid regarda machinalement dans son emballage et dit simplement :

— Ah oui, moi aussi, c'est le un, battue Camille.

— C'est vite dit, imagine que ce ne soit pas un classement, mais des points ?

— Ah oui, c'est possible. Matis, il y a un jeu pour un panier gratuit au restaurant ?

— Non, je crois que c'est juste l'ordre de commande !

— Dommage, moi j'ai le quatre !

Marion reposa le papier sans plus d'intérêt, Théo le fit à son tour, par jeu :

— Il aurait mieux valu que ce soit des points, j'ai le six.

— I'm Lily, the best one, j'ai le sept !

Lily avait souri et posa son coupon dans son sac. Pour jouer le jeu, Matis et Richard montrèrent le cinq et le trois. L'ordre serait donc Astrid, Camille, Marion, Théo et Lily. Le repas fini, Richard proposa de les inviter à prendre un café dessert et ils prirent à nouveau l'ascenseur. À l'arrêt, ils sortirent sur un palier formant sas. Les portes se refermèrent, Richard s'approcha d'Astrid et lui demanda de poser sa main sur la paroi. Ce qu'elle fit, étonnée, mais rieuse.

Le sas s'ouvrit sur un grand espace, ressemblant à un jardin de détente parfait, avec partout autour la nature extérieure et au plafond un ciel bleu parsemé de quelques nuages qui se déplaçaient lentement. Le chat des oiseaux et le bruissement du vent complétaient l'illusion. Richard fit le guide et présenta le site avec soin. Les visiteurs, y compris Lily et Matis, écoutaient avec attention et admiraient. La bâtisse sur la gauche montait jusqu'au plafond comme toutes celles de La Source, mais ressemblait à une coquette maison d'habitation, du même style qu'à Cité-Lily. Plus loin, une terrasse en léger surplomb était en son centre percée par le bleu d'une belle piscine qu'ils admirèrent, puis ils se dirigèrent vers une bâtisse au fond de l'espace, que seuls Richard et Matis connaissaient, et le concepteur les invita à faire une descente à ski en groupe. Après le doute, les rires et une formidable joie partagée, ils s'élancèrent pour vingt minutes de glissade, subjugués et perdus dans l'espace, comme Matis la première fois, à cause de la certitude d'avoir dévalé plusieurs kilomètres de pistes. Ils étaient émerveillés. Revenu à l'extérieur, Richard les fit asseoir au bord de la piscine et servit une boisson. Ils ne cessèrent de tarir d'éloge sur le domaine et leur fabuleuse descente jusqu'à ce que Richard reprenne la parole :

— Voilà les mais, vous connaissez notre incroyable secret, c'était ce lieu enchanteur.

— Je n'arrive pas à croire que vous ayez pu garder un truc de fou comme celui-là pour vous seuls ! Parce que j'imagine que vous aviez déjà fait du ski tous les deux ! ?

— Oui, ma Lily, Richard et moi nous sommes dévoués pour tester l'installation !

— C'est ça oui, vous vous êtes sacrifiés ! Et comment avez-vous prévu de gérer l'accès à cet équipement magique ? Si ce n'est pas un nouveau secret !

— Je laisse Richard évoquer ce problème épineux.

— Merci. Effectivement, il faudra aviser, car sujet potentiel à conflit. Mais pas vraiment. En fait c'est simple, comme pour toute chose il suffira de demander l'autorisation au propriétaire occupant ! Quoi de plus élémentaire ?

Ils le regardèrent, attendant la suite, y compris Matis qui jouait parfaitement le jeu. Richard jubilait en savourant cet instant de délice, et il reprit :

— Je voudrais profiter de notre pause détente et d'être entre nous pour parler d'autre chose. Astrid, je sais ce que tu as fait dans une ambassade, sans tout savoir pour autant, mais j'ai cru comprendre que cela avait été singulièrement éprouvant, dangereux et que tu avais été particulièrement brillante.

Théo prit naturellement la suite :

— Je te le confirme, Richard, Astrid a fait preuve d'un sang-froid, d'une résolution, d'une maîtrise de ses émotions, d'une absence d'hésitation et d'une autonomie de décision exceptionnelles. À un point que personne ne peut imaginer s'il n'était pas présent dans l'action. Tu connais ma carrière, tu sais qu'en la matière j'ai déjà vu et vécu bien des choses. Je le dis sous contrôle d'Astrid, mais aussi de Matis qui m'a dit avoir visionné l'enregistrement.

— J'atteste, Richard, j'ai vu et Astrid a été … Je n'ai pas de mots, genre stupéfiante, mais puissance cent !

— Pourquoi je ne pourrais pas voir cette vidéo moi aussi ? Ce n'est pas juste, je suis quand même sa … enfin … Astrid et moi … Zut !

Astrid se raidit subitement :

— Non, Camille, tu ne la verras pas, ni personne d'autre. Comprends, Camille, que c'était une action militaire, il y a eu à priori une centaine de morts, je ne veux pas que tu voies ce que j'ai fait.

— Détends-toi, Astrid, j'ai entendu, donc jamais je ne chercherai à voir. Richard, ce que moi je sais, c'est qu'Astrid a été celle-là même pour Marion et moi. Elle nous a sauvé la vie.

Richard enchaîna rapidement :

— Alors voilà, j'ai aussi le souvenir que c'est Astrid qui a épargné aux hommes endormis une fin difficile, soit environ deux-mille militaires constructeurs. Ces rappels étaient destinés à vous expliquer pourquoi à l'avenir, il vous faudra demander la permission à notre Astrid pour venir skier ici, à son domaine.

Il se tut et regarda Astrid, comme tous les autres. Celle-ci semblait étonnée d'être dévisagée, ne réalisant pas ce que Richard évoquait tant cela lui paraissait inconcevable. Camille se leva sans la moindre hésitation et prit son amie dans ses bras :

— Je suis contente, Astrid. C'est fabuleux et tu le méritais plus que tous. Merci, Richard, d'avoir pensé à Astrid. C'est une grande dame.

— Non mais, Camille ! Pourquoi dis-tu cela ? Je suis brillante, certes et c''est notoire, mais je ne comprends pas un traître mot à vos messages codés, c'est quoi au juste ce plan ?

— Astrid, Richard vient, en toute simplicité, de nous dire que nous avons skié et que nous prenons un verre ensemble au bord de la piscine, chez toi ! C'est Cité-Astrid, ta résidence, ton espace rien qu'à toi ! C'est trop génial, non ?

— À moi ?! Vous voulez dire … genre j'aurais le droit d'y habiter ? Mais avec qui ?

— Tu l'as constaté, Astrid, ta main est le code d'accès, personne d'autre que toi ne pourra plus l'ouvrir. Tu es déjà dans ton domaine privé, pour y vivre comme tu le veux, seule, libre, et tu peux y inviter qui tu choisiras ! Tu as le premier que Lily, Matis et moi offrons.

— Mon Dieu, mon chez-moi ? Nous sommes chez moi ! Un chez-moi à moi ? Ce site sublime, c'est mon chez-moi ! Oh, mon Dieu ! Je vous aime tous.

Elle se leva pour tenter de dire un mot, mais son corps se secoua et les pleurs l'envahirent, Camille la prit dans ses bras et cacha le visage de son amie dans son épaule, elle avait elle aussi des larmes pleins les joues.

— Excusez là. Pour Astrid rien n'est impossible, mais elle a un cœur énorme. Elle est bouleversée. Elle se confiera plus tard, merci pour elle.

Deux minutes passèrent et Astrid essuya ses yeux, se moucha, les regarda avec un sourire enfantin et partit en courant pour un tour complet de Cité-Astrid, en riant et en se dévêtant, les bras en l'air ou à l'horizontale, sautant tel un cabri et faisant la roue en pleine course. Arrivée à hauteur de sa maison, elle disparut et ils entendirent ses rires et ses cris. Surexcitée, elle appela Camille qui la rejoint, puis elle ressortit dans le même état d'agitation en tirant son amie par la main, et relança sa course. Elles finirent leur périple en revenant vers eux. Sans halte, elle plongea dans sa piscine dont elle fit la longueur en ne ressortant pour respirer qu'en faisant demi-tour, puis refit deux bassins sous les yeux émus et émerveillés de ses amis qui regardaient son corps élégant glisser dans l'eau. Elle s'approcha du bord où il se trouvait tous, posa ses bras sur la margelle, toujours parée de son sourire d'enfant, et les regarda :

— Vous m'avez offert le plus beau cadeau de ma vie personnelle. Professionnelle c'est mon acceptation dans le projet de La Source aux côtés de Lily et Camille, et maintenant ça ! Jamais de ma vie je n'aurais espéré avoir un chez-moi tel que celui-là ! Même en rêve. Merci mille fois. Dites, il semble que j'ai pété les plombs, je crois que je serais comme qui dirait à poil ! Vous pourriez me passer une serviette ou de quoi me couvrir ?

Ils rirent en partageant son plaisir et c'est Marion qui lui prêta son chemisier, étant vêtue d'un caraco en dessous. Ils regardèrent Astrid sortir de l'eau. Camille l'aida à enfiler la chemise sur sa peau mouillée. Elle fit deux bises à chacun. Richard la regardait, émerveillé :

— Astrid, tu es resplendissante, le bonheur est la plus belle des parures et tu la portes avec élégance et à merveille. Tu es hyper féminine, hyper sensuelle dans la chemise mouillée, hyper rayonnante avec cette énergie qui est en toi ! Merci pour ce cadeau.

Après quelques minutes encore, et une fois Astrid habillée, Richard les convia à prendre un dessert. Ils reprirent l'ascenseur qui monta puis redescendit, provoquant l'étonnement des passagers qui regardèrent Richard. Il ressortit dans le sas suivi des autres, ouvrit la porte et ils pénétrèrent à nouveau dans la Cité, qui cette fois était totalement immergée dans une ambiance méditerranéenne, avec cigales, oliviers et senteurs.

— J'ai oublié de vous montrer un truc, c'est trop bête. Suivez-moi.

Ils retournèrent dans le bâtiment de la piste de ski, mais Richard leur fit passer une étrange combinaison. Matis souriait, Richard aussi. Une fois équipés, il fit un réglage avec le bouton situé sur le ventre de chacun, puis ils grimpèrent au dernier niveau. Richard ouvrit la porte et s'effaça. Ils entrèrent et se trouvèrent sur un surplomb de sept mètres, qui en paraissait bien plus grâce au sol et aux murs animés. Il n'y avait pas de rampe, aussi se penchèrent-ils avec prudence. Richard et Matis se glissèrent derrière eux et en comptant avec leurs doigts jusqu'à trois synchronisèrent leur mouvement et les poussèrent dans le vide, eux y compris. Ils hurlèrent tous, sauf Théo qui jura, et ils se mirent à faire une chute libre comme depuis un avion, rapide et intense, décalés les uns des autres par une soixantaine de centimètres. Matis et Richard descendirent plus vite pour être les plus bas et passèrent sur le dos de sorte de leur faire face, sourire jusqu'aux oreilles :

— Tout le monde se régale ?

— Mais vous êtes tarés tous les deux ! Matis, arrivés en bas tu prends un pain, Richard, tu y as droit aussi ! J'ai eu la peur de ma vie !

— Mais non, apprécie, Astrid, ressens, tu voles tel un oiseau. Camille, tu es bien ?

— Quand Astrid t'aura tué, Richard, je t'écraserai les bijoux. Matis, idem. Astrid, j'ai échappé un pissou !

— Bon ! De toute façon ça s'arrose. Marion, c'est le pied, non ?

— Tu ne te rends pas compte, mais tu es totalement immature, Matis ! J'ai fait pipi aussi !

— Bien ! Deux fuites ! Alors, ma Lily ? C'est génial, non ? Libre comme l'air pour le coup ! Plus aucune contrainte.

— J'ai cru mourir, Matis ! Je t'arracherai les oreilles avec les dents, tu es ravagé.

— Bon, c'est pire qu'une corrida ! Me voilà bien. Théo ? J'ose te demander ?

— Je me suis engagé dans l'armée de terre. À ton avis, pour quelle raison, Matis ? Je te le donne en mille, j'ai horreur du vide ! Si les filles te laissent debout, je t'achève !

— Génial. Richard, je crois que nous devrions nous tirer tous les deux et les laisser ici ! Après trois jours de vol, ils seront calmés.

— Mais non, c'est juste qu'il faut quelques minutes pour se sentir bien.

Richard leur fit manipuler le bouton ventral et ils commencèrent à s'amuser au fil de l'apprentissage, puis firent des figures.

Une demi-heure plus tard, ils étaient tous à l'extérieur à nouveau installés autour d'une table, mais cette fois sous un kiosque à musique qui chauffait par le plafond le corps de ses hôtes pour compléter l'illusion. Les commentaires étaient nombreux sur la première peur, les sensations, le jeu et le plaisir. Marion s'adressa à Astrid :

— Astrid, tu as une cité fabuleuse, c'est comme les merveilleux contes enfantins. Je suis très heureuse pour toi.

— Tu as raison, c'est magique.

— Dites, je n'ai pas la trempe d'Astrid, ce n'est pas un secret, et lorsque ces deux ânes nous ont poussés dans le vide, j'ai contracté un peu ! Je voudrais pouvoir aller me rafraîchir, vous m'attendez dix minutes ?

Richard sourit :

— Camille, tu devrais te rendre dans la chambre au premier, je suis sûr que tu trouveras de quoi te changer. C'est plus simple, c'est à côté.

— Je peux, Astrid ? Avec Marion, parce que ... !

— Oh oui, merci. Enfin, si cela était possible ... Je n'ai rien d'une aventurière, pas un soupçon, alors ce n'est pas un peu pour moi, navrée ! Si tu me le permets, Astrid ...

— Mais bien sûr. Camille, tu sais que tu es déjà ici chez toi ! Suis là, Marion.

Elles disparurent rapidement et ils reprirent la discussion, Astrid la première :

— Leur petit pipi me rappelle des souvenirs, Théo !

— Je n'ose imaginer ce qu'elle aurait fait si elle avait été à ta place !

— Trop drôle, ça ferait marrer Élise. Richard, ou Lily et Matis, je ne sais pas. Me donneriez-vous votre accord pour que je propose à Camille de vivre ici avec moi ? C'est une femme merveilleusement géniale, une grande chercheuse, douce, tendre, prévenante, sensible, et c'est une amie formidable. Je voudrais qu'elle bénéficie du même traitement que moi, je ne conçois pas qu'il en soit autrement.

Matis sourit et regarda Richard qui en fit autant :

— Ce que tu dis là est généreux, Astrid, et ne me surprend pas de toi. Mais avant de répondre, je voudrais que Camille nous donne son avis.

Il ne fallut pas attendre longtemps, Camille et Marion revinrent les cheveux mouillés et vêtues d'un simple pagne. Matis et Théo s'amusèrent à les héler, elles rougirent de plaisir et s'assirent. Richard interrogea Camille pour mener la discussion :

— Camille, pendant ton absence, Astrid nous a demandé si elle pourrait te proposer de venir parfois chez elle. Quand penses-tu ?

— Que je ne concevrais pas qu'il en soit autrement, tout comme le fait qu'elle ne viendrait plus dans mon appartement parce qu'elle a ce lieu magnifique et mérité. Vous ne songeriez pas à nous empêcher de nous voir ?

— Mais non, quelle idée saugrenue. Comment trouves-tu la chambre ?

— Génial, absolument sublime, et la salle de bain, c'est le rêve que je n'avais pas su faire.

Marion fit une observation réfléchie, car elle était intriguée :

— Camille, c'est quand même amusant que les meubles contiennent des affaires à ta taille, surtout dans une maison encore inhabitée !

— Étonnant, c'est vrai, je n'ai pas réalisé ! Astrid, j'irai plus tard remettre de l'ordre dans ta salle de bain.

Richard intervint pour rectifier :

— Dans la tienne, Camille.

— Dans ma … C'est une chambre d'ami pour moi ? Tu n'es donc pas contre l'idée que je rende visite à Astrid, génial ! Alors je ne te frapperai pas, Richard !

— Matis, je crois que Camille est légèrement sourde, non ?

— J'ai cette même impression, en fait une chercheuse, sortie de son domaine de compétence, ça ne comprend rien, version bouchée !

— Non mais, oh, Matis ! Dis tout de suite que je suis une cruche !

— Matis te disait cela, car je viens de te dire que tu as sali ta salle de bain, mais bon … Tiens, sur cette carte numérique tu as l'explication pour changer ton code privé.

Camille se saisit du support et le regarda incrédule :

— Ah, en fait ce lieu est pour Astrid et moi !

— Non, Camille, à partir de cet instant, tu es ici chez toi, et nous sommes tes invités. Tu es voisine de palier avec Astrid.

— Que veux-tu dire ? Je serais où ? Tu essaies de m'expliquer que nous serions dans mon domaine, Richard ?

— Oui, précisément.

— Mais c'est Astrid qui l'a mérité, et tu viens de lui donner, ce n'est pas sympa. Tiens, Astrid, garde ce document, c'est à toi, un point c'est tout. D'ailleurs, si c'est à moi je peux en disposer comme je l'entends, donc c'est tranché, il est à toi.

— Ce n'est pas grave, Camille, tu m'inviteras, nous continuerons à nous inviter et à partager, non ?

Richard se leva, en faisant semblant de s'impatienter :

— Non mais, oh, toutes les deux ? Vous avez chacune une cité. Tout à l'heure nous étions dans celle d'Astrid, maintenant nous sommes dans la tienne, Camille ! Donc Astrid garde la sienne, tu peux l'y rejoindre, et toi, tu en as une aussi, et elle peut te rendre visite.

— Alors comme ça … nous serions chez moi, dans ma Cité-Camille !

Elle se leva, les observa, pivota et s'en retourna à la maison d'un pas résolument tranquille. Sans un mot. Ils se regardèrent assez étonnés par sa réaction. Astrid reprit la parole :

— C'est fou comme cadeau ! Je me suis fichue nue devant vous tellement … Voilà quoi ! Et Camille s'éloigne en version zombi, parce que c'est plus que merveilleux !

— Astrid, je crois que Richard, mais aussi Lily et Matis, ont une grande estime pour le travail que vous réalisez toi et Camille, et je suis comme eux. C'est merveilleusement fou, mais je trouve cela mérité. Ce que vous avez réussi est incroyablement inouï. Dans mon environnement d'avant j'étais une bonne chercheuse, et ici, à côté de vous, je suis ordinaire, et je sais ce que je dis en la matière. Alors félicitations.

Lily et Matis approuvèrent le petit discours de Marion, et Lily émue par le cadeau offert à ses amies et chercheuses essuya des larmes qui doucement coulaient sur ses joues. Ils virent sortir Camille en courant de la maison, aussi fébrile que l'avait été Astrid. Elle appela son amie qui se leva tel un ressort et la rattrapa prestement. À peine l'avait-elle rejointe qu'elles se lancèrent à faire le tour de Cité-Camille en courant, en riant et hurlant, enchaînant les roues sur les deux mains. Camille fit plus de la moitié du parcours avec les bras alternativement en l'air et à l'horizontale, à côté d'Astrid qui faisait de même. Ils les observèrent avec tendresse, partageant avec bonheur leur joie. Le tour allait être bouclé, mais Camille, au lieu de revenir au kiosque, bifurqua et dans l'élan sauta dans la piscine, imitée par Astrid.

— Elles sont un don pour les yeux et l'âme. Tu ne trouves pas, Matis ?

— Si, enfin sans vouloir offenser ma Lily ni Marion. Elles sont la vie.

— Je suis d'accord avec vous, les hommes. Elles sont l'expression de la beauté de la vie sur terre. Je les adore. Les avoir avec moi au labo tous les jours transforme les galères en joies supplémentaires à partager.

Théo ne les avait pas quittées des yeux et attendait leur sortie de l'eau, ce qui arriva après deux minutes. Camille marchait paisiblement, libre, Astrid qui s'était dévêtue dans la piscine était à côté d'elle, elles se tenaient par le bras et se rendirent dans la maison de Camille. Contemplatif, Théo commenta la vision des deux femmes marchant en tenue d'Ève dans la nature aux senteurs de pinèdes :

— C'est l'une des plus belles images que je n'ai jamais vues, et l'une de celles que j'emporterai lorsque je quitterai cette terre. Je passerais ma vie à les admirer ! Je ne sais pas comment elles font cela, mais elles sont sublimes.

Les deux femmes revinrent avec un pagne coloré sur les épaules et reprirent place aux côtés de leurs amis. Camille se releva et les regarda :

— Je voudrais vous faire partager ma double émotion. La première est encore en moi pour ce qu'a reçu Astrid, la seconde est liée à ce présent somptueux qui vient de m'être accordé. Je ne sais comment l'exprimer, mais j'ai violemment ressenti ce qu'a éprouvé Astrid. Un puissant sentiment de folle liberté, totalement dément, comme une explosion en moi qui ne pouvait sortir même en hurlant ma joie. Peut-être l'effet de tous ces mois d'enfermement. C'est merveilleusement merveilleux et je dois me contenir pour ne pas vous sauter au cou et vous embrasser chacun votre tour ! J'espère ne pas m'être couverte de ridicule, cela a été plus fort que moi. Et si j'ai choqué l'un de vous qu'il me pardonne, ce n'était ni de l'exhibitionnisme ni prémédité.

— Tu as été divine, Camille. Astrid a réagi comme toi, et je vous confie mon petit secret : j'ai eu la même réaction, et je renouvelle ce lâcher de pression tous les jours, car c'est la liberté ma Cité-Lily, de celle qui dépasse tout ce que l'on peut imaginer !

— Toi aussi, Lily ! Donc je ne suis pas folle, je suis juste heureuse !

Richard se leva et ajouta pour la nouvelle propriétaire du lieu :

— Un petit détail certainement, mais je ne comprends absolument pas pourquoi tu as tenu à te retenir de nous embrasser ! Quels sont la signification et l'intérêt de ce refus, serait-ce un blocage ?

Camille, toujours en proie à une profonde excitation, vint à lui avec le même sourire dans les yeux qu'aux lèvres, lui déposa un baiser sur la bouche et le prit dans ses bras. Puis elle regarda chacun et les embrassa.

— Cette fois, je vous l'offre ce dessert, bon sang. Allez, suivez votre phénoménal architecte.

Alors qu'ils étaient tous dans l'ascenseur, Camille et Astrid continuaient de parler sans discontinuer :

— Tu viendras skier dans ma cité et tu m'inviteras dans la tienne pour que nous volions comme des oiseaux.

Richard qui les écoutait intervint dans leur discussion :

— Zut, c'est vrai ça, je n'ai pas pensé à vérifier. Normalement vous devriez avoir chacune une piste de ski ! Tant pis, il y en a pour une seconde, nous redescendons voir. Je veux savoir, ça serait trop bête. En plus, si un jour vous aviez besoin, une porte vous permettra de communiquer entre vos Cités, avec un code de demande d'ouverture d'un côté et d'acceptation de l'autre.

Les deux amies se prirent dans les bras pour partager leur joie. Bien qu'arrivés à destination, Richard ne laissa pas les portes s'ouvrir et ils redescendirent. L'ascenseur les libéra à l'entrée de la cité qui baignait à présent dans une ambiance de bord de mer, avec sur tout un mur les vagues qui s'écrasaient sur le rivage. Ils s'extasièrent sur le nouveau décor et les senteurs marines en traversant le domaine. Richard passa le premier et entra dans le bâtiment aux salles de sports extraordinaires, puis regarda dans celle de saut. La fosse s'y trouvait, il poussa une autre porte sur le palier et ils entrèrent dans un vaste hall, sans trou ni piste.

— Mince, il semblerait qu'il y ait un souci, Camille.

— Ce n'est pas grave, je te l'assure. Tu restes mon architecte préféré.

Richard se tourna face au mur et pianota sur un écran intégré. Il fit un petit signe à Matis qui remit un club de golf à Astrid, Camille et Marion. Elles s'en saisirent, surprises, puis les murs se transformèrent en un immense parcours, le sol de la pièce y compris.

— C'est trop génial les filles, car c'est mon péché mignon ! Camille, si un jour tu veux me faire plaisir, tu m'invites pour un golf, j'adore ! Je te ferai des gâteaux.

— Je t'inviterai, pas de souci, Marion, mais je ne sais pas jouer !

— Moi non plus, quelqu'un veut ma canne ? Lily ? Matis ? Théo ? Richard ?

Richard s'avança :

— Essaie au moins, tu regardes Marion et tu tentes.

Marion se mit en place, simula à plusieurs reprises son geste puis frappa la balle avec précision et force dans un mouvement parfait.

— Génial, c'est exactement comme un vrai !

Elle montra au loin un petit point blanc dans l'air qui redescendit, rebondit sur le sol et roula pour réapparaître à quelques mètres sur son côté. Elle s'approcha de la balle, et le paysage tout entier changea, représentant le lieu où elle était tombée.

— Trop fort, la précision est aussi fidèle que précise, c'est prodigieux. J'en ai des frissons partout ! Elle fit un nouveau swing et oublia ses amis, car déjà plongée dans son parcours.

Après quelques minutes, Marion réalisa qu'elle était seule à jouer et s'excusa de s'être laissée emporter par sa passion. Ils ressortirent, Richard ouvrit la porte suivante, la piste de ski était là ! Une fois tous à nouveau assis sous le kiosque, Richard demanda un instant, se rendit dans le sas et revint avec un chariot de petits gâteaux qui attendait dans l'ascenseur. Il les invita à s'installer sur la terrasse qui dominait la Cité, celle du bord de piscine, offrant aussi une vue magnifique sur la mer. Camille s'assit et s'adressa à Richard :

— Dis-moi, Richard, tu veux nous demander en mariage avec de si beaux cadeaux ? C'est plus qu'un présent somptueux, c'est un changement de vie incroyable. Nous passons à une autre dimension, car à l'extérieur ce rêve ne nous aurait pas été accessible !

— C'est une idée et une bonne, peut-être que l'une de vous accepterait, ne sait-on jamais !

— En tous les cas, les filles, pour une partie de golf, je vous fais le ménage, parce que ça ne sera quand même pas rien à entretenir !

— Marion, tu ne viendras pas pour des corvées, mais pour t'y détendre, ma porte t'est d'ores et déjà toujours ouverte, parole de Camille.

— Et à l'identique dans ma Cité-Astrid, promis.

— Bien sûr, je vois le plan, Marion. Si je veux te demander en mariage, tu me demanderas un terrain de golf. Cela dit, je ne vous ai pas montré, mais cette pièce fait aussi stade d'athlétisme, salle de tir, labyrinthe, circuit de course automobile ... Plein de trucs déments.

— Si c'est du rallye avec un siège trois dimensions, je pourrais presque accepter, Richard ! Mais avec quand même de quoi perfectionner mon swing, je suis accroc.

— Il y en a un, un truc assez dingue d'ailleurs, avec entre autres options notre grand champion du monde devant toi, à charge pour toi d'arriver à le suivre. Le siège baquet te projette totalement dans l'action avec une place de copilote pour partager le plaisir. Il est même possible d'en installer trois de plus derrières.

— Génial, les filles, il faudra me sortir à coups de pieds ! Désolée.

— Alors, tu veux bien, Marion ?

— Quoi donc, Richard ?

— Puisque tu as aussi le rallye, tu pourrais peut-être vouloir de moi ?

— J'aurais …qu'essaies-tu de me dire ?

Pressentant quelque chose, Marion observait chacun, qui faisait de de même, perplexe. Elle sourit discrètement, se leva et demanda à Camille la permission d'utiliser ses toilettes, puis s'éloigna d'un bon pas et entra dans la maison sous les yeux de Richard et Matis qui souriait. La discussion reprit sur les jeux et, après quelques minutes, Marion ressortit changée, elle était maintenant en short de jean avec un haut de maillot de bain. Elle vint à eux avec un sourire jusqu'aux oreilles et s'adressa Richard :

— C'est déconcertant, j'ai eu à choisir entre des tas de tenues à mes mesures et je ne porte pas les mêmes tailles de bonnets que Camille, ni d'Astrid, ni de tour de hanche. Quant à la salle de bain, ce n'est pas la même que celle où je me suis douchée avec Camille. Étrange, non ?

— Non, c'est normal ! Pour quelle raison voudrais-tu qu'elles déposent leurs vêtements dans ta maison ? Ça n'aurait pas de sens, à ton avis ?

— Alors c'est bien ça ! C'est chez moi !

— Oui, Marion, ce domaine est le tien, c'est Cité-Marion, voilà ton mode d'emploi.

— Un vrai chez-moi, où je pourrais manger dehors, me promener, me baigner, vivre, en sécurité ! Mon Dieu ! Cité-Marion ! C'est sublime et immense, c'est parfait et magique !

Elle prit la carte numérique des mains de Richard, la contempla comme si cela avait été un bijou, sa bouche se déforma, ses yeux rougirent et elle se mit à pleurer. Lily observa Matis et Richard pour valider qu'elle avait bien compris, et devant leur regard affirmatif, elle se leva et protégea Marion qui s'effondrait. Astrid et Camille se levèrent, firent deux gros bisous à chacun et prirent Marion par les épaules pour une longue accolade en riant. Celle-ci essuya ses yeux en riant, se moucha toujours en riant, puis elle s'adressa à ses amis, inhabituellement rapide dans l'expression :

— Je n'avais même pas envisagé une seule seconde, ni un dixième, que vous m'auriez, à moi aussi, offert un tel privilège, une telle reconnaissance, car je n'ai pas le niveau d'Astrid et Camille. Je vous remercie de tout mon être. Je… je vous aime !

— Marion, je n'étais pas au courant du secret de nos deux cachottiers, mais je peux te dire cela : tu as pris en main La Source, Matis et moi nous sommes déchargés sur toi d'un travail harassant demandant en permanence une grande concentration et une bonne vision de l'avenir. Tu as aussi une analyse froide et généreuse de la vie dans cet espace clos, tout comme la capacité à t'immiscer dans la vie de chacun sans être perçue, pour ressentir leur vie et aller au-devant des difficultés qui seraient inévitables dans cette promiscuité en l'absence d'une prise en charge. Tu as fait tout cela, avec brio, discrétion, intelligence, n'hésitant pas à te positionner dans ta mission lorsqu'il le fallait. Et en plus tu es une bonne scientifique, alors je suis totalement en accord avec Matis et Richard, tu as parfaitement mérité ta Cité-Marion, rien qu'à toi, pour te ressourcer, t'y sentir libre et t'y épanouir en sécurité.

— J'ai du mal à réaliser, je crois que je risque d'exploser ou de devenir folle. Astrid, Camille, vous avez placé la barre vraiment haute pour moi, mais je ne suis pas du genre à me dégonfler. Jamais. Lorsque je dois agir, je le fais. Vous venez, s'il vous plaît ? De toute façon, si je n'extériorise pas, je hurle, alors aidez-moi !

— Camille, tu viens avec nous faire le tour de Cité-Marion. La fête n'est belle que dans le partage !

Les deux femmes se positionnèrent près d'elle instantanément. Marion se tourna, regarda ses amis par-dessus son épaule et sourit, dégrafa son haut de maillot, puis elles s'éloignèrent, Marion au milieu, Camille au bras droit et Astrid au gauche. Elles marchaient paisiblement en regardant le décor, riant et se serrant les unes contre les autres. Les trois hommes et Lily les observaient. Elles semblaient faire partie d'un tableau animé tant l'image délivrée était parfaite de beauté et de tendresse. Après une trentaine de secondes, la retenue de Marion fut totalement débordée par son émotion et elle se mit à rire, à crier, à hurler, puis à courir les bras ouverts comme si elle avait voulu s'envoler telle une enfant plongée dans son imaginaire, suivie des deux autres riant aux éclats. En arrivant au trois quarts du tour, elles coupèrent au cours et foncèrent droit sur la piscine où elles plongèrent sans marquer le moindre temps d'arrêt. Elles en ressortirent en respectant ce qui devenait un cérémonial, nues, et se dirigèrent en riant sur la maison, se tenant à nouveau par le bras, Marion toujours au milieu, les corps luisants, leurs cheveux laissant couler un filet d'eau le long du dos.

— Dingue, c'est encore plus beau que ce que je pensais être le plus remarquable. Toutes les trois marchant nues dans la nature, riantes, jolies, complices … Merci, les mecs, ça c'est un cadeau, un souvenir indescriptible. Mon Dieu qu'elles sont belles ! Camille fragile, Marion gracile, Astrid féline et puissante. Sincèrement, ensemble elles sont encore plus merveilleusement femmes. Richard, Matis, si un jour je prenais un sale coup lors d'une mission et qu'il ne me reste que ma tête, faites-moi le plaisir de trouver une solution pour m'installer dans un tronc d'arbre d'où je puisse les voir vivre sans les perturber.

Elles les rejoignirent en pagnes. La journée s'achevait doucement, ils discutaient en continu du changement de vie que les trois femmes s'apprêtaient à découvrir jusqu'à ce que Matis reçoive un appel :

— Désolé, mais j'ai un message qui demande à ce que nous descendions voir ce qui se passe. Suivez-moi.

Ils s'engouffrèrent dans l'ascenseur sans délai et soucieux, attendant en silence l'arrêt. Les portes s'ouvrirent sur un sas, comme la plupart du temps. Richard composa un code et ils pénétrèrent dans une Cité aux couleurs d'une nature verdoyante. L'intérieur différait des trois autres. L'espace était nettement plus vaste, il y avait là aussi des bâtiments en forme de maison, mais nombreux bien qu'espacés. Richard prit le chemin de ronde et commenta les installations. Ils virent une piscine plus grande que les trois autres, des terrasses, et toutes sortes d'agencements, y compris un complexe avec les fameuses salles de sports virtuels. Richard proposa d'entrer un instant pour découvrir les aménagements. Après la visite d'une maison à peu près identique à celle des trois amies, Richard les fit pénétrer dans la suivante où il les installa dans le salon spacieux, puis il proposa un thé qu'ils acceptèrent, et se retira. Il revint en souriant, les mains vides :

— En attendant le thé, comment trouvez-vous ce site ? Marion ?

— C'est comme ma cité, plus vaste évidemment, mais l'ambiance y est différente. Plus … tonique, peut-être. Nous y sommes bien.

— Ce que tu perçois sans l'identifier, c'est que l'atmosphère y est familiale et propice à une vie plus collective. Et il y a ce parcours de sport remarquable. Tu pourrais t'y défouler, Astrid. D'ailleurs, Théo aussi. Il faudra que je vous montre les équipements.

— C'est vrai, c'est comme un centre de vacances de luxe pour sportif. C'est un site d'enfer. Tu ne trouves pas, Théo ?

— C'est carrément la classe. Et je ne sais pas si vous avez vu, mais il y a aussi un mur d'escalade, il manque de hauteur, mais c'est génial. Sur un bâtiment, il est écrit « salles de groupe ». C'est quoi, Richard ?

— Un espace où les habitants se réuniront pour pratiquer différentes activités, pour discuter, regarder un film, partager un repas …

— Là, c'est la cerise sur le gâteau, sacré boulot, Richard !

— Merci. Le mur, je te parie que tu n'en verras jamais la fin. Le thé arrive, servi, s'il vous plaît, par la charmante maîtresse du lieu.

Lily se redressa prestement, imitée par les trois amies :

— C'est donc habité ? Mais nous nous sommes installés sans demander à cette personne d'accepter de nous recevoir ! Cela ne se fait pas, Richard !

— Tu as raison, Lily, c'est pourquoi j'ai pris la précaution de la solliciter au préalable.

— Ah bon, pardonne-moi. Je n'aurais pas dû imaginer le contraire ! Et chez qui sommes-nous ? Cette maison est magnifique d'harmonie et d'équilibre, à l'image de la Cité. C'est vraiment très beau !

Ils approuvèrent les uns après les autres le commentaire de Lily.

— Je le dis assez discrètement pour ne pas embarrasser l'occupante, mais nous sommes chez une femme seule qui espère ne pas le rester trop longtemps. Elle ne supporte plus, à ce qu'elle m'a dit.

— Je la comprends, moi, je n'en pouvais plus avant ma nouvelle vie au centre, j'oscillais entre déprime et agressivité, heureusement j'ai trouvé ici à me construire une vie ! Mais malgré mes activités, le mur de ma cuisine était devenu une sorte de mouroir.

— Je le conçois, Camille. Elle est de plus dans la difficulté, car elle voue une certaine passion à un homme. Au point qu'elle envisage qu'il devienne son compagnon. Toutefois, il demeure un souci, c'est toujours ainsi. Ce veinard ne lui a pas fait part ouvertement de sentiments réciproques. Alors elle espère, encore !

— Mais ! Nous n'avons qu'une vie, elle ne peut pas attendre d'être heureuse, c'est quoi ce délire ? À moins que … Elle présenterait … une version... moche ? Où cet homme est déjà pris, marié sans doute ! Ne serait-il pas homosexuel ?

— Non, Astrid. Il est seul, et c'est une sacrée nana, vous êtes toutes les quatre de belles femmes, je crois qu'elle ne dénoterait pas à vos côtés.

— Alors ce type est un crétin ! Je le dirai à cette malheureuse. J'ai horreur de voir les gens souffrir inutilement. Il faut qu'elle tourne la page, et je l'y aiderai.

— Doucement, Astrid. Elle est assez mal en point en ce moment, ménage-la. D'ailleurs vous tous, aucun geste irréfléchi, elle est fragile et ne doit absolument pas être bousculée, entendu ?

Chacun acquiesçant, ils entendirent le petit sifflement discret d'un fauteuil roulant électrique. Ils se mirent à sourire, Astrid plus que les autres, sauf Matis et Théo qui tournaient le dos à l'arrivante, qui bien que dans son siège était belle et avait fait un effort de toilette avec une robe fuchsia aux épaules nues, offrant un décolleté affriolant.

CHAPITRE 39

— Bonjour, tout le monde, bienvenue chez moi. Je vous offre le thé avec plaisir, vous êtes mes premiers invités et m'en trouve sincèrement heureuse ! Je ne peux pas me lever pour l'instant pour vous saluer, mais le cœur y est.

Elle se glissa entre les fauteuils de Théo et Matis puis stoppa :

— Bonjour, Astrid, Lily, Camille, Théo, Madame, Messieurs, je suis ravie de faire votre connaissance. Théo, tu vas bien ?

Il tourna la tête et ouvrit de grands yeux :

— Mon Dieu, Babeth ! Babeth ! C'est Babeth ! Je … Comment … Babeth ! Elle parle. Babeth est là !

— Pour les distraits qui ne l'auraient pas compris, je m'appelle Babeth. Astrid, je suis incroyablement heureuse de te revoir.

— Et moi donc, Babeth, quelle surprise ! Tu as l'air en forme ? Mais, et ce fauteuil ?

— Ne t'inquiète pas, je l'utilise afin de me déplacer sans risque pour ma cicatrisation. Je dois être vigilante. Je ne tiens pas à déchirer encore une fois le travail des médecins, ils ne seraient pas contents. Et j'ai eu aussi peur que mal.

Astrid se leva et fit deux bises chaleureuses à Babeth, imitée par Camille et Lily, puis par Matis, Richard et Marion qui se présentèrent. Théo la fixait, toujours muet, semblant ne pas pouvoir réaliser qu'elle se trouvait là, devant lui.

— Je t'offre un thé, café, une boisson fraîche, Théo ?

— Alors tu vis ici ?

— Si j'arrive à y trouver ma place, je l'espère de tout cœur, oui.

— Super, je te souhaite d'y parvenir, tu y serais bien.

N'en croyant pas leurs oreilles, Astrid et Camille se regardèrent, s'adressèrent un signe des yeux et se levèrent, firent un pas vers la jeune femme, s'accroupirent pour se mettre à sa hauteur et lui prirent chacune une main avec douceur. Camille intervint la première :

— Je pense que tu te souviens de moi, Babeth, je suis Camille, amie d'Astrid.

— Je n'ai rien oublié, Camille. Tu avais eu la gentillesse de me rendre visite dans ma chambre. Tu es l'une des trois dernières personnes que j'ai vues avant de sombrer dans le repos. Astrid, Camille et Lily.

— C'est exact. Je suis également l'amie de tes invités ici présents. Tu ne dis rien même si tu es embarrassée. La vie ici comme ailleurs est liée au temps qui passe, de façon permanente, continue, et ce quoi qu'il en soit et survienne. Te voilà presque rétablie et tu nous découvriras en fonctionnement. Théo, voudrais-tu me regarder un instant dans les yeux, s'il te plaît ? Merci. Tu as devant toi une personne aussi sublime que peut l'être une femme. Elle attend une chose qui ne vient pas, et comme elle te l'a précisé, si cela n'arrive pas, elle partira.

— Oui, Camille, bien sûr, je ne suis ni sourd ni idiot, et alors !

— Enlève-moi le doute, ta langue a fourché ? Tu voulais donc dire ?

Théo ne répondant pas, Astrid prit le relais et s'adressa à Lily, Marion, Richard et Matis, la voix presque théâtrale :

— Et alors ! C'est tout ce qu'il trouve à répondre. Ça, c'est un philosophe. Non mais, honnêtement vous autres, avez-vous déjà vu une femme aussi belle que Babeth ? Marion, toi qui la rencontres pour la première fois, elle est assise, certes, mais … Sincèrement !

— Babeth, Astrid a toujours parlé de vous en terme élogieux et je ne peux que constater que pour ce qu'elle a dit de votre physique, c'est la stricte vérité, vous êtes ravissante. Astrid, Camille j'ai la chance de pouvoir affirmer qu'au naturel, et même lorsque vous dormez, vous restez de belles femmes, mais je crains que Babeth ne vous vole parfois la vedette.

— Merci, Marion, mais arrête de te mettre toujours en retrait, tu es aussi jolie que Camille ou moi. Et toi, Matis, tu ne dis rien ?

— Ah, non ! Je n'ai pas d'avis. Je n'en ai pas pour cela ! Jamais. J'en ai certes eu, un, il y a une vingtaine d'années, mais depuis c'est terminé, je n'en ai plus !

— Elle te frappe ou quoi ! Dégonflé. Et toi, Richard ?

— Il me faudra lui offrir une piscine rien qu'à elle très vite. Son charme me touche profondément. Je craque déjà. Un sauna privatif et je lui ferai ma demande ! Babeth, même dans votre fauteuil, je me mets à vos genoux, vous êtes une étoile, ou un ange ! Merci d'être parmi nous.

— Tu ne perds pas le nord, toi ! Théo, tous les autres sont comme moi, outrés que notre ami le grand balaise se conduise en mufle avec une jeune femme qui déclare aussi ouvertement son attente. En plus tu as vu la nana ! Tu ne peux pas rester en faisant semblant de ne pas comprendre, c'est terriblement humiliant. Donc, tu regardes Babeth, tu te fais violence et tu lui dis si oui ou non tu l'aimes et si oui ou non elle pourrait compter sur toi pour rester ici ! Tu as bien compris cette fois, Théo ? Sois couillu, bordel ! Ne lui prête pas attention pour l'instant, Babeth. Heureusement que tu l'as vu avant aujourd'hui, parce que là, nous l'avons dans sa cuvée spéciale grand couillon !

— Non mais, oh, Astrid, tu réalises ce que tu dis ? Tu me traites carrément d'imbécile.

— Oui, Théo, et ? J'ai précisé l'envergure, c'est ça qui te gêne ? Tu envisagerais de décoincer ?

— Tu ne peux pas me parler ainsi, tout de même ! Tu es dans le délire.

— Je ne pourrais pas ? Sans blague ! Je suis lieutenant, au cas où tu l'aurais oublié. Alors, écoute bien ! Je t'affirme que si tu n'arrives pas à regarder Babeth dans les yeux et à lui dire que tu l'aimes à la folie, je te colle un tel bourre-pif que pour te moucher tu devras attendre d'avoir envie de péter, à chaque fois ! Alors tu choisis. Tu affrontes Babeth, ou moi. Mais n'aie pas trop peur, Monsieur le Pétochard, il en faudrait trois comme nous pour faire ton poids !

Théo la regardait incrédule, le rouge aux oreilles. Il jetait de petits coups d'œil à la jeune femme assise qui l'observait en souriant.

— Théo, je …

— Ah non, Babeth ! Ah, mais non ! Il devra passer le premier ce grand couillon ! Théo, je suis capable de frapper maintenant, tu m'as appris, y compris à être efficace. Alors tu parles à Babeth de façon cohérente, ou tu en prendras une. Sinon, il te faudra cogner une femme, qui est de plus une amie, et ce devant tout le monde ! Enfin, essayer, Monsieur Balourd !

— Astrid, tu le sais que parfois tu es pénible, ascendant chieuse ! Je te l'ai déjà dit, tu es chiante comme nana, mais alors, bien ! Tu mérites un grade là aussi.

— De ce que j'ai appris, Camille t'en a aligné quelques-unes devant tout le monde, tu es donc habitué ! Quatre, je crois, Camille ?

— Six, paraît-il, c'était un jour de promotion pour la Saint Théo !

— Non mais, sans rire, Astrid, tu me les brises, tu es hyper chiante.

Il baissa les yeux pour porter son regard sur Babeth :

— Babeth, je … Enfin devant tout le monde, c'est … En plus elle m'énerve avec ses … commentaires à la noix. Bon, voilà. J'ai eu peur pour toi, mais aussi de te perdre. C'est que, vois-tu, je crois que tu es la première femme pour qui je ressens une émotion qui ne soit pas directement en relation avec mes hormones. Je … Pendant ton coma, je me suis entraîné à te dire des centaines de fois tout ce que je ressentais, mais là, devant toi !

Astrid fit un signe d'impatience, Camille aussi.

— Babeth, je t'aime. Voilà. J'ai tellement peur que tu me trouves ridicule que le dire est une épreuve terrible.

— Théo, tu es le premier homme qui ne m'ait pas regardée tel un objet à posséder, ou une source de plaisir potentiel. Je suis tombée amoureuse dans le parc, lorsque nous prenions l'air tous les deux, j'étais à ton bras, ou toute proche, et je me suis sentie libre. Ou libérée, j'hésite. J'avais flashé déjà pas mal sur toi dans la salle de réception. Tu me respectais, en étant gentil, alors je me sentais en sécurité !

— Moi, c'est lorsque tu es venue à moi et que j'ai entendu ta voix dans mon dos. J'ai tourné les yeux, je t'ai vue, et j'ai eu un pincement au cœur, tout de suite.

— J'ai ressenti cela aussi. Je ne t'ai pas abordé par hasard, je t'avais vu alors que tu ne semblais pas me voir. Il faut dire qu'à ton bras se tenait une super nana qui éteignait toutes les autres. Le cauchemar des femmes en soirée. Pour ceux qui n'y étaient pas, c'était Astrid. Je savais qu'elle jouait, mais tu n'en étais pas peu fier. Ensuite dans le parc, je t'ai embrassé pour savoir si ce que je ressentais était bien ce que je pensais. Parce que j'ai une théorie sur la compatibilité.

— Tu serais en train de me dire que tu m'aimes, c'est ça ?

— Oui, Théo, je t'aime, ce n'est pas si improbable que cela !

— Mais si, enfin ! Une femme comme toi, un homme de mon genre … C'est impossible. Mais je t'adore ! Nous pourrions essayer, alors ?

— Tu pourrais venir me faire la cour de temps à autre, même si je suis chez toi. Enfin, j'espère bientôt dans notre maison.

— Comment ? Qui ? Où ? Mais … Tu es où, là, tu dis quoi ?

Il la regardait avec un air d'incompréhension similaire à celui d'il y a quelques minutes. Richard intervint :

— Théo, nous discutons assis dans ton salon, pour l'instant réservé à Babeth, dans ce domaine destiné à être ton futur lieu de vie ainsi qu'à ton équipe. Nous sommes contre le département de ton unité d'intervention. Il faudra inventer une appellation explicite, genre Cité-ForceSource ! Dans ta maison, il y a quand même trois niveaux. Un couple peut y vivre confortablement !

— Une minute, j'y suis ! Babeth, une résidence, la piscine, un domaine ! Ah d'accord, j'ai compris, je me disais bien ! Alors j'en suis toujours et encore là ! Ça explique aussi notre trio de pin-up qui se promenaient à poil devant moi ! Ce qui est nul dans ce genre de plan, c'est que ça finit systématiquement de la même façon. Au début j'y crois à fond, seulement peu après je réalise, je profite autant que ça tient, j'abuse et je me réveille. Mais tant pis, j'essaie de tenir endormi, c'est trop bon. Donc Babeth est sortie du coma, elle se souvient de moi, elle me dit qu'elle m'aime, nous sommes dans la maison de Babeth et moi, dans une Cité de fou du genre de celles où Astrid, Camille et Marion se baladent à poil devant moi en faisant bouger leur petit popotin et six seins à damner un saint.

— C'est exactement ça, mais tu m'hallucines, Théo ! Te voilà élu champion du monde, et haut la main !

— Mais oui, Astrid. Les histoires de princesse, c'est idiot comme rêve à mon âge, mais je m'en fous, personne ne le sait, alors tu peux te défouler. Bien entendu, je pourrai y vivre avec Babeth, et puisqu'elle me trouve beau, elle me dira qu'elle voudrait s'enfermer dans le centre avec moi pour que nous nous aimions en toute quiétude. Une nana qui peut avoir tous les mecs du monde à ses pieds ! Je l'adore ce rêve.

— Je commençais à douter autant qu'Astrid et à te voir différemment, comme lorsque je t'ai giflé ! Je désespérais que tu le comprennes, Théo. Babeth peut choisir qui elle veut quand elle voudra, c'est un cadeau que la vie lui a fait, toi par contre, tu ne peux pas, alors tu devrais aviser !

— Tu n'espérais plus, Camille ! Marre-toi bien, profite, rigole, c'est moi qui régale. Tu es une coquine gourmande, je le sais, sainte-nitouche !

— Ça promet, Camille ! Il est où le bouton ON OFF sur ces grands couillons !? Théo, tu n'envisagerais pas de nous retenir dans ton rêve toute la soirée ? Tu devrais te réveiller, car nous sommes arrivés, mon pépère ! Mais ce que tu peux être débile quand tu t'y mets !

— Mais oui … Si tu es dans mon fantasme, c'est qu'inconsciemment, je me dis que comme tu trouves Babeth jolie, que tu l'as déjà prise dans tes bras et que tu aimes aussi les femmes, tu pourrais avoir une envie de plus, ma cochonne ! C'est possible et normal, elle est à croquer. Il faudrait que je m'en souvienne, les rêves sont souvent révélateurs.

— Houlà, je sens mal tes minutes à venir ! Non mais, c'est quoi le truc ? C'est pour une caméra cachée ? Richard, tu es dans une combine ? Ou alors, c'est moi qui rêve ! Ou c'est peut-être à cause des coups, tu commences à dégénérer avant l'heure !

— Mais oui, Astrid, c'est moi qui pars en sucette ! Je me demande toutefois pour quelle raison cette fois tu es habillée. Dans mes rêves tu es toujours à poil, en vrai aussi d'ailleurs, mais bon, tu es mignonne recto verso !

— Je n'y crois pas ! Alors là tu en prends une mon gros. Et celle-là, tu t'en souviendras, la connerie n'excuse pas tout !

— Blablablas. Je peux donc faire l'amour avec ma Babeth dans cette maison, elle voudra de moi et patati … C'est trop génial. Et toi, Babeth, tu te mets nue, avec les trois obsédées, et vous ferez le tour de la Cité en courant. Moi, je vous verrai au ralenti et j'admirerai vos quatre paires de seins se soulever en cadence. Ensuite je me mettrai nu pour courir avec vous. Ou alors … Je regarde Babeth nue, serrée entre Lily et Marion, nues, et toi, Camille, tu restes à poil près de moi pour que je te tripote pendant ma phase contemplative. Astrid, tu seras nue, comme d'habitude, et tu me feras une gâterie, tu es douée pour ça aussi, coquine ! Tu pourrais même faire ta cochonne avec Camille pour que je vous mate. Et ma Babeth me regardera en souriant, au ralenti. Dans ton élan, tu allumeras Babeth. J'imagine déjà le duo … la classe !

Ils se regardaient tous, baignant entre l'embarras et un frénétique besoin d'éclater de rire, sauf Babeth qui ne comprenait plus, et les deux amies. Astrid perdait sa patience et son sens de l'humour, Camille sa douceur et sa courtoisie :

— Astrid, j'ai le doute qui s'éloigne et la certitude consternante. Sur le fond et dans le détail, il ne serait pas un peu con, quand même ? Genre spécimen rarissime ? Le con premier de la classe ?

— Un peu ? Soyons lucides et levons le voile, il est con ! Il présente bien, mais il est con ! Et buté aussi. Là, il n'y a plus aucun doute. Babeth, tu pourrais regarder Camille trois secondes, je dois débuter Théo. Nous ne pouvons pas le laisser comme ça plus longtemps, à l'allure où il sort des conneries, il passera le mur du son et nous ne le retrouverons pas. Théo, puisque tu rêves, tu ne risques rien, et en plus je suis une femme ! Mets-toi debout et fais-moi face si tu en as une paire.

Il se leva en souriant et se campa devant Astrid, débonnaire et moqueur :

— Et alors ? C'est marrant, ça, tu ne me l'avais pas encore jouée cette scène ! Tu envisages quoi, maintenant, nabot à deux seins et à la foune rasée comme un œuf, avec un moulin à paroles à la place de la tête et une grande gueule ! Tu te retrouveras à nouveau avec le derrière à l'air. En plus, depuis que tu as viré homo, j'aimerais bien te coller au tapis pour voir si ton bazar marche toujours avec un beau gadget, comme dit Camille ! Et dans la foulée, recto verso. Ça défoule.

— Non de … Alors là, Théo ! Là … Mais là … tu me gonfles, et bien ! Vous avez tous entendu la déflagration, c'est sa grosse tête, il essaie de penser. Il m'a cherchée et m'a trouvée. Gâterie, homo, fesse à l'air, verso ! Non mais, tu nous fais quoi, là ?

Elle soupira et fit trois gestes rapides que les autres ne virent pas vraiment, mais entendirent. Théo, qui souriait toujours, grimaça doucement, son nez se mit à saigner, il porta une main à son plexus, car il ne pouvait plus inspirer, et une entre ses jambes, puis il tomba à genoux en jurant, bien qu'en hachant ses mots :

— Putain de bordel de merde ! Je ne rêvais pas ! Astrid, tu m'as massacré les couilles ! Attends une seconde. Je ne respire plus. Tu me laisses récupérer. Et tu comprendras ta douleur !

— Je peux frapper un homme à terre, grand couillon, cela ne me pose aucun problème. À présent, dis-moi, tu prendras Babeth au sérieux ? Qu'as-tu à lui déclarer ?

— Astrid ! Tu me fais vraiment, mais alors …

— Je sais ! Passe à la suite, tu es lassant en plus d'être grossier.

Théo, toujours à genoux et plié en avant, parlait avec difficulté, mais il reprit :

— Babeth, je suis désolé. Tout cela me semblait si irréel. J'étais persuadé que, comme toutes les nuits, depuis notre rencontre, je rêvais encore de toi. De nous deux. Ça n'arrête pas. Dès que je ferme les yeux, nous sommes ensemble, et j'y crois à tous les coups ! Mais à chaque fois aussi, je me réveille ! Alors je discute dans mes rêves, et j'essaie de les organiser pour profiter d'une vie avec toi. Et voilà ! Je t'aime, Babeth. Je viendrai te faire la cour, le temps qu'il faudra. Un jour, je vivrai ici avec toi, une vie magique. Tu m'as bien dit ...

— Oui, Théo, avec passion, mais j'ai mal pour toi ! Toutefois, tu as déblatéré des horreurs d'obscénités et de vulgarités. Et cette goujaterie envers tes amies est inacceptable. Tu es misogyne ? C'est insensé de ta part ! Je suis déconcertée !

— Je suis désolé, pardon, c'était juste pour provoquer. Matis, Richard, vous pourriez m'aider à me relever que je m'assoie, s'il vous plaît ? Je dois avoir l'air nul plié au milieu du salon de Babeth. Mais elle m'a mis carpette pour un moment Astrid ! Putain de bordel, je dérouille les gars !

Les deux hommes le prirent par les bras, le relevèrent avec peine et l'aidèrent à s'asseoir, Astrid lui mit un mouchoir sous le nez et lui passa une main affectueuse dans les cheveux.

— Tu t'en remettras, bonhomme ? Je crois que j'ai cogné plus fort que je le voulais, désolée. En même temps, je n'avais pas trop envie que tu aies un mouvement réflexe et que tu m'en retournes une ! Comme tu étais parti, le doute existait.

Très pâle, Théo respirait encore avec peine et se tenait le bas ventre et le plexus, en basculant son buste d'avant en arrière. Il parla doucement, espaçant ses mots pour respirer :

— Tu as eu raison, Astrid. Je le ferais aussi pour toi. Merci. Mais il ne fallait pas attendre autant. J'aurais morflé pareil, mais dit moins d'insanités. Je me suis largement, et suffisamment ridiculisé. Et vous tous, pardonnez ma grossièreté. Je me suis bien égaré ! J'aimerais pouvoir dire que c'est à cause d'un traitement, mais je n'en prends même pas, c'est désespérant ! Mais, dis-moi, vu ce que je me suis pris, ton prof doit être un mec super, non ? Du genre qui pourrait plaire à une nana aussi incroyable que Babeth ?

— Plus encore ! Un mec quasi parfait, génial, tendre, prévenant, séduisant, la totale. Il te faudra toutefois prévoir une nouvelle phase séduction, parce que là, tu n'as pas rassuré sur ta lucidité, et je passe pour le reste. Par contre pour parler de tes sentiments à une femme … Il te faudrait des cours. Tu plafonnes assez vite, c'est effrayant !

— Ah ! Nous attendrons quand même pour ça, il faut qu'elles redescendent de mes poumons avant de te côtoyer à nouveau. J'y tiens malgré tout ! Putain, Astrid, qu'est-ce que tu m'as mis !

Il se pencha à encore en jurant et grimaçant. Astrid fit une nouvelle bise à Babeth :

— Désolée pour ton homme, ma puce. Ne t'inquiète pas, elles redescendront, sans doute en version Schtroumpf, mais avec de la rééducation ça fonctionnera normalement. Pour son nez, ce n'est rien, juste un bourre-pif. C'est du solide notre Théo ! Bienvenue à La Source, Babeth, je suis contente que tu sois là. Et bravo pour avoir réussi à rendre amoureux ce célibataire de Théo, tu seras heureuse avec ce gros nounours et encore plus d'être ici avec lui. C'est un endroit idyllique, tu verras. Et pour le cas où il t'aurait plongée dans le doute avec son cinéma, sache qu'il ne sort sa cuvée spéciale couillon que pour les très grandes occasions.

Camille s'approcha de la jeune femme sur son fauteuil roulant et s'accroupit pour lui parler :

— Je voudrais savoir une chose, Babeth. C'était une manière d'exprimer que tu n'étais pas prête, ou tu veux réellement qu'il te fasse la cour avant de … Que vous … Tu vois, quoi !

— Je sais, c'est sans doute ridicule, mais je suis assez vieille France dans ma vie privée. Je tiens à ce que les formes soient respectées, l'amour le permet et le mérite.

Camille lui sourit en hochant la tête, se redressa pensive et étonnée, puis elle regarda Astrid :

— Je n'en crois pas mes oreilles ni mes yeux. Tu as entendu ça, Astrid ?

— Oui, je ne savais pas qu'il était encore possible de demander cela ! Trop forte, Babeth !

Théo remercia chaleureusement Richard pour son merveilleux cadeau avant qu'ils ne partent. Ils se retirèrent en laissant les amoureux à leur conversation muette.

Dans l'ascenseur, ils observaient Astrid avec un air étrange depuis déjà quelques instants. Indisposée par ces non-dits, Astrid pesta :

— Eh oh, c'est bon ! Si vous croyez que je ne sens pas vos regards ! Vous n'allez pas me faire un caca nerveux parce que j'ai légèrement contraint Théo à se déclarer, non ? Il fallait bien aborder le sujet et que je l'aide à lâcher son sentiment à Babeth. Couillon comme il est, il aurait été capable de la laisser repartir ! Ce n'est pas vrai, Camille ?

— Si, absolument. Mais, Astrid, c'est Théo ! Il fait deux mètres je ne sais pas combien, il doit peser dans les cent-quarante kilos de muscles. Il se bat mieux que n'importe qui et s'il me tombait dessus sans bouger, il me briserait le corps. Et toi, avec ta ridicule soixantaine de kilos toute mouillée, je n'ai pas eu le temps de voir tes gestes et tu l'as mis à terre, immobile ! Théo, à genoux ! Tu ne réalises pas, ou quoi ? Toi, Théo, tu parles, il blêmit, il est au sol !

— Ah, c'est pour ça que vous me dévisagez avec ce drôle d'air !

— Ah c'est pour ça ? C'est tout ce que tu trouves à me dire ! Ah c'est pour ça ! Marion, Lily, aidez-moi, dites quelque chose !

Marion, qui avait toujours ce regard étrange depuis l'incident s'approcha d'elle en inclinant la tête :

— Astrid, Camille a quand même raison, tu as fait ça comment ? C'est une sorte de tour de magie, ou tu as utilisé un pouvoir sans que nous puissions le voir, un truc vaudou ou ce genre de chose bizarre ? En réalité c'était déjà ça l'autre jour avec les fous, quand tu nous as sauvées, Camille et moi ! Je comprends mieux.

— Non mais, oh, les filles ! Arrêtez de me regarder comme une bête à deux têtes. J'ai appris quelques gestes de combats, c'est tout ! Marion, c'est bon, n'ajoute plus rien.

— Entendu. Mais alors, la vidéo que je ne dois pas voir, c'est pour ça ! Tu sais te battre à la manière de ces espèces de mages chinois dans les films. Tu frappes à mains nues, sans bouger ! C'est bien un pouvoir !

— Mais … c'est parfait ! Vous savez que vous êtes censés être de brillants esprits et qu'il n'y a pas de caméra cachée ? Non mais, après Théo et son délire, vous ne prévoyez pas d'enchaîner ? Si ? Lily ? Matis ? Richard ? Cela ne vous dirait pas de venir à mon secours ? Un mot sympa, un encouragement …

Richard répondit le premier :

— D'accord, je veux bien ! Mais moi qui passe sans me baisser sous les bras de Théo, je veillerai à ne pas te mettre la main au bas des reins dans un moment de distraction !

— Mais non, Richard, pas toi ! Lily, s'il te plaît, tu es rationnelle, toi !

— C'est que tu nous as drôlement impressionnés, Astrid ! Je suis cartésienne, certes, mais j'ai mes limites ! Tu as fait ce truc de fou comme moi je me gratte une oreille. Pas une mèche de travers, pas un souffle ! Je ne peux m'empêcher, à l'instar de Richard, de me dire que moi, petite Lily, je ne pourrais même pas avoir l'espoir d'éviter l'un de tes coups si je venais à m'attirer tes foudres. Et pour encaisser, je n'ai rien d'un Théo, je fais plutôt dans le genre bibelot, et cassable !

— Alors toi aussi, Lily ! OK ! Je sens que les jours prochains seront un soupçon compliqués. Mais ce n'est pas grave, ça passera, tout passe !

— J'ai vu la vidéo, donc je savais, mais te voir le faire en vrai, c'est autre chose ! Je suis très impressionné, Astrid. Et comme le dit ma Lily, je préfère être ton ami !

— Ça risque certes d'être assez long, mais ça se tassera, forcément.

— Astrid, tu m'autorises à te poser une question et je ne t'en parle plus, promis.

— Entendu, Camille, je t'écoute.

— Eh bien, vu que Théo n'est pas mort, c'est que tu peux décider avant si tu laisses vivre ou non ? Donc tu gères parfaitement ce que tu fais malgré ta rapidité ?

— Normal que tu me poses cette question. Alors oui, je parviens à gérer ma force en fonction de la situation. Et j'ai une certaine science du corps humain, comme tu le sais. Donc combinés, je suis efficace. Mais oui, j'ai dû le faire ! Tu pourras tenir ta promesse, Camille ?

— Tu décides de cela en une fraction de seconde et l'autre est mort ou pas, juste comme ça … Alors en fait, le nabot chez les fous, c'était bien un choix … pour Marion et moi, car tu savais déjà que nous pourrions compenser en assistant à son agonie. En réalité, tu gères toujours tout ! Oui, je sais, Astrid, la parole d'une amie est sacrée. Si tu as besoin de te confier, je serai là, sinon, je ne reviens plus sur le sujet. Mais si tu te fâchais après moi, qu'est-ce je deviendrais !

— Superbe. Lily, Matis, Marion, Richard, vous parviendrez à gérer ? Des questions, une connerie à sortir, ou nous enchaînons ?

Marion, qui l'observait toujours, pencha la tête de l'autre côté :

— Mais quand même, chapeau bas, Astrid. Tu es brillante quoique tu entreprennes. Une dernière chose. Tu as clairement prévenu Théo qu'il ne devait pas oublier que tu étais lieutenant. Tu m'expliques ?

— Je me doutais que je ne m'en tirerais comme ça ! Je ne vous l'ai pas tous dit, mais il se trouve que je le suis, c'est mon grade.

Elle mit la main dans son petit sac et en sortit une plaque de métal :

— Voilà mon insigne, Marion. Je le garde toujours avec moi. Je suis lieutenant dans les forces spéciales.

— Ça alors ! En plus du reste. Tu m'épates, Astrid, je n'en reviens pas. J'ai beau te connaître, je suis sidérée. Je pourrais vouloir faire comme toi, seulement même en quatre vies, je n'y parviendrais pas. Et toi en quelques mois … hop là, lieutenant !

— Toi, Astrid, tu as un vrai grade dans l'armée ! Tu veux dire identique à Théo ? Ce n'est donc pas une décoration comme je le pensais ! Je dois me réveiller, j'ai la tête qui tourne !

— Oui, Camille. Je peux mener l'équipe des forces spéciales en intervention et en prendre le commandement. J'en suis fière, et c'est un grand honneur.

— Je suis abasourdie. Tu te lances dans un truc où tu ne comprenais rien, tu y pars en serrant les fesses pour rester étanche, et te voilà lieutenant !

— Je suis comme Camille impressionnée par ta maîtrise et ton courage. Je ne sais pas comment tu peux faire tout ça, car cela ne m'est pas accessible. Tu pourrais être présidente à ma place dès demain tandis que moi je ne serai jamais celle que tu es, en rien ! Je ne te jalouse pas, tu le sais, je suis fière d'être ton amie, je t'admire profondément et te suis redevable pour l'éternité. Félicitations, Astrid. En plus tu es belle !

— Merci, Marion. Nous pourrions passer à la suite ?

— Je tiens aussi à te féliciter, Astrid, mon Lieutenant ! Tu es une femme extraordinaire, une sorte de surdouée, comme dans les fictions.

— J'apprécie, Matis. Pour tout vous dire, je craignais de parler ouvertement de ce petit succès, mais finalement ça me fait plaisir. Au début, j'ai cru moi aussi à un grade d'honneur. Une décoration, une médaille … Manière de reconnaître l'action à l'ambassade. Mais non ! Vous réalisez, moi, lieutenant pour de vrai, j'en ai pleuré !

— Je te félicite encore, Astrid, je suis … Je ne sais pas, je suis en admiration ! Tu es un sacré bout de femme. Tu fais toujours tout si parfaitement, je suis fière de t'avoir ici !

— Merci, Lily. Pour Théo, si j'avais su vous déstabiliser à ce point, j'aurais fait autrement ! En même temps, avec ce qu'il a cru judicieux d'ajouter sur moi à propos des gâteries, du recto verso et de la cochonne saphique ! En plus devant Babeth. Il m'a énervée. Désolée. Je ne voudrais pas être la cause de l'oubli de ce que Richard a fait pour nous. Je ne connais pas le mot pour dire que je suis plus que comblée, mais c'est celui qu'il me faudrait. Si je ne te fais pas peur, je pourrais te prendre dans mes bras pour te remercier ?

— Avec désir, Astrid. Tu es l'une des femmes de rêve de La Source. Tu seras à présent le seul lieutenant dont je tombe amoureux chaque fois que je le regarde, alors jamais je n'aurai peur de toi. Si je mérite une reconnaissance pour ce que tu viens de recevoir, si tu me serres contre toi pour me remercier et par tendresse, laisse-moi le temps d'en profiter, s'il te plaît.

Astrid fit trois pas vers lui, le prit dans ses bras et l'enserra, il hésita un instant puis referma les siens sur cette femme qui lui offrait la chaleur et la douceur du contact de son corps, l'intimité de ses parfums et les effluves de ses cheveux soyeux. Elle lui murmura un merci à l'oreille, il ferma les yeux, la serra plus fort, enfonça son nez dans sa chevelure, dans son cou, et une larme lui échappa. Ses amis présents étaient embarrassés de pénétrer dans l'intimité de leur instant et ne les fixaient pas en continu. Il relâcha Astrid, soupira profondément et lui sourit :

— Merci, Astrid, beaucoup. Avec ton geste, j'ai reçu l'un des plus précieux présents. De la tendresse en toute simplicité, par affection, sans rien attendre en retour. C'est grand, magique, et j'en suis extrêmement ému.

Une nouvelle larme lui échappa. Camille s'approcha de lui en souriant, ouvrit ses bras en inclinant la tête, fit un pas de plus et se lova contre Richard qui referma son étreinte sur son corps presque fluet, mais si doux lui aussi et si chaud. Il sentait sa poitrine sur la sienne, il plongea dans ses cheveux, dans la peau de son cou, remontant jusqu'à son oreille, elle lui murmura un tendre merci et passa une main dans sa nuque. Richard frémit et la relâcha. Elle recula en lui déposant un baiser sur la joue, il avait une nouvelle fois les yeux rouges.

— Camille, je ne voudrais pas que tu penses à une répétition, tu m'as offert une tendresse infinie, avec une telle fragilité et féminité qu'à ton tour tu m'as donné le plus tendre et magique des cadeaux, ton parfum, comme celui d'Astrid, restera associé à jamais à ce geste et à ce moment, ainsi qu'au souvenir que je garderai de vos cités.

Marion fit un pas en avant, hésita un instant, car elle n'avait pas cette facilité d'Astrid et Camille pour exprimer ses sentiments. Richard fit un pas à son tour et ouvrit ses bras en lui souriant. Marion vint à lui avec un large sourire et serra son corps contre celui de Richard, ferma les yeux, murmura un merci, échappa des larmes et l'enserra plus fort. Richard reçut l'échange avec d'autant plus d'émotion qu'il percevait son effort pour dépasser sa pudeur. Il cala la tête de la jeune femme dans son épaule, enfonça ses doigts dans ses cheveux, s'emplit de ses parfums et la berça contre lui tendrement. Une fois de plus, son émoi lui déroba de nouvelles larmes. Il relâcha Marion qui resta encore un instant blottie, puis elle fit un pas en arrière. Ils échangèrent un regard et se sourirent davantage en voyant leurs yeux rougis :

— Merci, Marion, je ne voudrais pour rien au monde dévaloriser mon ressenti en répétant ce que j'ai déjà dit, mais c'est un nouvel instant sublime. Je n'oublierai jamais le cadeau de cette étreinte de tendresse ni ta merveilleuse fragrance de femme.

— Richard, ce n'est pas facile pour moi, car je suis assez introvertie, mais je dois reconnaître que ce genre d'échange est d'une ardente intensité. C'est nouveau pour moi et … c'est puissant, je regrette de ne pas être comme Camille et Astrid. Mais quel pied !

— Merci à toutes les trois pour ce témoignage de votre plaisir. J'espère que vous serez bien dans vos Cités. N'hésitez pas à me faire part de vos commentaires, de vos idées et demandes, je ferai au mieux. Avant de vous quitter, je voudrais vous dire une chose étrange pour moi, que je ne saurais formuler qu'en étant sur le point de me retirer. Je suis spécial, c'est ainsi. Alors voilà, il s'agit d'une nouvelle me concernant. Je vous informe que votre architecte préféré s'est engagé dans une relation avec une femme depuis quelque temps et il semblerait que ça puisse durer.

Astrid sourit et s'approcha de lui en le questionnant :

— Richard, tu ne prévois pas de nous faire un revirement à la Théo ! Toi, engagé dans une relation ! Tu ne serais pas en train de croire que tu rêves à cause des étreintes ?

Richard la regarda dans les yeux puis, soudainement, recula d'un pas en portant dans un mouvement réflexe une main entre ses jambes et l'autre devant son nez :

— Je suis tout à fait éveillé, Astrid. Je l'aime et c'est réciproque. Pas de souci. Matis peut confirmer. Hein, Matis, que c'est vrai ?

— Bonjour l'image ! Je voulais te faire un bisou pour te féliciter, juste un poutou, Richard. C'est agréable !

— Alors tu t'es lancé, Richard, ça y est, avec M … ?

— Oui, Matis, c'est Mylène, nous avons discuté et ça marche. Elle veut garder son appartement par précaution, donc nous alternerons notre temps de vie commune, moitié dans Cité-Richard, le restant à son logement. Merci, Matis, tu es un véritable ami !

Matis lui fit une accolade. Richard leur envoya un clin d'œil, sourit et les quitta. Les trois amies se regardèrent en souriant, Marion s'adressa à Camille et Astrid :

— Les filles je dois vous laisser, j'ai envie de me plonger dans cet incroyable univers qui nous a été offert. Je ne sais pas pour vous, mais je ne parviens pas vraiment à réaliser ce qui m'arrive. C'est comme si je devais accepter l'idée de devenir une princesse dans un monde enchanteur ! J'ai une piscine, un parc et une immense maison !

— C'est pareil pour moi, mais en vérité, Marion, j'en ai presque la grosse angoisse ! Mon appartement est si petit et ma Cité-Camille si vaste !

— Précisément. Mais je n'osais pas l'avouer, à cause du ridicule. Seulement, ma réalité, c'est que j'ai peur d'avoir la pétoche ! Je suis nouille, je sais bien, mais, c'est … moi !

— Je suis comme vous les filles, je crains d'avoir une crise la nuit, dans cet immense volume. La journée, pas de souci, je me mettrai à poil et me promènerai partout. Si j'éteins, il y a ma phobie, mais je ne pourrai pas vivre au soleil permanent, je deviendrais folle !

— Astrid, si tu le veux, nous pourrions peut-être ne pas rester seules cette nuit ! Je suis bien avec toi. Je n'ai pas envie que nous soyons séparées. S'il te plaît. Enfin, si cela ne t'ennuie pas.

— Mais oui que je le voudrais, Camille. En plus, y vivre avec toi, dans cet univers magique, en totale sécurité et nues en permanence … Tu n'as pas intérêt à refuser.

— Oh, merci, Astrid, que je suis contente ! Et c'est génial, car nous serons hyper heureuses. Seulement … Marion, nous ne sommes certes pas dans la même intimité avec toi, mais nous avons déjà partagé beaucoup, y compris notre lit. Alors si tu es plongée toi aussi dans le doute à cause de ce changement si radical, et si tu le désires, je t'invite. Tu peux rester dormir ici. Je t'aime bien, tu le sais.

— Oh, mon Dieu, oui que je le veux, merci ! Non, je ne dois pas. Sauf si … Astrid, tu me supporterais ? Si c'est non, aucun souci, promis. Je suis parfois collante, pesante et … pas marrante. En plus, je risque de vous gêner dans votre liberté ! Nous en parlerons pour une autre nuit.

— Nouvelle technique, Marion ? Tu fais les questions, les hypothèses, et les réponses ! La bonne conclusion, c'est : aucun souci pour moi, Marion, tu es une fille sympa, nous avons déjà dormi ensemble plusieurs fois en toute quiétude et compatibilité, ça marche pour moi. Sans vouloir être triviale, tu sais pour Camille et moi, alors nous ne nous cacherons pas en étant chez nous, tu t'en doutes. Je ne voudrais pas que tu sois mal à l'aise. Tu le comprends ?

— Oh merci ! Que je suis contente, mais que je suis heureuse ! J'ai cru qu'avec nos domaines, vous ne me proposeriez plus comme dans les appartements ! J'en avais pourtant tellement envie, mais je ne sais pas demander, et pas trop avouer ! Une maison de rêve avec un parc et une piscine, des amies avec qui partager mon quotidien, un travail génial, je suis heureuse ! Nous pourrions dormir à tour de rôle chez l'une et l'autre, et si une nuit l'une de nous a de la compagnie, le duo restant ne restera pas seul pour autant. Pour vous deux, aucun souci, même … au contraire, je vous adore.

— Alors c'est entendu pour moi. Camille ?

— Évidemment que oui ! Mais, les filles, les histories nunuches de nanas, genre disputes, remarques, agressivités, compétitions, jalousies et tout le reste, c'est interdit, strictement prohibé, même avant ou pendant les ragnagnas ! Je vous invite chez moi pour le premier soir, filez chercher vos affaires. Je nous commande un repas, le réfrigérateur est vide, j'avais regardé ! Et piscine obligatoire, sans maillot, Marion.

C'est ainsi que Marion conforta sa place au sein du duo, de manière continue, durable et plus intime. Elle laissa sa vie de quasi-solitude dans son appartement et se découvrit une nouvelle personnalité, aimant plaisanter, papoter, rire, chahuter, être nue sans pour autant être seule, partager des activités, des câlins, des secrets, et la nonchalance.

De retour à Cité-Lily, Matis prit Lily par la main, la dévêtit et fit de même, puis sous prétexte d'une promenade de détente, la conduit à proximité de la piscine où il lui présenta un magnifique four en pierre plate à l'identique de celui de Richard. Après un instant consacré à l'admiration, il l'emmena jusqu'au fond où il posa sa main contre le mur d'image pour déclencher l'ouverture d'une porte. Il regarda Lily en souriant et la tira à l'intérieur, fit une pause, lui passa des chaussures et ils entrèrent dans une pièce noire. Lily soupçonna qu'il s'agissait d'une surprise coquine, il ne lui répondit pas et lui demanda de se laisser faire. Elle sentit Matis lui prendre un pied, puis l'autre, et il alluma la lumière, ils étaient au-dessus d'une piste de ski, chaussures aux pieds. Matis donna le top départ et ils se lancèrent, nus et riants, Lily s'amusait, radieuse, Matis l'admirait, la descente durait et le plaisir aussi.

— Matis, je ne sais pas pour toi, mais c'était quasi extatique !

— Avec toi, c'est phénoménal, ma Lily.

Ils montèrent au niveau trois, et il lui montra le vide pour les acrobaties, la salle de golf ou de rallye, puis au second la fit entrer dans une nouvelle pièce sombre.

— Tu veux faire un parcours, Matis ? Je peux certes t'accompagner, mais je ne sais même pas tenir un club, quant à un swing à la Marion …

— La salle des sports est au-dessus, ici c'est autre chose, observe.

La lumière inonda avec douceur le volume et quasi simultanément, Lily sauta de joie sur place en applaudissant, découvrant une installation de thalassothérapie plus complète que la précédente, avec spa, hammam, sauna, douche, bain, table de massage, le tout dans un raffinement très féminin et plein d'une technologie chère à Richard.

— Il n'y avait pas trop de raisons que nous n'ayons pas le nôtre, de cadeau ! Et il en reste un dans notre maison, tu verras, ma Lily, c'est pour voyager dans la détente.

— Cité-Lily est un paradis absolu, je n'imagine même pas ce que je pourrais souhaiter de plus. Tu sais, parfois je pense que nous abusons de la situation, mais en réalité, malgré l'enfermement et le stress lié à notre projet et son arrière-goût de fin du monde, nous sommes en équilibre et heureux. Donc, la structure créée par Richard est d'une efficacité remarquable et son caractère luxueux contribue à ce que nous ayons une chance de réussir. Matis, tu prendrais un sauna avec moi ?

Après notre séance sportive cela serait agréable, et … la table de massage, les grands miroirs ! L'ambiance est propice à ce que tu aies envie d'être coquin, de me harceler, et je céderais … Qui saurait prédire !

— Ma Lily, et si je demandais à Astrid de me faire un petit virus, du genre qui te rendrait obsédée, entreprenante, insatiable, et incapable de me refuser quoi que ce soit ! Je n'y avais pas pensé, mais tu imagines ce changement de vie ? En plus tu serais contente !

— Mais enfin ! N'essaie pas un truc comme ça, Matis, je ne dis quasi jamais non, alors … Crotte ! Celle-là, c'est l'idée débile du jour.

— C'était pour te détendre, une blaguounette ! Je t'aime. Allonge-toi.

Lily s'installât sur la table de massage et il lui huila le corps :

— Tu as donc aidé Richard ? Il s'est confié à toi, car il hésitait ?

— Oui, un début de panique émotionnelle, mais assez classique, surtout à leur âge.

— Matis, tu es tout de même un drôle de mec. Tu as secouru l'amant de ta femme qui s'est de toute évidence confié à toi en tant qu'ami ! Je dis respect, Monsieur Lescure.

— Je t'ai dit que j'étais en apprentissage avec toi comme professeur et modèle, ma Lily. Je t'ai vue agir avec Marion et tu as été remarquable. J'applique et j'essaie d'être à la hauteur. Et un jour, sans trop t'en rendre compte, tu découvriras que je ne suis plus un vieux machin, ni un macho, ni un coincé. Je t'aime, ma Lily.

— Moi aussi, Matis. Tu es un mari formidable. Je t'adore.

— Ma Lily, je m'interroge. Astrid, Camille et Marion, installées à l'abri dans l'une de leurs cités, à se côtoyer et se toucher sans cesse, tu ne crois pas qu'elles feront naturellement l'amour à trois ?

— Badaboum ! Tu es terrible, à chaque fois c'est la même chose. Tu brilles avec facilité et dans les secondes qui suivent, tu … Il faudrait que tu travailles la durée, Matis.

— Tu te moques de moi, mais en attendant c'est elles et pas moi dans ce plan hyper torride ! Tu les imagines, à trois ? Nous pourrions peut-être nous amuser à être un peu voyeurs depuis notre installation qui voit tout en haute définition.

— Matis ! Je t'interdis de faire une chose comme celle-là, même d'y penser.

— Mais je plaisante en fantasmant, ma Lily. Le jour où je les regarderai, il faudra que tu sois avec. La vision d'Éden sublimée s'offrirait à moi.

— Tu sais quoi ? Tu as un côté assez effrayant, malgré tout, Matis !

Le lendemain, le petit groupe du haut comité partageait le déjeuner à l'espace vert, assis en rond au bord de l'étang. Ils étaient en paix, et lorsque personne ne parlait, aucune gêne inutile ne venait les perturber, il prenait ce silence et le partageait. Lily leur adressa un sourire et :

— Je souhaiterais vous poser une question en toute simplicité, bien qu'elle n'ait rien de simple ! Je ne veux surtout pas culpabiliser qui que ce soit, j'ai juste besoin d'en parler.

— Je n'aime pas trop lorsque tu fais des circonvolutions, Lily. Habituellement tu trouves toujours un moyen détourné d'être directe sans en avoir l'air ! Que se passe-t-il ?

— Ne t'inquiète pas, Camille. Je ressens un mélange de tristesse, d'incompréhension, d'embarras et de honte, car j'ai pensé à cet homme qui est mort lors du guet-apens organisé par les maniaques. Cet interne a perdu la vie, parce qu'il s'est joint à nous et ne le connaissais même pas ! J'ignore son nom, s'il était seul, son âge, je ne sais rien de lui en fait ! Et toute soulagée que je le sois encore que nos trois amies soient avec nous malgré ces gens malsains, je n'ai pas songé à m'y intéresser. J'éprouve le besoin de le confesser, car j'en suis vraiment mal à l'aise. Et choquée. Je me heurte trop souvent depuis quelque temps !

— Ma Lily, je n'ai pas fait mieux, et j'en suis navré, mais en toute sincérité, nous ne pouvons pas être proches de tous les habitants d'une ville ! Cela n'est pas possible à l'extérieur et pas davantage ici.

— Matis a raison, Lily, et toi d'en être peinée, certes, mais il dit vrai. C'est émotionnellement et humainement impossible, temporellement et physiquement aussi. Je ne connais pas les noms de tous les hommes des forces de La Source alors que je suis pourtant leur lieutenant. Pour y parvenir, il faudrait que ça soit ma mission, mais ce n'est pas le cas.

— Je suis d'accord avec vous deux, j'ai déjà eu ces pensées lorsqu'il y a eu un accident lors de la construction. Je ne sais pas qui, ni même comment ! Il faut apprendre à accepter d'avoir des limites, Lily, et elles sont parfois totalement inamovibles, ou elles le sont, mais demandent à ce que tu changes tes priorités. Par conséquent, tu ne fais que déplacer le souci, car ainsi que l'expliquait Monsieur Devos, il y a toujours un bout au bout du bout, il en est de même avec tes limites.

— Merci, à vous trois, vos paroles m'aideront au fil du temps. Marion, tu es avec nous ?

Marion n'avait pas bougé et tentait de ne rien laisser paraître, mais les larmes coulaient sur ses joues, abondantes. Elle gardait les yeux rivés sur son repas pour ne pas affronter les regards. Camille se leva, fit un signe à ses amis de ne pas bouger et saisit Marion par les épaules. Elle l'invita à se lever, puis elle l'emmena à l'espace vert marcher au bord de l'eau.

Une fois les deux femmes éloignées, Lily reprit, contrariée :

— J'ai peiné Marion ! Je suis désolée, j'ai été légère ! J'ai pensé à mon besoin de me confier en méprisant totalement la souffrance de mes amies ! Décidément, je deviens faillible. Et je me déçois une fois de plus.

— Lily, je suis parvenue à les secourir, mais avec un temps de retard sur l'agression. Je sais toutefois ce qui s'est passé ce jour-là, et je dirais que c'est assez semblable humainement au drame de l'ambassade, et sans doute pour Théo et ses hommes lors du carnage au couteau. Les contextes et les dimensions diffèrent, mais seuls ceux qui l'ont vécu peuvent comprendre, et tu n'y étais pas. Tu peux tenter d'imaginer, tu as de la compassion, de la peine, mais sans l'expérience, tu ne saurais te reprocher cette différence. Lors de ton agression, qui est aussi d'une dimension différente, je pense que tu as perçu cela, non ?

— Oui, tu as raison, Astrid, et d'y repenser … j'en ai déjà une boule au ventre ! Mais comme tu le dis, le niveau de violence est un facteur important que je ne connais pas.

— Moi si, j'en ai à présent le vécu, et je te confirme que le contexte et le degré de haine sont autant de puissants coefficients. Théo en a une approche forcément encore plus terriblement précise.

Théo hochait la tête en l'écoutant, et il l'observa, pensif, puis :

— Tu l'exprimes avant tant de justesse, Astrid, que tu rends identifiable un sentiment affreusement confus. J'en arrive à mieux assimiler ce qui me hante souvent.

— Alors nous en reparlerons, mon Théo, promis.

— Astrid, si à son retour je lui demande pardon, c'est implicitement en reparler, mais si je ne dis rien, elle croira que je ne m'intéresse pas à elle. Tu peux m'aider ?

— Il est impossible d'effacer ce qui est arrivé, Lily, sauf peut-être un jour avec nos fameux virus. Alors ce qui serait le moins pire … c'est de ne pas lui faire ressentir que nous la traitons différemment. Nous reprendrons simplement notre conversation, elle sa place, et la vie continuera. Elle doit apprendre à ranger ses émotions, ou à vivre avec ce genre de chute. Il s'appelait Maxim Paulnie, vingt-sept ans. Il était sur le point de devenir chirurgien et son amoureuse était une infirmière du centre. Elle est effondrée, mais ses amis et collègues veillent sur elle. Il a été exécuté à titre d'exemple pour avoir voulu s'interposer.

— Un jeune homme ! Maxim. Si vous m'entendez, Maxim, sachez que je pense à vous, et je vous suis reconnaissante d'avoir fait perdre quelques précieuses minutes à ces détraqués, vous avez certainement sauvé les vies de Camille et Marion. Merci de tout cœur.

Les autres répétèrent, sans se concerter. Camille et Marion revenaient doucement et reprirent leur place. Camille les interrogea :

— Il s'appelait Maxim, alors ? C'était ce gentil garçon qui a donné sa vie pour nous ?

— Oui, Camille, et ne t'inquiète pas, j'ai veillé à ce qu'il soit bien accompagné pour quitter notre Terre. Je l'ai remercié, pour toi, pour Marion, pour Jolha, pour moi, et pour tout le monde, car sans toi le projet n'arriverait pas à l'heure.

— Merci, Astrid. Tu es si parfaite que je ne devrais plus jamais te faire une réflexion ni être jalouse ou boudeuse !

— Hop là ! Vous avez tous entendu ? Je saurai te le rappeler, et c'est l'une de tes meilleures idées. Je l'accepte.

Marion semblait presque essoufflée tant elle était oppressée et parla lentement :

— Astrid, je te dois la vie ce qui est plus que tout, mais je tiens à te remercier pour ce que tu as fait pour ce jeune homme et d'avoir parlé aussi en mon nom.

— Je savais qu'en temps normal vous l'auriez voulu autant l'une que l'autre.

— Mais enfin, Astrid, tu viens de me dire que … Ah non, pas toi, c'est vrai ! Alors, voilà donc celle que je deviens ou que j'ai toujours été ! Vous voulez que je vous dise, je crois que je vieillis mal, mais je dois m'assumer, c'est moi !

Astrid balaya la baisse de moral de Lily d'un sourire et se tourna vers elle, enjouée :

— Lily, comme nous ne pouvons pas compter sur les hommes pour nous offrir une petite digression salvatrice, et puisque Camille et Marion sont plus secouées qu'à l'accoutumée, que dirais-tu si je te proposais que toi et moi prenions en charge ces gamins ? Un délire qui déchire, chiche ?

— Avec n'importe qui je réponds d'accord pour une folie. Je suis même demandeuse. Mais avec toi, Astrid …tu places facilement la barre très haute pour une petite Lily, qui est parfois si prude, si effarouchée et coincée …

— Tu me la présenteras ta pucelle, mais un autre jour, là j'ai besoin de Lily ! Le dernier à l'eau … Tu choisis le gage, Lily.

— Ça marche. Je décide que … celui qui n'est pas dans l'eau à poil d'ici une minute sera privé de ses vêtements et devra se débrouiller pour rentrer chez lui tout nu !

— C'est bon pour moi. Top départ : un … deux … trois, c'est parti.

Elles se levèrent comme des ressorts, imitées par Richard et Théo, et ils commencèrent à se dévêtir. Matis les regarda, incrédule :

— Non mais, oh ? C'est une blague ? Ma Lily ? Tu n'envisages pas sérieusement de le faire ? Mais ! Ma Lily, ça suffit, tu …

— Tu tu … Toi tu perds du temps, tu auras l'air malin à poil dans les couloirs !

— Mince alors, mais vous êtes givrées ! Complètement secouées !

Il se leva et quitta ses vêtements en râlant. Camille et Marion les regardaient, étonnées, puis amusées, elles rirent lorsque Lily se trouva totalement nue avec un grand sourire, suivie de peu par Astrid qui bondissait sur place en les attendant. Elles se regardèrent, et comme une seule quittèrent leurs habits sans se lever. Astrid leva un doigt :

— Écoutez ! Je crois qu'un orage se prépare, j'entends grogner, pardon, gronder !

— C'est mon vieux machin, Astrid ! Il grince parfois !

— Non de Dieu, alors voilà qu'à présent je couine comme une antiquité ! Elles ne perdent rien pour attendre les deux comiques ! En plus à poil ! Non mais … ça va chauffer pour vous !

— Cela dit Matis, c'est vrai que tu râles beaucoup ! Et tu continues.

Marion lui fit la remarque en souriant, alors que Camille veillait à rester neutre, puis elles partirent au pas de course en se tenant par la main et se jetèrent dans l'eau sans marquer de temps d'arrêt. Richard s'élança, Théo juste après.

Seul et maintenant dévêtu, Matis pestait encore :

— Ma Lily me dit devant tout le monde que je grince, Astrid que je bougonne, Marion que je rouspète … Et elles me font mettre cul nu ! Mais crotte à la fin !

Il s'élança dans l'eau pour le cas où elles auraient eu l'idée de le chronométrer. Les autres nageaient déjà, Astrid et Théo faisaient une course de vitesse, alors que Richard, Lily, Camille et Marion coulaient une brasse paisible. Marion, qui découvrait la baignade naturiste en groupe, et le pouvoir de cette eau, ne cessait de s'émerveiller. Après une cinquantaine de mètres, Matis lâcha juste « ah oui, quand même ! », puis il retint un sourire béat de bien-être encore quelques instants, pour la forme.

— De toute façon, comme ça je les ai vues à poils les pin-up, ces coquines. Et je ne suis pas râleur. Ni vieux machin, ni … rien d'autre. Faudrait arrêter avec ça. C'est vrai, ça devient pénible !

CHAPITRE 40

Les trois amies étaient chez Camille, en sécurité totale. Bercées par un profond bien-être, elles souriaient, riaient et partageaient. Plusieurs fois Astrid demanda à Marion de la laisser participer aux préparatifs, car celle-ci semblait vouloir qu'elle se prélasse. Constatant que rien n'y faisait, Astrid les abandonna dans la cuisine et se rendit à la piscine.

— Je t'énerve sans doute parfois, Camille, et je suis consciente d'être souvent fébrile. J'essaie de me contrôler, mais cela ne suffit pas, je le sais et je me vois. J'espère que tu me supporteras en ne te fâchant pas. Il me faut du temps, c'est tout.

— Et si, au lieu d'attendre que l'usure fasse son hypothétique travail, tu me disais ce qui te met dans cet état ? Nous sommes amies, tu devrais, c'est plus sain et plus sage.

— Tu as raison, merci. Pour commencer, il y a cette fabuleuse cité qui m'a été offerte alors que je suis une chercheuse ordinaire. Mais Lily m'a accordé sa confiance et confié un poste. Je n'ai jamais vécu qu'en appartements, souvent petits, même enfant. Ensuite il y a vous deux, femmes exceptionnelles, qui m'acceptez, ça fait beaucoup à gérer.

— Marion, je ne suis pas … Enfin bref, mais tu oublies l'idée que je puisse me contenter de ces explications. C'est certes la vérité, si j'écarte la vision que tu as de moi, mais totalement hors sujet ! Aucun doute.

— Ah ! C'est que … je suis plutôt coincée comme fille, Camille. Mais bon ! Je vis seule depuis que j'ai quitté la maison de mes parents, j'ai couché jusqu'à en avoir assez, j'ai eu quelques amourettes, amours aussi, non ou mal partagés. Néanmoins, avec le recul, je peux dire que j'ai vécu seule. J'ai enfin l'espoir d'y mettre un terme, car vous m'avez accueillie. Je touche ce fantasme du bout des doigts. Pour moi, cela signifie que je parviendrai peut-être à ne plus être une sorte de comédienne de ma vie. Je pourrais la vivre. Tu comprends, Camille ?

— Oui, hormis cette étrange question.

— Parfois, je pleurais en prenant mon thé le matin, en regardant mon mur de cuisine, ou sous la douche. Même aux toilettes, comme ça, dans le silence d'un appartement vide. Je peux avoir mauvaise haleine, péter, être grossière, oublier le ménage, faire ce que je veux ou rien du tout, jamais un reproche. Ni un compliment. Ni un mot de tendresse. Ni une caresse inattendue ou à repousser.

— C'est terrible et je partage, Marion, c'est ma vie que tu racontes.

— Toi ? Tu pratiquerais cette horreur ?

— Oui, un matin je lui ai même jeté mon bol de thé à la tête à mon mur de cuisine. J'ai en mémoire chaque millimètre, avec les dessins imaginaires, et il ne bouge jamais ni ne me répond.

— Tu connais ! Désolée, Camille. Et puis il y a notre agression. Toi seule sais ce qu'ils m'ont fait, toi seule les as vu s'acharner sur mon corps, toi seule avais ton regard planté dans le mien pour me dire que tu partageais ma souffrance pendant qu'ils te faisaient aussi du mal, que tu étais là, que je devais être forte, et tu me montrais qu'il fallait serrer les dents et ne pas se débattre. C'est la seule chose qui m'a permis de tenir sans devenir folle ou me laisser mourir. Avec toi je n'y pense plus, je ne me dis pas si elle savait … Tu sais ! Tu crois que c'est parce que je suis encore sous le choc, ou faible ?

— Non, tu as souffert, tu es traumatisée, avec moi tu n'as à te justifier de rien ni à jouer la comédie, car je le ressens aussi, Marion. Et tu es forte, Marion, non seulement tu en sors indemne, mais souffles et observes ta vie depuis. Tu t'es reconstruite, tu travailles, tu partages, tu as des amies, tu t'amuses !

— Merci, Camille. Et puis il y a Astrid. Elle m'a sauvé la vie, comme à toi, et nous ne l'avons pas aidée. J'en ai toujours honte ! Elle m'a empêchée de torturer le gros, je pouvais le faire Camille, j'étais ivre de fureur et de vengeance, mais elle a géré, heureusement. Et avec le nabot elle nous a permis d'assouvir et d'atténuer nos souffrances. J'ai tenu, pas lui. Cela m'a allégé d'une énorme partie de mon supplice. J'arrive parfois à ne plus y penser.

— Aucun doute à avoir. J'ai pu lui dire mon mépris avant qu'il ne meure, je me suis lavée. Astrid est une étoile, elle n'a pas hésité à prendre sur elle la salissure pour nous délivrer de la nôtre. C'est Astrid. Un phénomène inexplicable. Je ne suis quasi plus traumatisée, Marion.

— De pouvoir en parler avec toi presque sereinement, je sens que je pourrais y parvenir aussi, mais il me faut du temps. Le gros porc m'aurait mangée, j'ai eu si peur ! Je ne lui ai pas demandé son pardon, j'essaie, mais je bloque.

— Je ne l'ai pas fait non plus, mais je ne doute pas qu'elle comprenne.

— Dans mes délires, je m'imagine ne pas fuir et l'aider, je les frappe comme elle, je les raille et les provoque de la même façon. Mille fois je l'ai déjà fait. En réalité, si je n'avais pas fui lorsqu'Astrid l'a ordonné, ils m'auraient tuée. Je n'ai pas son courage et encore moins sa volonté et sa force. J'étais morte de peur et j'aboyais de loin.

— J'ai agi à l'identique et le referais. Je regrette juste d'avoir contraint Astrid à le répéter. Et nous ne pouvons que constater qu'elle avait raison, nous devions fuir. Nous sommes vivantes toutes les trois, pas eux. N'aie pas honte de cela, Marion. Nous avons fait les bons choix malgré une situation terrifiante.

— C'est bon et beau ce que tu dis, Camille. Tu me fais du bien. Tu as reçu une formation particulière pour gérer ou c'est ce que tu ressens ?

— J'aurais aimé. C'est Astrid qui m'a expliqué.

— Forcément ! Camille, tu y arrives encore à … avec les hommes ?

— Ma réponse est aussi simple que rapide, Marion, pas un seul depuis. J'étais hétéro avant, bi dans ma nouvelle vie à La Source, à présent … lesbienne ! Incroyable, mais vrai. Je ne sais pas si c'est définitif, mais je le suis de corps et d'esprit. C'est d'ailleurs étrangement contradictoire, car dans ma tête je ne me crois pas attirée par les femmes. Et toi ?

— J'ai refait l'amour avec Matis alors que je pensais ne pas y arriver. Mais pas un seul autre homme. Toutefois, après cet essai, pourtant réussi, j'ai dit non à Matis, ce n'est plus pareil.

— Tu peux m'en parler, Marion. Tu gères comment, onanisme, prothèse, femme ?

— Houlà, non ! Je suis moins courageuse. Abstinence, Camille. J'ai essayé sous la douche, mais j'ai pleuré une fois de plus. Je crois que c'est mort pour moi.

— Mais non ! Écoute ton corps. Lorsqu'il te demandera, tu diras à tes yeux de se fermer le temps d'offrir à ton ventre ce qu'il te réclamera.

— Je le ferai, tout est simple avec toi. Je dois te confier autre chose.

— Je t'écoute, Marion, poursuivons, cela nous fait du bien.

— C'est pendant que les hommes me maintenaient sur la table. Je les ai entendu parler de nous, et dire tu es plus belle que moi. Puis lorsqu'ils ont vu Astrid dévêtue, que j'étais moche.

— Je crains la suite, mais je suis tout ouïe.

— Ce n'est pas une découverte, je ne suis pas jolie, c'est comme ça ! Tu crois que c'est pour cela que je suis toujours seule à mon âge ? Sincèrement, Camille, ne me trompe pas. Je regarde peut-être des gens trop beaux pour moi.

— Je serai sincère, donc tu ne me fais pas l'offense de ne pas me croire. Astrid est plus belle que toi, c'est vrai. Elle l'est plus que moi aussi, c'est ainsi. Ni toi, ni moi, n'y pouvons quelque chose, mais Astrid pas davantage. Pourtant elle me regarde, me désire et elle m'aime ! Alors, oublie ton histoire de sélection physique. Et tu n'es pas moche, tu as du charme et dès que tu es souriante, tu es jolie, Marion, vraiment. Avec Matis, vous n'avez pratiqué qu'en levrette ? Ou peut-être qu'il fermait les yeux durant vos séances et semblait distrait ?

— Ah ça non, loin de là, au contraire il … ! C'est vrai, il me désire. Il m'a caressée avec tendresse et fait l'amour plein de fois alors qu'il a Lily pour épouse. Tu es une amie précieuse, Camille, j'ai l'impression de m'épanouir à chaque minute passée auprès de toi. Je ne voudrais pas abuser, mais …

— Que souhaiterais-tu me dire ? Tu as un stock, Marion ! C'est normal, tu vis seule. Le plus facile étant sorti en premier, et ce n'était déjà pas rien, ce qui reste doit être compliqué à gérer.

— C'est ça ! En fait c'est affreux ce qui m'arrive. Terrible.

— À ce point ? Tu es enceinte ?

— Ce n'est pas mieux que si un des fous … Bref. J'ai pour la première fois de ma vie une vraie amie. En plus, j'ai noué avec elle des liens dépassant ce qu'une normale offre. C'est toi, Camille. Et … voilà !

— J'espère une suite, parce que sans quoi, l'horreur, c'est moi !

— Oh non, Camille, c'est moi ! Mais pas exprès, je te le jure.

— Que tu me le dises me suffit, Marion. Et fais-moi confiance.

— J'ai foi en toi, c'est justement pour ça que je me tourne vers toi, afin d'avoir ton avis, car je suis incapable de gérer ce qui m'arrive, ou ce que j'ai fait, je ne sais plus. Camille, je te supplie de me pardonner. Je peux m'agenouiller si tu veux. Je t'ai trahie ! Ne me frappe pas.

— Comment ça ? Tu as raconté ce que nous avons vécu toutes les deux ? À qui ?

— Non, ça jamais ! Non, c'est que … je suis quasi certaine, enfin je sais que … depuis le nabot et notre cauchemar, je suis amoureuse, Camille ! Je n'arrive pas à me raisonner, c'est plus fort que ma volonté. J'ai beau me répéter que dès que mon traumatisme diminuera cela s'atténuera jusqu'à redevenir une relation normale, mais je t'ai trahie, car je suis profondément amoureuse … d'Astrid !

— Ouille !

— Ne me mets pas dehors, Camille, je n'ai personne d'autre que toi pour me confier. Mais malheureusement, c'est toi, et toi !

— Ah ! Zut et crotte, il ne manquait plus que ça ! Mais tu lui as dit ?

— Bien sûr que non ! Tu es mon amie. Mais je sais qu'elle pressent quelque chose. Je crois qu'il m'arrive de l'énerver, car je dois être un chouya collante. En plus ça fait mal.

— Ah ! crotte et zut ! Mais tu es bi ?

— Ah non ! Jamais de la vie, pas un seul contact avec une femme, ah ça non !

— Voilà qui est prometteur ! Et tu envisages une issue de quel genre ?

— Mais justement, aucune ! C'est pour ça que je t'en parle, je deviens folle. Ou alors je le suis déjà, mais je ne m'en rendais pas compte à cause du traumatisme, c'est possible.

— Tu n'es pas démente, Marion, pénible oui, c'est évident, mais pas dingue. Tu es amoureuse, tu perds pied, c'est une femme et en plus la maîtresse de ton amie ! Plouf ! Je connais ça aussi bien que le mur de la cuisine. Tu en baveras quelque temps, Marion.

— Ah ! Forcément. Je me doutais que tu n'aurais pas une solution miracle. Mais je ne veux pas vous perdre, moi ! Je fais quoi et comment, Camille ?

— Tu remues pour ne pas que ça brûle et tu mets une pincée de sel.

— Hein ?

— Tu touilles, dépêches. Je prépare une tarte au citron. Astrid adore. Tu aimes ?

— Oui beaucoup. Mais tu … Enfin … C'est tout ce que tu as à me répondre ?

— Non. Tu dois presser les fruits pendant que je finis la pâte. Nous sommes amies, tu t'es confiée, je n'ai pas de solution, mais en parler soulage, alors il faut faire dans le simple, comme ça nous pourrons nous livrer à chaque fois que nécessaire.

— Mais c'est de toi que je devrais être amoureuse, tu es juste parfaite ! Je ne suis qu'une paumée à côté de toi !

— Je n'ai pas de remède, mais j'ai un avis, Marion.

— Oui ? Je t'écoute, tu peux l'envoyer, je me doute que ce n'est pas de nature à me faire rire, mais je le prends.

— Tu devrais essayer d'être amoureuse d'une personne disponible. Tu es adorable, tu trouveras ! Parce que Matis … Astrid … moi qui t'apparais comme une meilleure idée … Cherche, ce n'est guère caché !

Marion resta interdite en fixant Camille. Elle découvrait une évidence. Son amie la lui avait montrée en toute simplicité. Elle songea à son mur de cuisine, à Lily et Camille !

— Je n'avais pas réalisé ! Tu dois avoir du mal à y croire tant c'est évident, mais je …

Elle ne put finir sa réflexion, car elle sanglotait, sans cacher son visage. Avec Camille, la dissimulation ne lui effleurait plus l'esprit. Elle remuait les ingrédients, pleurait et marmonnait :

— Je suis aussi conne qu'une valise à roulettes ! Je suis donc juste une calamité. Mais pourquoi moi ? Qui décide ? Qui choisit ? J'aurais voulu être belle et intelligente, mais non, conne et moche !

— Relax, Marion.

— Avec mes titres de chercheuse et de présidente, je me la pétais un peu en douce, quoi que j'en dise. Crotte de nez. Moi, moche et conne. La dégringolade ! Camille ?

— Je suis là, Marion.

— Je ne peux pas changer juste parce que je pense que ce serait mieux, même la conne que je suis sait que ce n'est pas possible. Tu voudrais bien ne pas le dire à Astrid ?

— Mais c'est à toi de lui révéler que tu es amoureuse d'elle, pas à moi. Il s'agit de tes sentiments.

— Mais non, tu ne lui dis pas que je suis conne. Peut-être qu'elle ne le sait pas. Elle ne fait pas toujours attention à moi.

— Je préfère te laisser évacuer, Marion, tu en as besoin. Et ici, chez moi et avec moi, tu peux tout lâcher, tu es à l'abri. Mais je ne suis pas d'accord, tu n'es ni conne ni moche. En attendant, tu remues. Si ça brûle, panpan cucul et au coin.

Marion se tut et tourna la cuillère dans la casserole en pleurant plus doucement. Astrid arriva dans la cuisine, dans un pagne transparent, car détrempé :

— Les filles, j'ai nagé comme une forcenée. Je me suis défoulée, puis je me suis juste laissée flotter, en sécurité, nue, libre, les yeux fermés, en paix totale … j'ai pu mettre mes sens au repos … Le méga pied ! C'est le paradis.

Astrid mimait sa position sur l'eau en ouvrant les bras et elle tournait sur elle-même en racontant. Puis elle croisa le regard de Marion qui baissa instantanément ses yeux rougis :

— Oh non, vous vous êtes déjà disputées ! C'est nul les filles. Bécasses ! Nous avons plus que ce qu'il faut pour être heureuses, comme jamais, et vous vous chamailliez ! En plus c'est probablement pour une niaiserie. Laquelle de vous deux qui est partie en vrille ?

— Ni l'une ni l'autre, Astrid. Marion et moi ne nous sommes pas querellées, au contraire, nous nous adonnions aux bienfaits des confidences et Marion s'en trouve émue. Je t'assure.

— Ah bon ! Ça sent la tarte au citron ! Je vous adore. Les filles, seriez-vous embarrassées si nous convenions de cohabiter nues de suite ? Nous pourrions attendre quelques jours, manière … Mais je pète le feu, je veux vivre, m'éclater, être libre comme jamais et débarrassée des contraintes prout-prout qui nous empêchent d'être ce que nous sommes. Accordez-moi ce cadeau, s'il vous plaît !

— Dix fois oui pour moi, Astrid, et même plus. Je n'osais pas le demander ! Tu es parfois trop libre pour moi et je te le reproche régulièrement. Mais qu'est-ce que tu me fais du bien ! J'aimerais être comme toi.

— Mais c'est tout simple, petite Camille, observe et apprécie le tour de magie.

Elle s'approcha de Camille qui pétrissait sa pâte et la déshabilla d'autorité et sans un mot alors que Camille se trémoussait en riant, puis Astrid laissa tomber son pagne :

— Et voilà, Camille, tu es comme moi ! Marion, je n'ai pas à t'interroger, la majorité étant déjà acquise, tu ne peux pas déroger !

Elle s'approcha d'elle et, en une minute, Marion se trouva aussi nue que ses deux amies, mais elle serrait son petit derrière et rentrait les épaules pour dissimuler son buste.

— Tu n'aurais pas dû, Astrid, je ne suis pas comme vous ! Je ne suis pas … et j'ai honte. Toi, c'est normal, tu rayonnes, Camille est sexy, moi c'est ridicule.

— Ah d'accord, je commence à pressentir la nature des confidences ! Mais là non, je n'accepte pas. Vous finissez mon cadeau et vous venez à la piscine, sinon je reviens et vous pourrez courir pour planquer vos fesses ! Les filles, je voudrais vous dire un truc.

— Nous t'écoutons, mais sois modérée, car tu sais décoiffer ton monde alors que Marion et moi sommes des chochottes. Laisse quelques minutes à Marion pour récupérer et nous arrivons.

— Génial. Je suis celle que vous connaissez et la demi-mesure n'est pas trop mon truc. Je suis parfois limité jetée, mais je vous vois toutes les deux libres de vos corps, nous sommes ensembles, en sécurité absolue, nous pouvons nous balader dans la maison, dehors, marcher, nous baigner, faire du sport, rigoler, nous endormir … Vous réalisez ? Aucun ris-que ! Que pourrions-nous espérer de mieux ? Vous cuisinez ensemble des trucs que j'adore. La complicité est fusionnelle. Nous vivons ! En plus court, je suis heureuse et je vous trouve adorables. Je suis bien avec vous. Marion, je suis contente que tu sois ici, avec nous. Vraiment. Tu es une chic fille, intelligente, courageuse, droite, fiable, mignonne et torride. Tes petits lolos sont trognons, tu as un fessier d'ado qui tire l'œil, en plus tu le sers tellement fort que cela te fait des fossettes. Tu es à croquer. C'est cool tout ça. J'arrête là les effusions et je vous attends dehors. Tu devrais desserrer Marion, là, tu fronces. J'espère que vous parviendrez à me supporter si nous vivons ensemble. Il m'arrive d'être fatigante à ce qui se dit. Mais faites cet effort, je le mérite, car je vous adore. Nous serons bien, et si vous pouviez y ajouter le cadeau de m'aimer en pensant à me le dire souvent, ça serait divin. Je n'ai plus besoin de rien d'autre, mais j'ai en moi des gouffres profonds, noirs et froids, à combler. Et vous le pourriez.

Elles ne purent lui répondre, car elle était déjà repartie d'un bon pas. Son énergie était comme un vent chaud qui soufflait autour d'elle.

— Tu ne connais pas encore Astrid au quotidien, Marion, la vraie Astrid qui n'est pas la pro qui impressionne son monde en continu.

— Non, j'en suis consciente, mais je suis persuadée qu'elle est une femme bien. Je ne l'imagine pas autrement.

— Je t'explique. Tu prends la pro, tu la mets à poil et c'est l'autre Astrid. C'est son clone ! Elle n'arrête jamais, je ne sais pas comment elle fait ça, c'est une boule d'énergie, un aimant. Elle entre dans une pièce, elle recharge son monde et elle repart !

— La même ! Tout le temps ! Mais pour les coups de blues, ça doit être terrible parce qu'elle tombe forcément de très haut à chaque fois.

— Elle a une méthode. Astrid n'a pas de coup de cafard. Si un truc part en vrille, elle le démonte, elle se démonte, mais il faut que ça fonctionne. Je suis une enfant à côté d'elle, je n'exagère pas, juste une petite fille qui regarde comment fait une grande personne. Voilà celle que je suis avec elle.

— Il me faudra m'accrocher sérieusement pour ne pas être éjectée ! Parce que pour moi, tu es l'adulte et moi la gamine, Camille ! Tu vois le plan.

— J'imagine. Mais reste celle que tu es, Marion, sinon tu ne seras pas heureuse. Apprends à être toi-même et sois-en fière. Accorde cette confiance à ceux qui t'aiment.

— Merci, Camille. Dis, tu as entendu, elle nous a demandé de l'aimer !

— J'ai ouï, oui, alors puisqu'elle te sollicite en te laissant la possibilité de ne pas avoir à répondre, aime là et dis-le lui ! Je t'évite l'inévitable question, oui, je suis jalouse. Mais pour elle je gérerai. Il faut que tu saches ce qu'est son vide, Marion. C'est depuis qu'elle a dû tuer. Elle raconte que ça a laissé un trou noir en elle et que seule l'affection la réchauffe. Mais tu ne dois pas lui en parler, jamais, sauf si elle te le demande. Par contre, il faut l'aimer, beaucoup.

— Promis. Camille, je sens que je serai heureuse avec vous. Merci. Mais j'ai ma Cité-Marion, donc, n'hésite pas à me communiquer ton besoin de respirer. C'est ma demande, Camille. Je te fais confiance aussi pour cela.

— Je suis contente. Sincèrement.

— Il faudrait que je te t'ennuie encore. Je suis pénible je sais, mais … non, c'est trop tôt, donc pas nécessaire, car je ne suis pas prête.

— Mais tu as raison, il faudra que nous abordions et affrontions le problème de ta libido. Je t'aiderai, Marion, ce n'est pas un souci et nous verrons le moment venu comment la gérer, dans cinq minutes ou six mois, et tu profiteras ! Mais touille, bon sang !

— Je vois, en fait tu es la même que Lily, un regard et pan, à poil, tu sais tout !

— Marion, tu remues ou je te casse un œuf sur la tête ! Et tu es déjà cul nu.

CHAPITRE 41

Installé dans son laboratoire, Matis assemblait les chaînes de codes parcellaires établies par son épouse et ses équipes de chercheurs. Son travail ne relevait plus de l'expérimentation, mais il était encore loin d'un processus routinier ou simplement rodé, et cet assemblage se distinguait des précédents par sa taille et sa complexité. Lily avait en effet prévu un grand nombre de variables, des vaccins, des langues, des rediffusions, des puissances intrusives différentes en fonction des cibles, des émissions dans plusieurs configurations, comme des images, de la musique, des bruits, des formes, afin de s'assurer du résultat et de dépasser les barrières des langages, des malvoyants ou malentendants, des illettrés ou incultes ... Tout semblait parfait, sauf pour lui qui se trouvait devant une somme d'informations colossale. Le challenge était toujours le même, il ne devait à aucun moment avoir connaissance de ce qu'il assemblait, mais seulement des balises de débuts et de fins pour gérer les liens. Afin d'y parvenir, il faisait coder chaque portion de message à un programme informatique automatisé qui le rendait illisible, puis il pouvait les assembler pour qu'il ne fasse qu'un. Il utilisait ensuite un autre logiciel qui décodait la chaîne dans sa totalité et la portait dans différents formats, télévisuel, audio, écrit, tactile, etc. Le résultat était stocké sur un support numérique prêt à être testé avant utilisation. Cette mémoire, pas plus grosse qu'une pièce de trois centimètres, contenait de quoi anéantir ou prendre le contrôle d'une population entière en quelques minutes, quels que soient sa taille, sa langue ou son pays. La préparation lui demanda six jours et trois nuits, mais il était serein. Il se rendit chez le trio terrible, en version homme, HackMan, LanMan et PlayMan, et leur expliqua l'objectif, à savoir la diffusion à grande échelle et simultanée de messages dans divers pays à différentes cibles, en exploitant la communication établie par numéro sept et en utilisant leurs propres réseaux de contacts et de diffusion.

Mais aussi l'ensemble des médias disponibles, tels que les imprimantes, vidéo, téléphones … Les explications données, et après leur avoir précisé à plusieurs reprises que rien de ce contenu ne devait jamais revenir à La Source, sous aucune forme, il insista longuement et gravement sur le fait qu'il ne fallait surtout pas en prendre connaissance, quel que soit leur curiosité ou conviction d'être à même de gérer un programme. Ils l'écoutèrent avec attention, lui répondirent qu'ils n'en comprenaient pas la raison, mais finirent par accepter de s'y contraindre. Après un instant de réflexion, HackMan prit la parole :

— Matis, les gars, j'ai une idée, hautement malsaine, mais les circonstances étant ce qu'elles sont, je vous la soumets. De ce que nous explique Matis, j'en déduis que si nous prenions connaissance du script, nous pourrions être affectés. Matis, c'est l'idée ?

— C'est presque ça, sauf pour le conditionnel présent, aucune supposition ici, et l'affection, ça sera la mort en quelques instants, genre dix secondes à deux minutes. C'est infaillible.

— Hein ? Sans que personne ne nous porte un coup de grâce ?

— Il est dans le programme. Cela dépasse l'entendement, mais faites-moi confiance, il n'y a plus d'incertitude, juste des certitudes.

— La vacherie de … Que du lourd ! C'est surréaliste, mais retenons cette information comme une donnée établie. Nous savons qu'en face, et pour notre partie, nous devons affronter des informaticiens en grand nombre, certainement de plusieurs services d'état de trop de pays, donc des centaines. C'est pour nous un vrai défi de hack. Maintenant, imaginons que nous prenions le programme, ou une version dédiée à mon idée, et que nous le transformions en faux virus, une nouveauté en fabrication haut de gamme. Seulement ceux d'en face le détecteront et se refuseront à le détruire, pour le casser et l'étudier, dans le but de nous le retourner avec leurs compliments ! Là-bas, l'équipe qui parviendra à le lire sera obligatoirement l'une des meilleures. Cette sélection est logique et se fera sans que nous ayons à intervenir. En partant d'eux, nous pourrions alléger leurs effectifs brillants dès le départ pour nous trouver dans un rapport de force plus équitable ! Et là, nous pourrons les niquer dans les grandes largeurs !

— Excellente idée et stratégie habile, HackMan. Dès qu'ils parviennent à ouvrir le couvercle, boum ! Une galère ! J'y glisserai ma carte de visite pour que ces connards sachent que tout se paie ! Manière.

— Je tiens à y joindre la mienne, LanMan, car là, c'est un combat de hack, pas d'enfoirés de tricheurs. Je veux que ça déchire les mecs, j'en suis ! Trop délire ce plan !

Ravi de constater leur unité et qu'ils s'adhéraient pleinement au projet, Matis commenta :

— C'est une idée géniale, HackMan. Attaquer en premier ceux qui sont les plus à même de nous intercepter ! Vous réfléchissez à un truc d'enfer et imparable, vous précisez dans quel délai les indélicats qui l'ouvriront doivent y passer. Sans oublier ce que vous voulez qu'ils fassent avant. Autant en profiter. Réunion d'explications avec le trio de nos nanas infernales et elles vous concocteront une solution version spéciale La Source.

— Matis, sans rire, que du sérieux. Vous sous-entendez que nous pourrions demander aux chercheurs d'ordonner aux guignols de mettre notre chef d'œuvre sur leurs serveurs et de tomber raides morts juste après ?

— Disons que ... Bon, OK. Oui, c'est précisément le genre de plan qu'elles maîtrisent ! Mais c'est un grand secret les gars, et il est vital. Donc soyez précis dans votre demande, et c'est oui, nous pouvons. Mais eux ne pourront pas faire le choix d'accepter ou de refuser, c'est infaisable. Il faudrait un autre mot pour expliquer à quel point c'est impossible.

— Idée cauchemardesque, les mecs. Nous ne devons vraiment pas ouvrir ce truc, c'est l'enfer mis en code ! Du lourd !

— En effet, et c'est la guerre, HackMan ! Dans toute sa splendeur, moche, violente, sans pitié, vicieuse, et les perdants seront massacrés.

— Saleté quand même, c'est chaud ! Et nous nous trouvons projetés dans cette folie ! Les mecs, la tournure que prend l'affaire ne m'inspire qu'une chose, c'est du sérieux et c'est la bérézina. J'ai envie de faire venir BlackMan. Avis LanMan ?

— BlackMan ! Galère ! Il faudrait le convaincre, mais s'il vient, les bolos d'en face pourront bénéficier de l'état de catastrophe naturelle.

— Je suis d'accord, il faut qu'il soit avec nous. À nous quatre, tout militaire qu'ils sont, ça sera morne plaine chez les guignols ! Délire !

— Je présume de la nature du lien de parenté, HackMan, mais au-delà de la signature, qui est ce BlackMan ?

— Un authentique paumé, comme nous, Matis. Mais il a une spécialité différente, c'est un grand malade des scripts destructeurs, dit virus pour le commun ! Il est traqué pas les flics du web de plusieurs pays, c'est un cas celui-là. Pour qu'il se découvre, il faudrait qu'il ait une garantie, version immunité. Manière de situer le personnage, sur son site il affiche la liste des mandats internationaux lancés contre lui, c'est sa façon à lui de faire un score.

— Ah oui, je vois ! Mais, vous pensez qu'il serait capable de se retenir de nous fiche le bazar ici, dans notre système ?

— Avec le matos que nous avons … et nous d'impliqués, aucun doute pour moi. Mais je m'expliquerai avec lui au préalable, il me connaît, j'ai aussi ma petite réputation sur la toile.

— Tant mieux, et entendu, HackMan. Vous voyez cela avec vos compères et vous gérez. Mais soyez grands les gars, gravez votre nom dans l'histoire du hack pour les décennies à venir, en étant une référence autant dans la conception que dans la stratégie et les effets, sans oublier d'être immenses pour nous défendre ! Et ne négligez jamais qu'il faut nous protéger. Ce ne sont pas des amateurs en face, et ils sont à la chasse, ils nous ont déjà attaqués et infiltrés.

— Nous gérons pour remettre de l'ordre, Matis, puis nous passerons à l'anticipation.

Rassuré, Matis demanda à voir le trio infernal version femme, Lily, Astrid et Camille, afin d'aborder la phase finale et d'avoir leur opinion quant à la manière d'effectuer quelques tests. Astrid évoqua plusieurs hypothèses, avec les dangers de chacune, Camille prit une position plus tranchée en affirmant son opposition à tout essai, et Lily se posa davantage en arbitre, interrogeant les deux chercheuses afin d'évaluer les risques au travers les différents arguments. Matis essayait de parfaitement saisir la complexité du projet et les questionnait pour assimiler leurs explications techniques, et retranscrivait les grandes lignes de l'échange au tableau. Lily prit place entre Matis et Camille et proposa de prendre le temps de s'imprégner de l'analyse, puis, après quelques minutes, indiqua qu'elle avait fini et les attendait. Matis fut le dernier à se déclarer prêt. Lily prit la parole :

— Je vous propose de refaire un tour de table afin que chacun puisse donner son avis après cette réflexion qui me semble complète. Matis, Astrid, Camille puis moi.

— Bien que de nous quatre je sois le moins à même d'appréhender le sujet, si je devais choisir seul malgré tout, je crois que je prendrais la responsabilité de ne pas entreprendre d'essai. Les dangers encourus me semblent trop importants, et l'accident serait irréversible et irréparable.

— Je pense que ne pas réaliser de tests, c'est prendre le risque que cela ne marche pas du premier coup, de ce fait d'être repérés, et qu'il soit plus difficile de recommencer. Toutefois, l'analyse de Camille me semble cohérente. Un test sera dangereux, donc j'opterais pour une solution intermédiaire. Nous reprenons les phases du projet scientifiquement, en nous interdisant la moindre virgule fondée sur une hypothèse ou une évidence, jusqu'à pouvoir considérer qu'il s'agira de l'équivalent d'un test virtuel. Nous nous lancerons sans essai réel.

— Comme je l'ai dit, le risque pris en réalisant ces tests serait considérable et s'il advenait que nous soyons totalement ou partiellement décimés par notre propre virus, nous ne pourrions plus en maîtriser la diffusion, il pourrait dès lors anéantir le pays, le continent, voire le monde civilisé, personne ne peut le savoir à ce jour.

— Après avoir entendu vos arguments, je pense que la bonne méthode est celle de Camille, revisitée par la proposition éclairée d'Astrid. De la rigueur scientifique, rien d'autre. Je finirai par un enregistrement du vote donnant la majorité absolue au premier avis donné par Camille, qui confirme sa capacité à être une grande chef de projet. Je voudrais te poser une question, Camille, et obtenir un retour sincère.

— Je t'écoute, Lily, je serai franche quoiqu'il m'en coûte et si besoin était, tu as ma parole.

— Merci, et ta réponse me suffira. Je voudrais savoir si ton premier avis était fondé sur ta conviction intime ou était surtout instinctif ?

— Lily, je sais qui tu es. J'ai appris et travaillé avec tes ouvrages et tes méthodes comme supports. Alors je te répondrai avec précision : ce n'est ni l'un ni l'autre. Mon avis était fondé sur ma connaissance du projet et mon analyse scientifique du pour et du contre. Les tests me sont apparus porteurs de risques trop importants et susceptibles de nous plonger dans la situation d'être définitivement incapable d'empêcher le génocide annoncé, car anéantis nous-mêmes et avant les autres. Qui plus est, et comme l'a énoncé avec beaucoup d'à-propos Astrid, le meilleur moyen de maîtriser le fonctionnement est de valider la qualité du travail jusqu'à obtenir des essais virtuels. C'est ce raisonnement qui me dicte de refuser ce risque inconsidéré.

— Parfait, Camille. Je suis confuse d'avoir été prise la main dans le sac, pardonne-moi. Astrid, qu'en penses-tu ?

— Que Camille a sa place dans le pilotage du projet ! Elle a cette faculté d'analyse particulière et sait entendre et ajuster. Sans fausse modestie, je suis une chercheuse plus pointue qu'elle, tu le sais, Lily, et j'ai aussi une plus grande capacité de travail. Mais pour définir une direction à suivre, notre Camille est douée. C'est une évidence avérée.

— Matis ?

— Je me range à l'avis d'Astrid. Camille est la meilleure chef de projet de La Source, et je la crois tout à fait capable, si besoin était, de te remplacer, ma Lily, le jour où tu seras contrainte à te consacrer à d'autres tâches. La Source se dote peu à peu des moyens de ne plus être totalement dépendante des deux personnes clés initiales. C'est un beau succès et notre seconde réussite.

— C'est tout à fait ce que je pense. Camille et Astrid, je suis immodérément fière de vous, au point d'en retirer de l'orgueil d'avoir décelé en vous dès le départ le duo magique et imbattable que vous constituez. Nous reprenons tout de A à Z dès à présent. Camille, tu organises cela en mobilisant toutes les équipes. Matis, tu reprends un à un tous tes cryptages, tes algorithmes, tes scripts de décryptages, d'assemblages et de diffusions, tu dois pouvoir solliciter les informaticiens de Richard, sauf numéro sept. Il vous faut d'ailleurs impérativement identifier ce qu'il a fait ou touché. Astrid, sans te mettre la tête à l'envers, je voudrais que tu supervises le travail de l'ensemble des équipes, y compris celui de Camille et de Matis. Tu reprends leurs travaux, tu passes de l'un à l'autre pour les pousser jusqu'au bout des raisonnements, tu cherches là où ils auront accepté d'utiliser une évidence, et au moindre doute, tu missionnes un ou plusieurs référents et une équipe de ton choix pour y travailler. Toi seule as cette capacité et les compétences. Ensuite, avec Camille, vous validerez l'intégralité du projet. À la moindre difficulté, au plus petit doute, irrationnel ou pas, même stupide, vous venez à moi. Au travail.

Il leur fallut dix jours pour tout reprendre, après quoi, ils firent un nouveau tour de table pour faire le point. Chacun confirma avoir repris l'intégralité des processus qu'il devait contrôler, et Camille fit part de sa satisfaction de la méthode choisie et mise en œuvre par eux tous, en précisant qu'Astrid avait corrigé quatre séquences qui contenaient des erreurs, Matis deux, et que tout était dorénavant fiable et utilisable.

Ils fixèrent le lancement de l'action à cinq jours. À la fin de la réunion, Astrid demanda à chacun de lui consacre une quinzaine de minutes, car elle voulait expliquer quelque chose, ce qui bien sûr lui fut accordé :

— Vous savez que les militaires cherchent depuis des dizaines d'années un processus technologique pour rendre invisible. Vous pouvez pouffer, mais je crois que j'ai trouvé !

Ils ouvrirent de grands yeux et les interrogations fusèrent, mais elle tint bon et ne voulut rien révéler. Elle ne répondit qu'aux questions portant sur son temps de réalisation et leur raconta que le soir, lorsqu'elle était seule, elle s'était amusée à travailler à ce projet et qu'elle était maintenant persuadée que cela fonctionnait. Elle proposa d'en faire la démonstration dans les minutes qui suivaient, en situation délicate et hostile, car le procédé pourrait être utilisé éventuellement par Théo et ses hommes si la mise en place du projet exigeait des interventions sur site sans délai. Elle demanda à Marion et Richard de les rejoindre et ils se rendirent au niveau du centre de détention en chargeant Théo de mettre dans l'espace de détente quelques violeurs et autres détraqués. Comme tout le staff de La Source était présent, il ne chercha pas à discuter et fit exécuter l'ordre, une dizaine de criminels était dans la cour, espace clos par des hauts murs en ciment dans lequel ils pouvaient marcher et faire des exercices sur des bancs d'entraînements. Dans les couloirs, l'équipe de Théo au complet se tenait armes en main prête à réagir au moindre mouvement suspect. Matis donna le signal de départ :

— Bon, nous sommes prêts. Théo, tu nous laisseras entrer en veillant surtout à ce que les cellules soient strictement fermées. Nous devons observer les hommes dans la cour en étant en sécurité. Tu mets tes gars armés dans …

— Matis ! C'est mon job, et c'est fait. Ils sont partout avec ordre d'éliminer ce qui bouge avant de chercher à comprendre. Tous les dirigeants de La Source sont réunis dans l'espace le plus dangereux du centre ! Tu imagines l'hérésie dans les faits et sur un rapport ? Je préfère ne pas commenter. Alors pas de vague, pas de blague, de la discrétion dans l'observation et de l'obéissance. Astrid, tu es consciente que ce sont des criminels pervers, les plus abominables rebuts parmi les pires détraqués, et qu'ils n'ont pas touché ni vu une femme depuis des mois !

— Oui, je le sais, Théo, je ne suis pas folle ! Et c'est pour cela que vous resterez sagement derrière la baie sans teint et que tu as fait valider qu'aucun détenu ne pouvait sortir de sa cellule. Serein ?

— Ah, puisque tu sais, tout est parfait ! Si tu le dis. Je suis inquiet, version hyper stress qui développe les cancers, mais je te fais confiance.

Après quelques minutes pour les ultimes et énièmes vérifications, ils traversèrent le hall de la prison, totalement entouré de cellules, accompagnés de Théo armes à la main. Arrivés au fond de l'allée, ils pénétrèrent dans la salle de surveillance de la cour et regardèrent par la baie. Il y avait ces types inspirant la crainte, même en étant cachés derrière le vitrage. Camille sursauta, car près d'elle et sans rien dire, Astrid se dévêtait. Elle voulut la cacher, mais en vain. Pour tout vêtement, elle avait un soutien-gorge à balconnets mauve, un string et un porte-jarretelles assortis tenant des bas noirs. Elle était chaussée de bottines noires à talons hauts. Alors qu'ils la regardaient plus qu'étonnés, mais aussi admiratifs et déstabilisés, elle passa une ceinture en cuir noir à sa taille. Ainsi dénudée et sans plus de commentaire, elle demanda à Théo de lui ouvrir la porte, de faire un pas à l'intérieur afin de se montrer pour que les hommes le voient, puis de ressortir et de la laisser un instant avec eux. Théo, qui ignorait tout de son projet, protesta vivement :

— Astrid, j'insiste sans doute lourdement, mais tu te rends compte de ce que tu fais ? Ils seront une quinzaine de criminels maniaques en abstinence à mater une superbe femme plus qu'à poil ! Alors même si tu sais te défendre, je ne pourrai pas tout gérer ! Tu as pété un câble, Astrid, c'est grave et suicidaire.

— Je gère, Théo, et je suis la seule capable de me protéger. Et pour ton « plus qu'à poil », et « superbe femme », j'adore, merci. Observez bien. Je compte sur toi, Théo.

— Mais, Astrid, il y a Élise, notre sous-lieutenant, qui est compétente, elle peut aussi.

— Mais pas gérer et valider ce que j'ai à faire. Et puis je suis joliment coquine, non ? Théo, tu veilles sur moi, je te fais confiance et tu me retournes cette grâce. C'est l'esprit de l'équipe, non ?

— OK. Je te couvre. Mais tu le sais, Astrid, parfois tu es pénible !

Camille la prit dans ses bras et la serra fortement contre elle en pleurant.

— Camille, je reviens, je n'ai pas envie de mourir ni d'être violée. Je ne suis pas folle, je me plais à le croire, mais aussi que tu le penses, alors tu te détends et tu regardes.

— Enfile un peignoir, s'il te plaît, comme le dis Théo, avec tes trucs tu es plus qu'à poil ! Ou au moins une vraie culotte !

— Je t'aime, ma douce Camille, à tout de suite. Théo, je suis prête.

Le lieutenant se concentra un instant, vérifia son armement, enleva la sécurité de l'étui de son couteau, le proposa à Astrid qui refusa, puis ouvrit la porte en faisant un pas devant elle qui avança ainsi dissimulée. Les hommes l'observèrent, il les regarda, fit un pas en arrière et ressorti, sans Astrid qui d'un écart rapide sur le côté s'était introduite dans la cour.

Derrière la vitre, ils se crispèrent tous, Camille serrait la main de Lily à lui en faire mal et de l'autre faisait de même avec Matis, tout en pleurant. Astrid avançait avec une certaine prudence au milieu de la cour, évitant le moindre contact, sa paume droite prête à frapper et la gauche sur le bouton de sa ceinture, personne ne semblait toutefois lui porter attention. Elle s'arrêta, tourna sur elle-même, regarda vers la baie et leur sourit. Puis elle s'allongea au sol sur le dos, releva les jambes sur sa poitrine pour s'offrir et resta un instant ainsi, des hommes passaient à proximité d'elle sans même lui accorder un regard. Elle se redressa et se mit à marcher dans tous les sens, se baissant, se touchant, s'exhibant, usant de toutes les provocations possibles avec son corps, mais pas un ne fit ne serait-ce que mine de ralentir pour l'observer. Elle se dirigea à la porte et fit un signe pour demander à sortir. Théo ouvrit, fit de nouveau un pas dans la cour, et Astrid se faufila. Les hommes le regardèrent une nouvelle fois, certains lui adressèrent un haussement d'épaules et il referma. Avant qu'Astrid ne puisse dire quoi que ce soit, Camille lui bondit dessus et la pressa contre elle comme si elle était une poupée, ce qui n'empêcha pas Astrid de parler :

— Vous avez vu ? Personne ne m'a agressée, je n'ai pourtant pas ménagé la bête à provocation, mais rien, pas même un regard. Alors ?

— Putain, Astrid, j'en ai la tremblote tellement j'étais sous adrénaline, prêt à foncer dans le tas pour un carnage, et je tape à cent-cinquante. Et toi, tu joues aux devinettes ! Je ne sais pas si tu es au courant, mais tu es pénible comme nana !

— Mais non. Réponds, tu as compris pourquoi, Théo ?

Encore sous l'emprise d'une intense émotion, Théo, bien que soulagé, restait silencieux, car assez énervé. Elle poursuivit :

— Mais simplement parce que … j'étais devenue … invisible, Théo. Ça te laisse pantois, pas vrai ?

— Ah ça, tu peux le dire ! Moi je regardais la femme qui ne se voit pas en exhibition, mais c'est toi qui expliques, car je ne saisis pas. Il faut que je te le dise, Astrid, tu es ravagée, ou fissurée. Je t'emmène chez le doc, tu dois te reposer, je m'occupe de toi.

— Et si tu m'écoutais ?

— Mais nous t'avons tous vu, Astrid, tu étais hautement visible, tu as écarté les cuisses, tu t'es baissée et tu as tripoté tes nibards. Si tu te croyais invisible, sache que tu nous as offert un spectacle pour adulte, cela veut dire que tu as pris un risque énorme !

— Mais je sais bien que tu me voyais, Théo, mais eux, non ! C'est ça le truc. Et je vous ai autorisés à me regarder pour que vous puissiez vous rendre compte que cela fonctionnait !

— Tu veux nous mystifier, Astrid ! Tu nous as laissés te voir ?

— Oui mon grand, je pourrais de la même façon retourner à l'ambassade seule, zigouiller des oubliés et en revenir sans souci.

— Saleté de diplomates de mes fesses ! Tu saurais faire ça ! Je t'accompagne et nous la rejouons à notre manière !

Lily la questionna sur un ton plus avisé :

— Tu as réussi à trouver une autre application du virus, c'est ça ?

— Je pourrais tenter de te faire croire que ma ceinture me rendait invisible, mais c'est ça. Je voulais que nous puissions au besoin envoyer quelqu'un sur site à l'étranger pour notre travail sans pour autant qu'il se fasse massacrer. Le coup de l'ambassade, c'est marrant une fois, mais il ne faudrait pas en abuser ! Et cela fonctionne, j'ai réussi ! Les points de suture à chacune de tes sorties, c'est fini Théo, tu devras trouver autre chose pour prendre ton pied. Tu manqueras à ta couturière de toubib et à son carnet, mais il a déjà suffisamment de souvenirs.

— Astrid, s'il te plaît !

— Oui, Camille ?

— Tu pourrais te rhabiller, je craque dans une seconde, je ne supporte plus ! Théo a raison, tu es pénible.

— Bien sûr, Camille, excuse-moi.

— Et ta ceinture alors, c'était pourquoi ?

— C'était mon assurance, Matis, je ne tenais pas du tout à être torturée. Si cela avait mal tourné, je pressais le bouton et ils tombaient au sol en une à deux secondes. Je suis censée être vaccinée, mais ça, je n'ai pas eu envie de tester.

— Bien ! Excellent ! C'est du super travail et tu es une grande scientifique. Bravo. Cela dit, une chose m'échappe encore, Astrid.

— Forcément, Matis ! Et si je te prêtais mon truc ? Tu pourrais te marrer un coup dans les douches des femmes au niveau des plaisirs ! Ou dans les espaces pour lesbiennes. Et tu passerais à la suite.

— Oh oui, dis donc, je n'y avais pas encore pensé. Quel délire, je pourrais … ! Mais non, tu ne m'auras pas comme ça. Tu sais déjà ce que je veux te demander. Comment as-tu assemblé le code sans mes cryptages et algorithmes ? Raconte l'affaire !

— Mais, tu as raison, Matis ! Astrid, ne me dis pas que tu t'es mise en danger juste pour nous impressionner ! Si c'est le cas, tu sauras d'ici cinq minutes ce que c'est de se prendre une engueulade et de manger du pain sec ! Faut pas charrier, Astrid !

— Cool, Théo. Lily, Matis, enfin tout le monde, j'ai bidouillé un petit truc à la mode Astrid. Si nous pouvions sortir et discuter ailleurs, je suis certaine que l'équipe serait soulagée, car ils sont tendus les gars, vous ne vous rendez pas compte.

— Sans rire, Astrid, tu le sais que tu es pénible ? Parce que là, en plus tu as raison ! Nous dégageons. Je préviens les hommes. Mais attention, tu ne t'en tireras pas pour autant. Je veux tout le monde au comité.

Lily acquiesça. Ils ressortirent de ce dangereux lieu de détention et remontèrent dans le bureau du pilotage, s'installèrent et fixèrent Astrid, toujours détendue et souriante. Elle fouilla dans son sac, prit son insigne et le mit sur sa poitrine, comme le portait Théo :

— Vous êtes dans l'attente, et je le conçois. Vous avez des questions, je m'en doute. Alors voilà ! Lily, Matis, je suis Lieutenant et suis intouchable ! À plus tard, j'ai du travail.

Elle se leva, sérieuse, et se dirigea vers la sortie. Ils restèrent muets et ébahis. Lily la regardait stupéfaite et semblait avoir du mal à encaisser la pirouette d'Astrid et à déglutir. Camille intervint, inquiète :

— Tu plaisantes, Astrid ? Tu ne nous ferais jamais une chose pareille, je le sais, mais avec ton petit sourire tu arrives à me déstabiliser. Tu nous fais un canular, une grosse blague nulle à ta sauce, n'est-ce pas ?

— C'est juste que si je dois en mettre un ou deux au tapis, je préfère être la Lieutenante Astrid.

— Astrid ? Tu te sens bien ? Tu as peut-être été exposée au virus ?

— Mais oui, ma petite nouille de Camille, je rigole ! Une plaisanterie pour vous détendre, parce que vous êtes si tendus depuis mon exhibition que j'ai mal pour vous.

— Hein ? Astrid, tu appelles ça une blague ? Regarde-moi, je tremble de partout. Admire Lily, elle est livide ! Marion a décroché sa mâchoire, Richard ne comprend plus rien, Matis ne cligne plus des yeux et Théo est rouge ! Tu as un grain ! Non mais, sérieux, tu en as un sac !

Astrid se tourna vers Lily et s'adressa à elle avec un peu de retenue :

— Tu surmontes, Lily ? C'est vrai que tu donnes dans les pastels !

— Mais enfin, Astrid ! Comment t'expliquer sans perdre le contrôle … Je suis pâle parce que j'ai failli avoir un arrêt du cœur ! Tu es une grande malade, je t'assure, il te manque une case ! Tu devrais faire équipe avec les deux hurluberlus qui nous ont poussés dans le vide ! Vous feriez un joli trio ! Non mais … et voilà le duo comique qui se marre ! Mais enfin ! Vous êtes inconscients, ivres, immatures, frappadingues, ou vous avez fumé un pétard ?

— Cool, Lily, c'est simplement parce que Matis m'a aidé en douce !

— J'aurais dû m'en douter. Un plan foireux, Matis est là ! Vous êtes des gamins impossibles. Mais … Astrid, j'ai une brusque poussée d'incertitude. C'est vrai ? C'était juste pour vous marrer un coup ?

— Pas du tout, Lily, c'est n'importe quoi. Seulement, si tu avais eu l'idée avisée d'accepter mon explication, nous aurions pu passer à autre chose ! Bon, alors voilà. Je n'envisageais pas de continuer à laisser Matis prendre des risques de ce niveau pour faire le travail et nous protéger. Tu en es consciente, Lily, tu te souviens forcément de ton déraillement dans l'amphi ! Moi aussi. Alors j'ai travaillé, j'ai cherché, car je suis pénible, certes, mais à la base, je suis chercheuse. Et j'ai trouvé ! Ton Matis n'aura plus à risquer sa vie pour nous ni toi à t'effondrer devant tout le monde. C'est terminé, Lily, vous pouvez respirer et vous projeter dans l'avenir !

— Mais enfin, Astrid ! C'est encore une blague ? Arrête, je t'assure que c'est plus que douteux depuis le début ton histoire. J'ai le cœur qui cogne si fort que j'en ai une douleur, une vraie !

— Respire, Lily. J'ai passé quelques nuits sur mon petit projet perso et j'ai mis au point une nouvelle méthode. Je l'ai validée en demandant à HackMan de me faire un script maison avec ses potes. J'ai constitué une multitude de bibliothèques de données qui sont stockées et gérées par un programme informatique. Lorsque je crée un virus, je fais appel à ces librairies et ne manipule plus l'intégralité du code. C'est dépassé, obsolète. Je n'écris que le nouveau, donc le complément ou la variable. C'est tout simple. Je ne suis jamais exposée au risque de me prendre mon virus dans le nez, il est divisé en composants, des petits paquets, que seul le programme manipule. En plus, je n'ai à valider que la partie nouvelle. Et vous avez vu que cela fonctionne. C'était ma surprise pour toi, Lily. Je ne veux plus jamais te voir t'effondrer. Tu ne le mérites pas et j'en ai été contrariée, profondément, car nous n'avions pas anticipé pour vous, et c'est Matis et ton couple qui en pâtissaient. Tu es une femme exceptionnelle. Et pour toi aussi, Matis, je ne veux plus que tu risques ta vie pour nous, tu es un mec génial, de plus fort bien équipé. Alors tu pourras passer à autre chose, comme faire peser ta valeur ajoutée et prendre soin de ta Lily. D'accord ?

Le silence régnait dans le bureau. Ils fixaient Astrid et semblaient chercher à décoder une information encore dissimulée. Camille se leva, sérieuse, mais c'est Astrid qui s'adressa à elle :

— Tout est vrai, Camille, tu peux me faire confiance.

Camille vint quand même à elle en lui parlant :

— Alors c'était ça tes cachotteries, lorsque tu disparaissais la nuit !

— En effet, Camille, pas de plan chaud sans toi depuis longtemps. J'ai bossé comme une démente. Rien d'autre.

— Mon Dieu, Astrid, mais tu es … Comment peux-tu faire tout cela ! Tu es si … tu es une grande dame. Et moi, j'ai trouvé moyen d'être jalouse et de t'embêter ! Je suis confuse d'être celle que je suis, tu mériterais mille fois mieux.

Camille prit Astrid dans ses bras en lui murmurant son admiration et sa dévotion. Lily et Matis étaient à côté d'elles. Lily semblait extrêmement sérieuse, Matis souriait en la regardant, admiratif et reconnaissant. Camille lâcha son amie et Matis prit sa place :

— Je suis fière de te connaître, Astrid, et je suis désolé de ne pas disposer d'un mot plus fort que merci pour t'exprimer ma gratitude. Tu es … Astrid ! Je te le redis, et sincèrement d'autant plus que nous ne sommes pas seuls, je t'aime.

— J'apprécie, Matis. Je suis parfois fofolle dans ma façon de mordre dans la vie, mais je tiens beaucoup à toi, je t'adore et suis heureuse d'être parvenue à une solution avant qu'il ne t'arrive malheur.

Lily la prit dans ses bras et la serra sans retenue. Pendant un moment, elle la berça en effectuant de lentes rotations du bassin, en lui maintenant la joue contre la sienne. Puis elle lui fit deux gros bisous sur les joues, la fixa dans les yeux et lui déposa un tendre baiser sur les lèvres, chargé d'émotion et d'amour :

— Astrid, ce geste de tendresse est destiné à te communiquer le sentiment que j'éprouve en cet instant à ton égard. Tu n'ignores pas ce que je pense de toi, tu as juste à le multiplier par l'infini. Je te suis redevable pour la vie. Tu sais à quel point je suis dépendante de Matis, donc tu me comprends. Je ne pourrai ni ne saurai te rembourser, Astrid. Jamais. Tu as déjà pris ma place pour la mission suicide dont tu es revenue, pas miraculeusement, mais parce que tu es celle que tu es. Et maintenant Matis ! Je pleure, mais cette fois avec des larmes que j'aime !

— Lily, tu es une femme merveilleuse, moi vivante, jamais personne ne te fera souffrir. Tu ne me dois rien, j'ai appris de et avec toi.

— Tu me dépasses rapidement, Astrid, et j'en suis fière ! Je t'aime de tout mon cœur. J'avais tellement peur de perdre Matis !

Lily pleurait comme une enfant dans les bras d'Astrid qui lui caressait les cheveux. Puis, soudainement, Lily s'écarta et la fixa :

— Je viens de comprendre ! Astrid, tu m'as manœuvrée depuis presque le début. Tu m'as fait croire ce que tu voulais, et bouffie de mon ego j'ai foncé tête baissée dès lors que tu me disais que j'avais raison. Tu m'as manipulée avec le sourire ! Tu es trop forte !

— Astrid ? Tu as utilisé Lily ? C'est quoi encore se rebondissement !

— Je ne sais pas, ma douce Camille, mais notre Lily nous l'expliquera dans quelques secondes. Tu devrais t'asseoir cinq minutes, Lily, j'ai peut-être exagéré côté stress, tu es moins pâle, mais … tu es sûre que tu gères ? Nous pourrions faire une pause et en profiter pour nous restaurer. Toute la bande, ça serait sympa.

— Je suis bien, sereine même, tout s'emboîte parfaitement. Tu es brillante et je ne saurais t'en vouloir pour cela. Camille, lorsqu'Astrid s'est mise plusieurs fois en situation de me pousser à la placer sous ton contrôle, elle m'a mystifiée ! Elle s'est jouée de toi et moi à la manière d'une joueuse d'échecs. Elle voulait rester en retrait et nous observait, j'en suis certaine à présent. Je ne sais pas encore pourquoi, mais elle nous a gérée.

— Tu crois cela ? Astrid, tu nous as joué un rôle ? Dis-moi la vérité.

— Mais non, Camille, je suis juste extravertie, c'est tout. Lily est dans l'émotion.

— Mais enfin ! Mon œil, oui ! Il faudrait que je te … Je ne sais pas quoi d'ailleurs, pour que tu l'avoues, car je ne pourrai jamais le prouver, mais tu voulais que je garde les commandes et tu m'as poussée à faire de Camille ma seconde avec toi pour le projet ! Et sans doute bien plus encore que je n'ai pas réalisé !

— Lily, tu n'as pas assez l'habitude de te planter, alors tu crois tout ce que tu dis. Seulement là, tu devrais t'abstenir, ou couper les enregistrements, l'histoire n'a pas à connaître ta face obscure.

— Mais enfin ! Astrid, dis-moi si tu t'es plantée ? Camille, toi tu le sais, tu es d'ailleurs la seule à le savoir pour l'avoir vécu. Qui nous a toujours laissées prendre les décisions tout en les complétant à chaque fois ?

— C'est vrai que tu fais cela, Astrid, tu déblatères, Lily me délègue, tu me donnes à croire que je décide, mais tu me ramènes dans la bonne direction avec une petite retouche délicate, mais hyper pertinente !

— Voilà, c'est ça, Camille ! C'est précisément ce dont je parle ! Une preuve de plus, Camille. Qui a corrigé la grosse boulette que j'ai faite dans la solution injectée aux ouvriers ?

— Que nous avons commises, nous et tous les chercheurs, Lily. Nous étions plus d'une centaine à nous être répandus, sauf Astrid, et elle a corrigé !

— Je confirme. Une de plus : qui a rectifié l'oubli que toi et moi avions fait pour stabiliser la nouvelle solution ?

— C'est donc vrai ! C'était Astrid ! Mais c'est quoi, cette histoire ?

— Camille, qui a déclenché la fabrication à la dernière limite des deux-mille injections alors que toi et moi dormions ?

— Mon Dieu, Astrid, seule !

— Je continue, Camille ? Au hasard … Pour désigner celle de nous trois qui accompagnerait Théo à l'ambassade, laquelle s'est imposée en force ?

— Astrid ! Elle m'a même menacé de me coller une raclée ! Astrid !

— Théo, lequel de vous deux a décidé de ramener Babeth ?

— C'est que … Astrid !

— Je peux poursuivre. Camille, laquelle s'est soi-disant résignée, mais nous a fait changer d'avis, toi et moi, au sujet de Babeth ?

— C'est dingue, c'est Astrid ! Incroyable, je n'y ai rien vu !

— Eh oui ! Astrid ! Encore et toujours Astrid ! Qui t'a sauvée avec Marion des dégénérés alors que tout le monde ignorait où vous étiez ?

— Mon Dieu, Astrid ! Toute seule !

— Camille, quels scientifiques sont capables de nous remplacer, toi et moi ?

— Absolument personne. Enfin … à part Astrid.

— Théo, quelle est à La Source l'unique membre ayant un grade lui permettant de prendre les commandes à ta place.

— C'est que … Astrid !

— Les filles, je vous propose de me canoniser plus tard ! Ça ne se fait pas trop du vivant des gens, même aussi prodigieux que moi.

— Astrid, je suis ton amie, je ne peux décemment plus dire ta supérieure, et je voudrais savoir qui tu es. Tu as été missionnée pour nous soutenir comme l'a été Théo ? Tu es un agent hyper tout ?

— Moi, un James Bond ? En plus avec mon grade de lieutenant, ça aurait de la gueule.

— Cela expliquerait aussi tes prouesses à l'ambassade dont même Théo s'est trouvé très impressionné.

— Tu pourrais poursuivre trois à quatre minutes, Lily, s'il te plaît ?

— Pas de souci, j'ai encore trop d'exemples ! Pour partir à ma place à l'ambassade, tu m'as même ordonné de me taire ! Il y a aussi le coup de l'invisibilité pour Théo. Et puis le système pour Matis.

— Lily, j'en ai une ! À l'ambassade, un membre de l'équipe à décider de ne pas respecter mes ordres … et m'a sauvé la vie. C'est Astrid.

— Et voilà ! Et je suis certaine que nous n'en savons que la moitié.

— J'en ai une aussi, que tu ne connais pas, Lily. Pour décrypter les données informatiques de l'ambassade, nous étions plantés depuis quatre jours. Et Astrid est passée !

— Et voilà, Richard, tu peux donc témoigner. Encore une : Camille, la nature du premier test sur les détenus alors que toutes les deux tournions en boucle ?

— C'est Astrid !

— Et moi qui la grondais bêtement ! Ou le sauvetage des hackeurs que je n'avais même pas rencontrés. La méthode de contrôle du virus avant son lancement. La prise en charge de l'interne assassiné. La … Une minute, c'est quoi encore cette manipulation ! Pourquoi veux-tu que je poursuive, Astrid ?

— Tu me flattes si adroitement que j'en suis toute chose et je prendrai mon pied dans quelques instants ! J'adore. Ne me laisse pas redescendre, et fâche-toi un peu, donne dans l'outragée, continue avec le regard … J'y suis !

— Mais enfin ! Tu … Non mais, devant … Tu …

— C'est comme ça tout le temps, Lily. Elle n'arrête jamais. Elle m'épuise ! Parfois elle me rend folle.

— En attendant, je vous invite tous à partager le repas dans ma merveilleuse Cité-Astrid, et nous célébrerons la réussite de ma double expérience en faisant la fête. Vous ne pouvez pas me refuser cela.

Ils s'y rendirent sans plus attendre. Avec l'aide de Camille et Marion, elle dressa la table proche de la piscine et finissait lorsque Théo et Richard arrivèrent avec les repas sur deux chariots. La maîtresse des lieux redevint Astrid, totalement déchaînée et extravertie, adepte de la provocation, mettant comme souvent Camille dans l'embarras, faisant rire aux éclats les trois hommes qui s'amusaient autant des clowneries de leur amie que de la tête de Lily et Marion qui semblaient, à l'instar de Camille, en tomber sans cesse à la renverse. Après un bain improvisé dans la piscine, elles finirent par se détendre, à rire des pitreries de leur amie, puis à lui emboîter le pas et à se lâcher complètement.

CHAPITRE 42

Un soir, alors qu'Astrid et Camille étaient en compagnie de Marion dans Cité-Astrid, Lily s'invita et, après quelques mots à ses amies, demanda à Marion de les laisser seules un instant. Celle-ci se rendit sur le terrain de golf sans s'en émouvoir.

— Camille, Astrid, j'ai pris cette liberté, car je voudrais vous parler sérieusement et en toute transparence.

Les deux amies échangèrent un regard étonné et c'est Camille qui l'exprima :

— Lily, sans vouloir être susceptible, tes mots laisseraient à entendre qu'habituellement nous n'échangeons pas de cette manière ! Si tu penses cela d'Astrid ou moi, tu te trompes. Si c'est parce que tu nous embrouilles au quotidien, c'est au minimum contrariant !

— Mais enf … effet ! Je suis désolée, tu as raison. Je suis soucieuse et j'en oublie de surveiller mes mots. Ce n'est absolument pas ce que je voulais dire.

— Je m'en doute. Nous t'écoutons, mais détends-toi, Lily, car je te sens stressée alors que nous sommes entre amies. Mauvaise nouvelle pour le projet ? Ou Astrid et moi serions responsables d'une erreur ou d'une maladresse ? C'est toi qui as un gros pépin ?

— Non. Je suis angoissée, car je suis sur le point de commettre de l'ingérence dans la vie des personnes qui me sont les plus chères ici, avec Matis. Alors voilà. Vous le savez, si le besoin survenait, il est évident que vous seriez amenées à nous remplacer, Matis et moi. C'est plus qu'un non-dit, tout le monde le sait et approuve tant cela relève du bon sens.

— Houlà, Lily, tu as une bonne grosse déprime ou quoi ?

— En aucun cas, Astrid. Mais je voudrais en discuter avec vous.

— C'était la seule idée à avoir, donc nous t'écoutons. Et tu peux compter sur moi, même pour une ambassade, alors …

— Je le sais, mais … tu m'aides ?

— Malgré ton contexte à priori morose, Lily, je ne saurais te dissimuler que ton estime me procure un plaisir intense, merci. Quant à faire de l'ingérence, je ne vois pas comment tu pourrais y parvenir avec nous ! Tu sais tout de nous et nous partageons nos journées avec toi. Raconte-nous ce qui te contrarie, dans la simplicité. Pense à voix haute.

— Il se trouve que les deux personnes les plus à même de prendre le relais de Matis et moi sont ensembles en permanence, et Camille me semble toujours veiller sur son Astrid comme sur la prunelle de ses yeux !

— C'est l'idée, Lily, j'ai parfois l'impression d'être une petite fille en sucre ! Serait-ce que tu en éprouves de la jalousie ? Tu ne devrais pas, Camille en pince toujours pour toi et je vois bien que malgré tes hommes, tu la regardes souvent avec un vrai désir. Ce n'est pas un souci pour moi et elle y est sensible, très, tu peux me croire.

Parée de rose, Camille intervint, car une fois de plus mise à mal par le franc parlé de son amie :

— Eh, vous deux, je suis là et je parle la même langue que vous, zut !

— Pour ça, je reconnais que tu as raison, sauf pour la jalousie … Enfin bref, je m'inquiète. Supposons que vos responsabilités augmentent. Votre relation peut aussi bien vous rendre plus solidaire que mettre en danger La Source. Il pourrait en effet advenir que vous disputiez. Cela arrive parfois dans un couple d'amis ou d'amoureux. Le duo de choc qui devrait prendre le centre en charge serait brisé ! Voilà ce qui m'inquiète. Les sentiments et les désirs sont des relations fragiles.

— Ah, je vois, mais je ne sais pas pour autant quoi te répondre, Lily.

— Lily, Astrid et moi sommes amies, nous passons notre vie ensemble, au travail, à la maison, dans les loisirs, le stress et l'intimité. Je nous crois à même de gérer ce genre de situation effectivement possible. Nous nous connaissons et sommes de vraies professionnelles.

— Oui, je le sais, mais ce n'est pas un danger à ton avis, Camille ?

— Matis et toi êtes en couple, mais tu as des amants tout en désirant une maîtresse, Matis en a au moins une plus un bon-ami, le risque que vous vous brouilliez existe de la même façon, non ?

— Oui, c'est vrai, tu as raison, Camille, mais ... Comment dire cela avec toute la délicatesse que je voudrais rendre totalement perceptible ! Je pourrais essayer en évoquant le fait que Matis et moi partageons un niveau d'amour réciproque, je parle de la vision du couple, de la relation, de l'harmonie, vous me comprenez ?

— Je vois où tu veux en venir, Lily ! Alors compte tenu de l'interférence effectivement possible de nos sentiments, entre Astrid et moi, avec nos responsabilités envers La Source, je mettrai mon amour propre de côté pour m'exposer à cette réalité ! J'aime profondément Astrid, comme jamais je n'ai aimé avec raison une personne, tu sais ce à quoi je fais allusion, Lily. Je n'ignore pas ce qu'est le sentiment amoureux envers un homme, mais il se trouve que j'aime Astrid ! Ce n'est pas un choix, c'est ainsi et c'est une certitude.

— Camille, veux-tu que je me retire pour que tu puisses t'entretenir librement avec Lily ?

— Non, j'assume. C'est juste pour toi, si tu préfères ne pas entendre, je comprendrais !

— Aucun souci, Camille, je suis aussi libre que sereine avec le sujet.

— Alors voilà. Astrid et moi sommes jusqu'à présent dans une sorte de non-dit tout en étant claires l'une envers l'autre, et tu nous mets dans la situation d'évoquer devant toi notre relation. Mais je comprends ton souci. Il est légitime.

— Pardonnez-moi, j'y pense depuis quelque temps, j'étais dans le besoin de m'en ouvrir à vous.

— Tu nous le devais aussi. Tu fais une différence entre ton couple et le nôtre, car tu sais pertinemment qu'Astrid nourrit une passion qui m'est devenue incompréhensible pour le corps des hommes ! Mais au contraire de Matis, pour toi je suis une nana, certes adorable, donc dépourvue de cet attribut qui vous fait vibrer, toi, et Astrid !

— Camille, quand même, j'aime être coquine, je ne le nierai pas, surtout à mes amies, mais bon, je ne frémis pas que pour ça avec Matis !

— Eh oh, assume voir un peu ! Tu as un mari et au moins deux amants mâles, alors ne me la joue pas version je n'aime pas l'instrument plus que ça, je suis amoureuse de tous, et patati ... Nous parlons sérieusement et à ta demande.

Lily encaissa et échappa un mouvement de sourcil, Astrid aussi.

— Camille, tu devrais prendre du recul, car dans deux minutes tu seras contrariée de ton emportement envers Lily. Crois-moi. Tu déraillles en pleine vitesse, avec des effluves de jalousie et tu es la seule à ne pas le percevoir.

— Non, pas du tout, tu as tort pour une fois. Il faut pourtant être réaliste. Toutes les deux, vous êtes là à baver devant leur saleté de … et vous vous faites culb … vous … sur … Je dérape ! Oh non ! Pas moi. Pas avec vous ! Je te présente mes excuses, Lily. Astrid a raison et je n'ai rien vu venir !

— Tu nous as fait une véritable scène de jalousie, ma douce Camille !

— Passons. Revenons-en à moi. J'efface, tu oublies, et je reprends. Je suis consciente qu'Astrid a pour moi un sentiment moins passionnel que moi pour elle, c'est ainsi. Alors, certains soirs où elle disparaît pour assouvir son autre passion, les mecs, je travaille, je dors, je lis … Je l'ai accompagnée quelques fois au début, en faisant semblant de regarder ailleurs ! Mais je n'ai aucun doute et le dis devant Astrid : elle m'aime tendrement, je l'aime profondément. Et sans que nous en ayons ouvertement parlé, parce que cela n'était pas utile, Astrid me laisse aussi la liberté nécessaire à mon équilibre lorsque j'en ai ou aurai besoin. Lily, nous formons un couple solide, je suis confiante sur sa durée. Astrid, ton avis ?

— Ta facilité d'expression nouvelle sur le sujet, Camille, te permet de dire avec simplicité qui nous sommes ce que et vivons, et je suis d'accord avec chacun de tes mots. Je crois en notre couple, en sa durée et en nos capacités à gérer cette relation en ne la laissant pas empiéter sur nos rôles dans La Source.

— Voilà, Lily, tu es libre de nous poser tes questions sans souci, tu vois que nous fonctionnons en harmonie, comme ton couple.

— Je le savais, quel soulagement ! Mais c'est ma responsabilité qui m'oblige à tout prendre en compte. Je peux une autre question ?

Ses deux amies acquiesçant d'un hochement de tête, elle reprit :

— Je voudrais que vous me confiiez, sans retenue, votre ressenti à mon égard de vous avoir contrainte à évoquer l'intimité du couple.

Camille sourit, toujours douce, en l'observant. Lily compléta :

— Entendu. Je n'ai pas besoin de savoir. Ce n'est pas de la curiosité. Je suis mal, je l'avoue. J'ai honte, et peur de vous avoir froissées.

— Tu m'étonnes ! Oublie ta gêne, motivée ! Je pense amitié, Lily, et complicité. Tu nous as permis au passage d'exprimer devant toi des choses pas évidentes à aborder, de ce fait de légitimer notre couple à tes yeux. Je suis contente et t'en suis reconnaissante. C'est tout.

— Pour ma part, je te crois sincèrement une amie pour avoir osé nous poser ce genre de questions plus qu'intimes. Il te faut avoir une grande confiance en nous, et comme l'a dit Camille, en plus cela nous a fait du bien. Elle a évoqué sans fioriture l'acceptation de mes attirances, et, pour ce qui la concerne, juste levé les zones d'ombres qui risquaient de te polluer, Lily. Je sais que Camille et Théo ont été amants, mais aussi qu'à l'occasion, toutes les deux vous couchez et vous douchez ensemble et que vous finirez par devenir amantes régulières. Sache également que j'ai vu Camille partir en vrille lorsqu'elle arrive à se lâcher au niveau des plaisirs. Tu peux lui demander confirmation, je gère cela aussi bien qu'elle le fait à mon égard.

— Génial, les filles, j'aurais dû m'en ouvrir à vous depuis longtemps, je me sens mieux ! Nous pilotons au travail et nous sommes de véritables amies. C'est quand même fou, non ?

— Lily, et toi, ma douce Camille. Lily, tu es la seule des femmes que je connaisse à assumer comme moi une libido insatiable. C'est une preuve d'équilibre. Je conclurai sur une note de transparence complémentaire, en vous précisant qu'en cet instant, et sans le comprendre, je suis étrangement émoustillée !

— Mais enfin, Astrid ! C'est plus fort que toi ou c'est un énième jeu de provocation ?

— Lily ! Tu parlais de t'ouvrir à nous et de poser moult questions indiscrètes. Comme tu y songes souvent, sans doute voudrais-tu que je te t'explique comment nous compensons l'absence d'appendice contondant ? C'est simple dans la pratique et tu saurais de quelle façon agir quand tu décoinceras ! C'est que, tu dois savoir que notre douce Camille s'impatiente assez vite de performances satisfaisantes !

— Alors là ! Et je ne peux même pas te frapper, tu … tu m'énerves !

— Mais enfin ! Je suis habituée à tes envolées lorsque tu es détendue, Astrid, mais tu arrives toujours à me … En fait tu es aussi insupportable qu'un mec avec ça ! Toi et Matis êtes les mêmes !

Astrid se baissa, se saisit d'un objet imaginaire qu'elle porta à son épaule et mima jouer du violon en fixant Lily.

— C'est bien, Lily, tu as géré les convenances ! Tu n'as pas dit non, c'est déjà un premier pas vers l'âge adulte. À présent, tu veux que je t'explique depuis où ?

Quatre jours après, l'opération était lancée dans dix-huit pays de la même façon et simultanément. Théo et son unité furent envoyés trente-six heures auparavant dans onze de ces contrées afin de valider les choix de diffusion, parfois en utilisant la technique d'invisibilité mise au point par Astrid. Pour sa part, elle prit en charge son propre pays où une ville comptait une importante population d'activistes, et quelques sites de moindres importances, mais sensibles, sur lesquels ils choisirent de mettre en place des contrôles visuels. À chaque mise en œuvre réussie, ils composaient un code sur leur montre La Source pour en informer le centre qui, à son tour, accusait réception du bon fonctionnement.

Lorsque l'ensemble des cibles fut identifié comme étant préparé, Lily et Matis s'installèrent devant la console du bureau de Lily et ils appelèrent le président pour l'ultime validation. Après un échange bref et un long silence, il confirma son plein accord pour le déclenchement du processus et annonça qu'il mettait en alerte les forces armées de la nation et attendait leur appel pour suivre le déroulement.

Devant Lily, un écran avec la carte du monde affichait par un point rouge l'emplacement des sites d'où partiraient les virus. Il y en avait beaucoup, partout. Ils passeraient au vert à chaque fois que la diffusion serait réussie. Au bas de l'image, au milieu, juste devant elle, il y avait un champ de saisie qui attendait de recevoir un code secret pour le déclenchement général, et final.

Lily et Matis se fixaient, les mots n'étaient plus nécessaires, ils se comprenaient. Un chronomètre à rebours décomptait les secondes. Lily avait refusé à Camille et Marion d'être présentes, Richard ne voulait pas être informé plus qu'il ne l'était, et Astrid était encore à quelques centaines de kilomètres en surveillance sur un site difficile. Sans un mot, Lily tapa une série de caractères, un bouton vert apparut, il ne lui restait plus qu'à apposer l'empreinte de sa main droite. Elle soupira. Matis lui adressa un léger sourire et elle avança son poing en fixant les secondes qui défilaient. Lily desserra les doigts lentement, des larmes coulèrent sur ses joues, puis elle plaqua sa paume sur l'écran. Les voyants rouges se mirent à clignoter, l'opération était lancée.

En recevant le signal, PlayMan ferma sa connexion à l'extérieur à numéro sept et ils s'en emparèrent pour adresser avec ses accès une masse de désinformations et de virus, codés sous l'égide du mystérieux BlackMan, ainsi que ceux préparés par Lily et son équipe. Les messages destructeurs se glissèrent dans les messageries, les pages web, les téléviseurs, les téléphones, tablettes, lecteurs musicaux, radios, véhicules, avions, mises à jour informatiques, dans la presse écrite, les réseaux des administrations, entreprises ... et dans tous les médias numériques existants. Les trois hackeurs pilotaient leur équipe et donnaient la pleine mesure des compétences et de la puissance des talents réunis. Ils forçaient les entrées partout où il y avait la moindre résistance, installaient des traceurs, déroutaient les tentatives ennemies, isolaient les sites des dirigeants et ceux des armées. À la demande de LAC, ils organisèrent un faux rendez-vous pour dans quatre jours à toutes les personnes visées et/ou identifiées automatiquement via les carnets d'adresses ou les contacts, afin qu'ils rejoignent leur groupe habituel au même instant. Ils naviguaient dans les systèmes informatiques de l'adversaire qui ne s'apercevrait de rien avant de nombreuses heures, mais qui ne pourrait plus les repousser tant il viendrait de vraies et fausses alertes. C'était d'ores et déjà trop tard pour eux, car il s'agissait d'une terrible cyberattaque. Infiltrés dans les services des armées, ils désorganisaient, paralysaient, effaçaient, modifiaient, faussaient ... les amis devenaient ennemis, des messages de dénonciation fusaient de toutes parts, les hackeurs adverses étaient arrêtés par le pouvoir qui les utilisait, les armes pour frapper à distance avaient été reprogrammées, non pas sur une autre cible, car cela aurait pu être détecté, mais pour exploser au signal d'envoi. L'anéantissement était chez eux et ils subiraient les effets de ce qu'ils projetaient pour leurs victimes. Même déconnectés de l'Internet, ils ne pourraient plus réagir à temps, le mal était fait.

Le jour choisi et à l'heure prévue, Lily et Matis étaient à nouveau dans le bureau, devant la console. Elle avait les orbites tellement cernées qu'ils lui donnaient un épouvantable air de zombi. Matis était moindrement affecté, mais les poches sous les yeux disaient son souci et sa fatigue. À côté de Lily, Astrid surveillait la carte du monde et les points rouges clignotants. Elle était concentrée, grave, mais moins éprouvée, car plus sereine sur leurs jugements. Ils n'étaient que tous les trois. Matis assistait, Astrid et Lily pilotaient, rectifiaient ... Lorsque des décisions pénibles devaient être prises, c'est Astrid qui gérait.

À l'heure programmée, tout se déclencha simultanément. Les montres de La Source se mirent à vibrer au poignet de chaque membre des forces spéciales. C'était le signal qui les informait que dans les cinq minutes suivantes, les virus intellectuels seraient activés. Les équipes devaient se mettre à l'abri et s'assurer que cela fonctionnait avant de se retirer et de rentrer. Plusieurs milliers de groupes de toutes les tailles se formèrent au travers les dix-huit pays visés, et quelques centaines dans les autres nations. Après une dizaine de minutes de discussions, les chefs s'assurèrent systématiquement que les sous-groupes étaient au complet, et lorsque c'était le cas, chaque membre présent envoyait un message identique à tous ses contacts. Cela fait, ils s'autodétruisaient, par une explosion, une fusillade ou un suicide collectif, le choix leur ayant été laissé. Pour ceux où le délai imparti était dépassé sans qu'une action définitive soit enregistrée, un message complémentaire mettait un terme aux hésitations et ils mourraient tous d'un arrêt du cœur. En trois heures, vingt-deux-mille groupes d'une taille moyenne de quatre-cent-dix personnes s'anéantirent, faisant directement neuf-millions-sept-cent-trente-mille morts, auxquels s'ajoutèrent les proches impliqués, soit environ quinze-millions, qui avaient auparavant adressé un message générant de multiples transferts à leurs propres contacts également engagés, provoquant au minimum l'effacement total de leur mémoire, et une crise cardiaque pour tous ceux qui avaient tué directement ou indirectement pour imposer des convictions ou répandre la terreur. Après quoi, chaque personne ayant servi de relais subissait le même sort. Les armées, persuadées d'être agressées par leurs alliés, lançaient des offensives contre eux, qui, attaqués, ripostaient à leur tour. Les tentatives d'utilisation d'armes de destruction massive se soldaient par la volatilisation des sites et engins de tirs. La spectaculaire et étrange autodébâcle était à la mesure des prévisions et volontés d'agressions : ultra-violentes, ultra-meurtrières, ultra-visibles, totales. Le monde assistait à des conflits non déclarés, entre pays réputés amis, comptant les coups et se tenant prêts à agir en cas de débordement. La troisième grande guerre s'auto détruisait. Les gouvernants qui savaient ce qui était en préparation cherchaient vainement à comprendre, en soupirant de soulagement.

Les allers-retours des membres de La Source effectués sciemment sous couverture d'agents de renseignements français identifiables sans trop de difficultés par les pays non ennemis furent rapidement enregistrés par les services secrets étrangers.

De son côté, le président avait missionné de nombreux espions qui ne savaient même pas ce qui se préparait. Ils devaient faire la jonction entre de multiples villes, sans rien y accomplir de particulier. Mais le volume des déplacements les rendit visibles. Le téléphone rouge du président sonna. Sa stratégie étant fin prête et le succès considérable, il fit de la politique et repositionna la nation.

Une fois Théo et son équipe de retour à La Source, ils surveillèrent l'actualité de tous les pays et suivirent la propagation des messages pour s'assurer qu'ils ne partent pas accidentellement dans d'autres réseaux. Lorsque le risque devenait trop important, ils neutralisaient son expansion et enregistraient les cibles visées, afin de valider la réalité d'une éventuelle appartenance ou non à la mouvance. Le processus dura encore six jours. Il y eut environ sept-millions de crises cardiaques et suicides dans l'ensemble des pays infiltrés, dont la France, pendant ces dernières journées, ce qui passa inaperçu. Huit-millions de cerveaux effacèrent des bribes de mémoire et environ sept-cent-mille personnes furent placées sous la surveillance informatique de La Source. Les automassacres des armées firent à peu près quatorze-millions de morts directement et indirectement et les forces militaires concernées disparurent quasi complètement avec leurs arsenaux et capacités de production. Les milieux religieux ou despotiques ayant prônés ou soutenus même une petite action néfaste se trouvèrent décimés.

Malgré le sinistre bilan dont l'évaluation semblait fiable, Lily activa la procédure de communication générale et son image et sa voix furent sur tous les murs dès lors qu'une personne se trouvait à proximité :

— Bonjour. Je vous le précise immédiatement, car j'utilise un mode de diffusion souvent porteur de soucis : La Source a relevé le défi insensé qui lui avait été fixé. Chacun de nous peut être fier d'avoir participé à ce qui était et restera comme la plus grande action humanitaire jamais réalisée. Nous avons réussi l'impossible. Nous y sommes parvenus, car chaque membre a su donner le meilleur de lui. Notre isolement était une condition nécessaire et nous a contraints à nous séparer de nos familles et amis, mais à présent, nous savons que ce sacrifice leur a permis de rester en vie et de demeurer libres. Ne vous m'éprenez pas, car je suis sérieuse. Grâce à votre travail, nous remportons un succès qui sauve la vie de ceux que nous aimons, ainsi qu'à des centaines de millions de gens que nous ne connaîtrons jamais. Nous avons évité la pire des grandes guerres. Quelles que soient vos activités et vos missions, vous avez été brillants humainement et professionnellement.

Nous sommes parvenus à construire une ville du futur en un temps record et y vivons en parfaite harmonie. C'est aussi ce qui nous a permis d'accomplir notre mission. Merci à vous qui êtes là. Votre nom est d'ores et déjà lié à l'aventure insensée de La Source, mais surtout inscrit dans la grande histoire du monde comme étant l'un de ces pionniers visionnaires l'ayant sauvé. Bravo. Je vous propose que nous finissions notre journée normalement, mais que demain soit le premier jour de repos collectif de La Source. Fêtons ensemble cet exploit. J'aimerais que chacun ose rire et danser où qu'il se trouve, s'ouvre aux autres, lie connaissance, se congratule cent fois, s'embrasse… Partageons nos repas, nos idées, nos loisirs, soyons heureux d'être ceux que nous sommes et pour nos proches que nous aimons. Je prends l'engagement de tous vous rencontrer au fil des semaines à venir, car je suis incroyablement fière d'être parmi vous.

Elle sourit et disparut. Tout le centre s'emplit du grondement des applaudissements. Chacun manifestait sa joie et sa reconnaisse à tous, les gens se prenaient dans les bras, riaient et pleuraient.

Astrid se rendit dans les bureaux des hackeurs, félicita le trio pour ce qu'ils avaient accompli et mis en œuvre, car ils géraient à présent une petite équipe soudée et ayant largement, mais discrètement, contribués au renversement de la situation et au succès.

— Les gars, je suis fière de vous connaître et admirative du travail et de la stratégie que vous avez mis en œuvre, c'est grand ! Bravo.

Après avoir échangé un mot et une accolade avec chacun, HackMan observa PlayMan et LanMan. Astrid les observait et nota l'accord qu'ils lui délivrèrent du regard. HackMan la conduit par la main dans son bureau, suivi de ses amis, et ils s'y enfermèrent. Hugo s'éclaircit la voix :

— Ici, rien n'est enregistré, c'est géré par nous. Astrid, nous ne sommes pas des grands bavards, tu le sais. Aussi, je suis chargé de parler pour nous trois, mais sans doute avec des mots qui ne seront pas forcément les meilleurs. Jamais nous n'avions imaginé un jour participer à une action de cette envergure, encore moins pour un gouvernement et en plus pour notre pays, qui nous a pourri la vie si longtemps ! C'est aussi fou qu'improbable. Et nous en sommes fiers, étonnamment, mais alors très, du lourd ! Tu es celle qui nous a tendu la main comme personne ne l'avait fait, et à présent nous vivons. C'est idiot à exprimer ainsi, mais si nous existons et respirons notre vie, nous te le devons. Aussi nous sommes d'accord pour te confier un secret.

— Ces mots et leurs intentions me touchent beaucoup, merci. Toutefois, il conviendrait que la confidence ne soit pas du genre à me mettre la tête à l'envers. Parce que là, j'ai fait le plein pour quelques semaines. Mais non, même, si vous avez besoin de moi, je suis là et je serai avec vous, parole d'Astrid.

— Voilà, c'est aussi pour ça, toi avec nous ! Je t'explique notre affaire ! Après avoir infiltré les guignols, nous avons eu accès à leurs systèmes, et plus c'était protégé, plus nous nous sommes attardés dessus, forcément. C'est ainsi que sont apparues des fortunes détournées par des milliers de responsables d'en face, qui eux ne sont plus de ce monde, planquées dans des pays que nous ne connaissions même pas ! Il y avait aussi les caisses noires des groupes terroristes. Enfin bref, des sommes que nous ne savons pas lire ! Alors nous avons confisqué celles volées aux pays pour les déposer sur des comptes gouvernementaux, et il faudra la signature d'un président laïque élu pour les libérer. Sinon, niet. Et pour les caisses sombres, nous … enfin … puisque, à part nous, personne ne sera jamais capable d'y accéder, sauf ces banquiers pourris, elles sont déjà rapatriées. Ici. Ce faisant, nous avons découvert que La Source avait sa propre banque, alors nous y sommes titulaires de comptes, cachés ! Théo avait dit que nous nous ferions une bouffe avec. Seulement une fois additionnées, ces collectes ont constitué, à notre grande surprise, un pactole démentiel. Nous ne pourrons jamais l'engloutir. Le truc de fou !

— Ah ! Et c'est du style loto ou budget de l'état ?

— Genre que nous avons dû chercher dans les dictionnaires comment s'exprimaient de tels nombres ! Le plus, c'est que dans le programme nous avions mis un filtre pour faire en sorte d'en garder cinq pour cent chacun, manière de ne pas finir clodos. Nous sommes riches, Astrid ! Très, colossalement ! Du lourd !

— Ah ça oui, le délire !

— Voilà autre chose ! Mes trois chasseurs du grand capital seraient devenus des … oligarques ?

— Ah ouais, carrément, nous, des capitalistes, galère !

— Énoncé ainsi, fatalement ! Mais oui, c'est bien la bonne approche. Seulement à présent, nous sommes paumés, encore une fois ! Mais toi, comme tu sais nous aider … Voilà !

Les deux amis confirmèrent les dires d'Hugo en hochant de la tête.

— Trop forts et très drôles, les mecs. Vous, les rebelles, vous êtes pleins aux as ! OK, j'imagine que ça doit vous mettre le cerveau à l'envers bien comme il faut. Alors je ne vous dirai pas que j'y penserai, je vous donne mon opinion de suite si vous voulez. Avis ?

— S'il te plaît. Nous t'écoutons.

— Première chose. Vous m'avez dit que c'était un secret, donc je n'en ferai jamais état, et comme je ne suis pas censée savoir, cela vous permet d'entendre ou non mon conseil. Je poursuis ?

— Continue, s'il te plaît.

— Si je me trouvais à votre place, je garderais le pognon ! Je serais à l'abri et je pourrais assurer à mes proches une situation confortable alors que je ne peux plus les aider en étant présente. Ayant le privilège de ne plus avoir à me soucier de mon avenir, je me concentrerais sur le fait d'être heureuse et épanouie. Je n'ai qu'une vie, je veux et pourrais la vivre pleinement. Mais je ne glisserais dans l'oisiveté, c'est un rêve, mais en réalité un faux, car c'est rapidement un cauchemar. Je resterais ici, car j'y suis heureuse, libre, protégée et utile comme nulle part ailleurs. Avec les quatre-vingts et quelques pour cent du pécule, j'assurerais un avenir à La Source pour ne pas qu'elle soit contrainte de vendre ses services pour de mauvaises causes afin de subsister. Je protégerais ainsi la valeur morale de mon travail et ma volonté d'indépendance aux pouvoirs. Je ferais en sorte de m'offrir ce qu'il faut pour être épanouie, brillante, en veillant à planifier ma vie pour ne pas oublier d'en vivre un bout à vouloir trop faire.

— Ah bon ! Donc tu garderais pour toi ton pactole. Mais pour le gros, tu fais ce que tu as expliqué en le déclarant ou en sous-marin ?

— Je mettrais de façon transparente envers les dirigeants une mise dans la trésorerie officielle pour qu'elle puisse être saine, mais pas tout ! Juste le nécessaire. Pour mes actions spécifiques, je leur dirais lorsque je serais certaine de ne pas me planter. Eux devraient le taire sous peine de fermeture du robinet. Quand j'aiderais une personne dans la mouise, je resterais dans l'ombre, car je ne voudrais pas devenir le bureau des réclamations ou ne plus savoir si j'ai des amis, des amours, ou juste des envieux et profiteurs ! Je me protégerais ainsi pour pouvoir être heureuse. La version star avec garde du corps et voiture blindée qui ne peut même plus acheter un string sans risquer sa vie, ou voir cent mains se tendre pour du pognon, ce n'est pas mon truc. Cela étant énoncé, je ne suis pas un modèle, je suis juste Astrid.

Ils se regardèrent, pensifs et silencieux. LanMan demanda aux deux autres de le suivre dans un endroit de la pièce éloigné d'Astrid. Ils se mirent de dos et échangèrent à voix basse pendant quelques instants. Ils discutaient aussi avec les mains et les têtes acquiesçaient.

— Les gars, ne vous inquiétez pas, je vous laisse en paix. Je suis là si vous avez besoin de moi et en attendant que nous nous fassions une bouffe, je retourne bosser. Je suis heureuse pour vous et admirative de tout ce travail et de cette transparence avec moi. Les amis, je n'ai jamais douté de vous ni de votre intégrité, et je vois que j'ai eu raison. Bravo, bisous et à plus.

LanMan se tourna vers elle :

— Attends, Astrid. Tu n'es pas curieuse de ce que nous décidons ?

— C'est un secret, Léo, il vous appartient. Je n'ai pas à vouloir savoir quoi que ce soit. Le fait que vous vous confiez à moi ne me donne aucun droit. C'est ma vision de l'amitié.

— Astrid, tu es trop parfaite. Mais je n'ai pas les mots, surtout pour parler à une femme ! Alors je ferai un petit virement discret sur ton compte, de toute façon tu saurais de qui ça vient même si je ne le disais pas. Je ne veux pas que tu penses que c'est pour te remercier de ce que tu as fait pour moi, l'argent ne peut rien pour cela, c'est juste pour ma satisfaction et celle de te faire plaisir. Je souhaite que tu puisses réaliser ce que tu as dit pour être heureuse.

— Ah bon ? Tu veux dire que je pourrais moi aussi ne plus me soucier de mon avenir pendant un moment ?

— Non. Pour toujours, Astrid. Je voudrais que tu sois libre et comblée. Tu es la femme la plus merveilleuse que je connaisse et tu ne demandes jamais rien en échange ou en retour.

— Génial, Léo, trop beau, merci. C'est nul ce mot, mais c'est celui qui est prévu ! Tu es un ami et un mec bien. Tu ne m'en voudras pas de ne pas faire semblant de refuser, je ne sais pas jouer à ça.

Elle s'approcha de Léo et le prit dans ses bras. Il la serra contre lui en lui murmurant un discret merci à son tour. Ils se regardèrent. Léo avait les larmes aux yeux, et sur les joues d'Astrid de petits filets glissaient. Elle le reprit dans ses bras. Après une étreinte complice et pleine d'affection, Léo lui fit deux bises appuyées et Astride lui déposa un tendre baiser sur les lèvres.

— Bon, Léo, je risque de t'inonder et tu me prendrais pour une pleureuse. Je suis très touchée, heureuse et formidablement bien.

— Reste encore, Astrid, s'il te plaît.

— Pas de souci, Paul. C'est juste que je n'aime pas trop pleurer devant mes amis.

— Tu ne devrais pas en être embarrassée, tu es belle avec des larmes sur le visage. Astrid, j'ai décidé de m'associer à Léo. Je veux aussi avoir le plaisir de t'en donner. Tu nous as sortis de notre médiocrité sans même nous faire honte. Tu es une reine doublée d'une fée qui a traversé ma vie. Et je suis amoureux de toi, je te l'ai dit.

— Eh oh, les mecs, je ne veux pas devenir trop riche, moi, c'est qu'il paraît que je suis une nana fofolle, il ne faudrait que cela me tourne la tête. Plus sérieusement, Paul, tu n'es pas obligé, je t'assure.

— S'il te plaît, Astrid, ne me fais pas ça.

Elle se para d'un sourire plein de charme et le prit dans ses bras à son tour, il la serra, la câlina puis la secoua en sautant sur place et en tournant sur eux-mêmes. Elle lui déposa un baiser sur la bouche qu'il reçut avec le tournis.

— Réalise, j'étais une merde molle avant toi, Astrid. Depuis toi, je suis heureux ! J'ose te serrer contre moi, j'ai des larmes partout que je t'en vois toute floue, et je n'ai pas honte ! Je suis juste dans le bonheur. Tu es l'amie la plus géniale du monde.

— Merci, Paul, je suis trop émue, tu es un ami et un mec formidable.

Hugo lui fit face à son tour :

— Je me trouve comme une nouille, car tu croiras que je me sens obligé, mais je voulais le faire aussi. Seulement il fallait un troisième, nous sommes trois ! Je ferai en sorte que tu es la même chose que nous. Ainsi que Paul l'a exprimé avec poésie, nous n'étions rien d'autre que des amis paumés et seuls, avec une vie qui, sortie du virtuel, était d'une nullité sans borne. Trois sous-espèces de zombis ! Tu nous as emportés dans tes bras avec une douceur et une sensibilité que je ne savais pas possible. Tu nous as offert de renouer en version accélérée avec une vraie vie, je dis re … alors que j'ai toujours été lamentable, mais bon ! Tu as notre âge ! Depuis toi je suis vivant et je le découvre, tu réalises ? Et tu t'apprêtais à partir sans rien nous demander en retour, même en sachant que nous possédons désormais plus que ce qu'il nous faut !

— Arrête, Hugo, j'ai les larmes qui reviennent. C'est pénible !

— Nous avons dorénavant un secret à partager avec toi pour la vie. Et ce pognon, Astrid, tu ne pourras pas en parler ni en faire don, car tu trahirais notre pacte, tu es donc obligée de le garder et d'en profiter, mais sans le dire ! Merci, Astrid, je t'adore.

— Et voilà ! Cette fois je pleure complètement ! Je te remercie, Hugo, tu es un ami et un mec droit. Je vous souhaite d'être heureux autant l'un que l'autre.

Elle ouvrit ses bras et Hugo s'y plongea avec un plaisir intense, ils restèrent un instant ainsi. Il lui fit quatre bises tendres, elle l'embrassa à son tour, et pour finir, les deux amis vinrent les enserrer pour ne former qu'un. L'étreinte terminée, Hugo reprit :

— Encore une chose, Astrid. Nous savons que La Source fonctionne avec un système de pilotage par comité. Nous avons décidé de créer le nôtre pour gérer la cagnotte. La grosse. Tu en fais partie intégrante. C'est secret et il n'y aura personne d'autre que nous quatre.

— Waouh ! Les mecs ! Quel changement ! Vous avez mon admiration sincère, car ce n'était pas gagné au départ pour. J'accepte avec satisfaction et sérieux. C'est une excellente décision.

— Tu regarderas dans ta messagerie, nous t'avons donné un accès à une sélection de documents possiblement intéressants. C'est filtré par mots clés, alors il faut valider. Mais ce n'est pas pour nous, ça nous gonfle, et pas qu'un peu. Tu gères. C'est toi qui les as trouvés, nous, nous n'en savons déjà plus rien. D'accord ?

— Ça marche, je prends et je cautionne. Merci. Continuez ainsi, vous découvrirez rapidement que la vie s'offrira encore davantage à nous.

Le soir même, elle recevait un code qui, associé à sa main, ouvrit une fenêtre sur son nouveau compte bancaire, caché et verrouillé par la sécurité qu'ils avaient installée. Elle resta figée devant l'affichage du montant crédité, mis les mains sur sa bouche, hésita un instant entre hurler et rire, plus finalement elle n'eut pas à choisir, elle éclata en gros sanglots. Elle mit son doigt sur les zéros par trois pour tenter de comprendre ce que cela faisait comme somme, mais à la quatrième reprise, elle renonça et rit tout en pleurant. Sa seconde réaction fut de s'empresser de le raconter à Camille, mais elle se ravisa, ennuyée, car elle avait donné sa parole. Néanmoins, elle invita Camille et Marion à une journée shopping.

Le président arriva quelques jours plus tard, s'installa dans Cité-Jean-Louis et attendit la réunion du comité afin d'y participer.

Après un premier tour de table, Matis fit un pré-bilan quasi officiel de la situation post-action La Source :

— Nous avons des rapports qui se recoupent et nous permettent d'avoir une vue correcte des réseaux terroristes et militaires qui ont été annihilés. J'utilise le terme de terreur volontairement et à bon escient, car ils n'étaient pas dans leurs intentions de nous déclarer une guerre ouverte, mais bien de lancer une vague sans précédente d'actions intolérables pour déstabiliser nos pays et décapiter les gouvernements, avant de déclencher les invasions armées qui seraient devenues des forces d'occupations.

Lily l'interrompit parce qu'intriguée par ses commentaires :

— Comment pouvez-vous être certains de leurs plans ? Si ce n'est pas un secret. Car vous semblez en savoir beaucoup plus qu'auparavant.

— En effet, rien ne vous échappe. Notre lieutenant, Théo, m'a remis une quantité phénoménale de documents détaillant ce qui était préparé. Nous étions dévastés, Lily !

— Théo ! Comment avez-vous obtenu ces informations qui n'étaient pas dans le programme fixé par La Source ?

— Essentielles, Lily, car nous pouvons grâce à cela démanteler avec une grande finesse les infiltrations, chez nous et tous nos alliés. C'est Astrid qui me les a confiés.

— Forcément. Quelle idée saugrenue m'est venue que de poser cette question ! Et bien entendu, Astrid, tu n'as pas d'explications particulières à nous fournir.

— Tu resteras toujours aussi fine dans ton analyse, tu devines tout !

— Ma Lily, Astrid, permettez-moi de poursuivre. Dans ce nombre, il est possible qu'il y ait des gens qui n'auraient pas dû s'y trouver, nous ne pourrons pas le savoir. Nous avons en gros quarante-cinq-millions de morts et probablement une vingtaine de millions d'amnésies totales ou partielles. Nous ne pouvons pas, là non plus, avoir plus de précision en l'état. Les estimations restant à valider portent sur une dizaine de millions de décès supplémentaires, portant sur des gens déjà infiltrés dans les pays visés. Nous ne recevons plus de signaux, il semble donc que l'objectif soit atteint, il n'y a plus de réseau ni de risque.

— C'est horrible de songer à ce massacre, totalement épouvantable, et en grande partie le fruit de mon travail. Je suis responsable de ce génocide ! C'est de la pure folie.

— Madame Lescure, les chiffres énoncés par votre époux sont certes terribles, mais ils nous donnent l'ampleur de ce qui se serait produit. Songez que lors de la Seconde Guerre mondiale, l'Allemagne avait mobilisé environ dix-huit millions de soldats, dont cinq et demi moururent. Les nazis, fanatiques torturants et tuants en dehors de tout acte militaire, étaient neuf-cent-mille. Dès lors, imaginez ce qui serait arrivé si au lieu de dix-neuf millions, ils avaient été cinquante ou soixante millions avec les moyens de destruction d'aujourd'hui ! Le monde pouvait disparaître. Pour ma part, j'en suis convaincu.

— Je préfère ne pas y songer, cela aurait été abominable.

— Savez-vous qu'Hitler porte soixante millions de tués, Staline quarante-trois millions, Hiro-Hito vingt-trois millions et Mao Zedong soixante-dix millions ? Presque deux-cent-millions de morts à eux quatre et pas pour sauver qui que ce soit ! Juste pour avoir voulu le pouvoir et essayer de le garder.

— Que puis-je répondre, si ce n'est que c'est horrible, d'un bout ou l'autre de la lorgnette.

— N'oubliez pas l'échelle du monde. Savez-vous qu'au vingtième siècle, les fabricants de tabacs ont tué cent-millions de personnes ? Et qui ont-ils protégés ou secourus ?

— Mon Dieu ! La planète est peuplée de fous. Forcément.

— Je suis bien d'accord. Et vous ne sauriez occulter que La Source a sauvé la vie ou la liberté au minimum les deux tiers du monde, soit quelques six ou sept milliards de personnes. À cette échelle les pertes constatées sont minimes, moins d'un pour cent ! Trois fois plus faibles que lors de la Seconde Guerre et surtout sans massacre de civils innocents, d'aucun côté ! Et j'ajouterai les dizaines de millions de morts annuels qui auraient suivi durant des décennies. C'est la plus grande action humanitaire de notre histoire. C'est cela que vous et vos équipes avez fait, Madame Lescure. C'est en dehors de la compréhension humaine. Seule l'Histoire permettra de comprendre. C'est la plus remarquable stratégie militaire de tous les temps, mais qui restera officiellement inconnue pendant des décennies ! Songez néanmoins à la vie des habitants de ces nations, soulagés à jamais de ces indésirables.

Ils ne seront plus exterminés, maltraités, ni les femmes martyrisées. Ils se mettront à revivre, voire à vivre, ils auront accès à l'éducation, à la santé et à la liberté d'expression. Sachez également que nous sommes discrètement identifiés comme ceux ayant anéanti ce conflit en préparation. Absolument seul ! Ça c'est officieux, et cela vaut à notre pays d'avoir de nombreux soutiens politiques, certains inattendus, et quelques demandes à peine voilées de protection, de petites nations, mais également de bien plus grandes que la nôtre et militairement plus puissantes. Mais ils viennent d'avoir la démonstration aussi inattendue que providentielle de l'obsolescence de leurs défenses. Les armées traditionnelles sont dorénavant, et grâce à vous, vouées à disparaître. Ce personnel qualifié pourra se mettre au service de la collectivité. Nous avons réussi l'impossible à tous les niveaux du projet. Je ne sais comment vous témoigner ce que je ressens, je ne saurais même pas l'exprimer. Et j'ai une envie à assouvir ! Je me lance, car je ne pourrai le dire qu'ici et j'ai besoin de l'évoquer au moins une fois : j'ai personnellement contribué à ce retournement de situation et à l'instauration d'un nouvel équilibre mondial qui ne reposera plus jamais sur la violence ou la terreur. Ces systèmes sont révolus.

Il fit une pause et chacun essayait de réaliser ce que venait d'expliquer le président, et ils l'applaudirent, ce qui le combla. C'est lui qui enchaîna :

— Sans que cela soit préjudiciable, mes services m'ont rapporté une chose curieuse dont je ne saurais évaluer l'importance à ce jour. Je vous communique l'information et vous aviserez. Ils ont constaté chez nous et dans différents pays qui en ont fait état, mais à priori c'est dans le monde, des décès de personnes n'ayant rien à voir avec les milieux en question. Un bon nombre avait toutefois en commun d'être des violeurs, et des criminels impitoyables incarcérés ou soupçonnés. Pour le reste des décès, la quantité conséquente porte à chercher à établir un lien, mais il n'est pas identifié avec certitude. Mes services se dirigent sur une hypothèse. Beaucoup des non-internés avaient un passé judiciaire, certains étaient soupçonnés d'actes violents, et d'autres encore partageaient l'étrange coïncidence d'avoir dans leur entourage une personne victime de violences sévères ou de disparitions. S'agirait-il d'un effet non maîtrisé de votre action ?

— Étonnant ! Je ne vois pas comment un tel imprévu serait possible. Mais nous vérifierons. Cela représenterait combien de cas, à la dizaine près, au point où nous en sommes !?

— Il est question de sept-cent-mille à un ou deux-millions dans notre seul pays.

— Mais enfin, non ! Je pensais à une vingtaine, c'est effroyable ! Comment cela serait-il possible ! C'est arrivé simultanément ?

— Les décès sont étalés dans le temps et de causes variées, mais presque réguliers chaque jour, nos prisons se vident et la criminalité chute vertigineusement vite partout.

— Ah mince ! Même s'il est difficile de les regretter, nous aurions un vrai problème. Vous êtes certain de l'information ? Ça fait beaucoup.

— Cela dépend du mode de calcul, car c'est plus compliqué qu'un simple décompte. Les crimes ne sont pas commis tous les ans par les mêmes personnes, alors au fil des ans, c'est une foule de coupables qui augmente. La quantité de décès est importante, mais seulement parce qu'aujourd'hui, car étalée sur les populations criminelles des années d'une vie humaine, cela reste modeste dans beaucoup de pays, si j'ose une telle interprétation ! Certaines communautés et régions semblent malgré tout particulièrement touchées. Une nation importante et quasi surpeuplée serait spécialement concernée puisqu'un homme sur quatre y est décédé. Mais aucun lien ne semble pouvoir être établi en dehors de ce qu'ils étaient, des criminels violents, identifiés ou non. Toutefois, je tiens à apporter un commentaire personnel. Si nous abordons ce phénomène d'une manière comptable, il conviendrait de déduire de ce nombre de morts les victimes annoncées qui ne le seront pas et qui ne le sauront jamais ! Je ne doute pas de l'équilibre, et cette version est hautement préférable.

— Certes. Mais au-delà d'un défaut de maîtrise toujours possible, car notre action relevait d'une nouvelle expérience non validée à grande échelle, et sans présumer que nous sommes ou non mêlés à cela, est-ce une cause potentielle de remise en question du centre ?

— Aucun danger, je vous l'ai dit. Mes services et moi-même faisons notre part de travail, nous avons épargné au monde une catastrophe incalculable. Alors, et si besoin, nous intégrerons cet impondérable comme un dommage collatéral lié à une action militaire secrète, officieusement. Nous pouvons aussi les associer à une mouvance parallèle. Mais je ne crois pas que cela s'avérera nécessaire. Il n'y a aucune mort violente, mais des arrêts cardiaques ordinaires, et le peu de plaintes a fait ressortir qu'il s'agissait de personnages indésirables.

— Je m'engage à tout contrôler à nouveau et je tiens à vous remercier pour votre soutien jamais démenti. Puis-je savoir si vous accepterez les demandes de protection ?

— Je ne voyais pas cela de cette façon, Madame Lescure. J'ai pensé vous soumettre les requêtes afin que vous fassiez votre travail d'identification des motivations. C'est l'un de vos comités dédiés qui rendrait son verdict, car c'est vous qui ensuite aurez la charge de les protéger, donc de gérer les agresseurs potentiels.

— Je l'espérais, malgré tout vous m'impressionnez. Pensez-vous monnayer notre intervention ?

— Oui, forcément ! Mais sainement. Partenariat commercial privilégié, équitable et fort, république laïque et le français comme seconde langue. Nous formerons au fil des ans un nouveau contrepoids politico-économique, social et laïc, fondé sur des valeurs morales et qui sera représentatif, identifiable et non violent ! Le nombre de pays qui nous suivent est déjà important. Ils sont disséminés partout dans le monde. Nous ferons cette fois bien mieux que l'Europe qui est bâtie sur un modèle usé, la monnaie ! Et j'ai fait diffuser discrètement, mais fermement, nos conditions d'interventions. Aucune raison de faire mystère de notre positionnement. Ceux qui voudront changer avec le monde devront le manifester en faisant des efforts, somme toute modestes, mais surtout salutaires.

Marion chercha du regard l'accord de Lily puis intervint après avoir hésité sur le ton à adopter :

— Monsieur le Président, quel est le devenir actif de La Source ?

— Madame la Présidente, je pense que l'avenir de La Source est d'ores et déjà écrit dans l'histoire. Le centre a fait ses preuves, et il vous appartient de prendre en main votre destinée. Vous avez maintenant une immense responsabilité devant l'humanité, car ce succès vous prive du droit à demeurer simple spectateur des meurtres, massacres, génocides, qui se produisent partout dans le monde. Vous pouvez intervenir. Vous aurez au fil du temps un rôle à jouer, en veillant à rester impartiaux, justes, pondérés, en mesurant les effets et méfaits de vos interventions afin de ne pas provoquer pire que ce que vous éviterez, car il ne faut jamais oublier que, malheureusement, certaines morts, mêmes terriblement nombreuses, sont nécessaires, comme votre action l'a démontré !

— Je vois. La tâche est effectivement immense. Mais la responsabilité et l'opportunité qui nous est offerte me plaisent. Je la trouve formidablement belle !

— Je finirai de faire en sorte que lors des changements de présidence, La Source reste un incontournable de la république, secret, mais alimenté pour que vous gagniez en autonomie financière afin de vous éviter de servir de prétexte entre la gauche et la droite. Nos maladies historiques. Cela vous permettra de rester invisible. Pour le pouvoir, certains sont prêts à anéantir l'économie autant que les institutions, peu leur importe.

— Mais comment voulez-vous que nous ayons le moindre soupçon d'autonomie ?

— Je ne saurais imaginer la manière dont vous parvenez à concevoir et réaliser une chose qui n'est pas censée être possible. Vous aurez d'ailleurs noté que j'ai résisté à l'immense envie de vous demander le comment ! Bref. À l'inverse, ce qui vous apparaît peu probable dans d'autres domaines, mais fait partie du mien, me semble aisé. Ne vous en souciez pas et laissez-moi ma part de travail. J'ai la prétention d'être un membre de La Source.

— Lily, Matis, je suis d'avis de nous fier au président pour la phase de l'après, nous devons finir de pérenniser le centre sur ce plan et nous manquons de savoir ou d'expérience dans cette sphère particulière.

— Je suis d'accord, Marion, le président nous a toujours fait confiance, la réciproque est vraie aussi. Matis ?

— Je pense également que nous avons le devoir de mettre La Source à l'abri d'une présidence malheureuse.

— Nous vous laisserons donc agir, Monsieur le Président. N'hésitez surtout jamais à nous solliciter.

— Je n'hésiterai pas. Une chose m'échappe encore partiellement. Qui dirige actuellement La Source ? Sans chercher à être provocateur, je vous l'assure, chère Présidente ?

— Pas de souci. La Source est naturellement dirigée par la présidence ! À mon sens, la question est : qui est-elle ? ou qu'est-ce ? Actuellement cette charge est la mienne. Nous sommes déjà une sorte de principauté, alors il serait aberrant qu'en plus il s'agisse d'une micro dictature. Aussi, il est dans nos usages de débattre ouvertement des questions dépassant la gestion ordinaire, puis de nous ranger à la majorité. Et ça marche.

Ce qui, exprimé succinctement, revient à dire que je suis la présidente administrative et que le décisionnel est présidé par un super comité, avec à son sommet Lily et Matis, qui resteront les deux pilotes. J'ai un souci à vous soumettre, Monsieur le Président.

— Je vous en prie, entre collègues !

— Vous avez sollicité auprès de nous la possibilité d'intégrer le centre.

— C'est exact.

— Alors voilà ce qui m'inquiète. Projetons-nous dans l'avenir et imaginez-vous incorporé à La Source. Un nouveau président est élu, d'un bord politique opposé au vôtre, mais vous serez membre de la principauté. Vous risqueriez alors fortement d'être perçu comme une sorte de contre-pouvoir illégitime. Une négation de son élection pour votre successeur, ce qui mettra La Source en grand péril.

Lily et Matis se redressèrent imperceptiblement, surpris par ce qui pouvait ressembler à un assaut de la part de Marion à l'encontre du président. Celui-ci resta un instant silencieux, fixant Marion dans les yeux, qui tenait bon avec un naturel dépourvu d'agressivité, mais empreint malgré tout de fermeté.

— Madame et Monsieur Lescure, je vous ai senti imperceptiblement vous tendre. Vous n'étiez donc pas informé du questionnement de Madame la Présidente. Je répondrai en deux temps. En premier lieu, je constate, à nouveau, que vous avez su placer à la tête de La Source une personne remarquable, apprenant vite et sachant faire abstraction d'elle-même pour assumer son devoir à l'égard de sa charge. Dans un second temps, je pourrais vous dire que vous ne manquez pas d'air ! Mais je vous dirai que vous avez raison et que j'ai pensé à cette problématique réelle. Toutefois, au-delà de mon profond désir d'avoir la chance d'être accepté ici, sans pression, je pense que je serais un atout précieux. Je connais la politique intérieure et extérieure, un grand nombre de dirigeants étrangers, des secrets, les relations cachées de certaines nations, des puissants de ce monde, les enjeux économiques, bref, je pense que je pourrais à moi seul apporter à La Source de quoi subvenir à ses besoins et participer activement à la compréhension des tensions internationales. Je saurais être un membre avisé du comité ayant en charge la gestion des demandes de protectorat. Afin de bénéficier d'un passeport La Source, qui devrait demeurer inconnu en dehors du centre pour les justes raisons invoquées par votre présidente, sachez que j'ai un sosie, secret, garde du corps, qui restera à la lumière.

Il fait en ce moment même une inauguration, en tant que président ! Pour mes actions à venir, qu'un ancien chef d'État fasse des voyages et des rencontres au plus haut niveau est normal, souvent souhaité, et ne posera jamais question, je serais donc votre meilleur ambassadeur. Voilà mon projet.

— Il me semble intéressant et je suis heureuse de voir que vous pensez déjà à La Source comme si vous y étiez à plein temps et que vous avez le souci de la protéger. J'aurais un plaisir sincère à pouvoir travailler avec vous au quotidien, Monsieur le Président.

— Il serait partagé, vous êtes une excellente Présidente, et vous le resterez, mais pas moi. Je passerais donc sous votre autorité, la vie est parfois amusante, non ?

— Pour les gens ayant de l'esprit, assurément, pour les autres c'est une usine à rancœur !

— Vous débattrez de ma présence parmi vous sans moi. C'est préférable, je n'ai aucun doute sur ce sujet. Je reste donc dans l'attente de votre décision. Je vous donnerai les dernières informations sur notre gros dossier d'ici quelques jours. Il aura obligatoirement des réactions officielles, cette fois de toutes parts, y compris des difficultés de successions dans ces pays.

Le président se tourna vers Lily et lui sourit :

— Lily, lorsque vous aurez avancé sur mon dossier, je souhaiterais que vous organisiez pour moi une séance de travail particulière à laquelle je participerais.

— Je crois comprendre que c'est Jean-Louis qui s'adresse à moi. Il vous suffit de me fixer un délai, ou une date de disponibilité, et je serai au rendez-vous. J'ai une confiance absolue en vous, Jean-Louis, et vous pouvez compter sur moi. Vous songez à une séance de travail de quel type ? Vous, Matis et moi ? Élargie à notre comité de pilotage ? Ou encore plus ouvert ?

— Idéalement, Lily, je souhaiterais pouvoir bénéficier de vos compétences, à vous et Matis. Puis, disons une heure après pour me laisser le temps nécessaire à la réflexion, j'apprécierais d'assister au débat sur le même sujet de l'ensemble du comité de pilotage.

— C'est entendu, Jean-Louis. Si je peux préparer quoi que ce soit, vous me le direz au moment que vous jugerez opportun.

— Vous pouvez, Lily, il me faudra prochainement décider si je me présente pour un second mandat ou non. Vous savez ce qu'il reste à mettre en œuvre, mais aussi la façon dont je pourrais activement contribuer au façonnage de ce nouveau monde que nous espérons tant. Je considère par conséquent que ce choix n'est plus uniquement le mien, mais doit-être celui de La Source, dont j'espère faire partie sur du long terme. L'auteur de cette requête n'est donc pas le président, mais Jean-Louis, cofondateur de La Source, qui demande à Lily de l'aider à prendre la meilleure décision. Jean-Louis candidat, ou pas !

Il prit congé, en félicitant une nouvelle fois chacun pour son travail, y compris Marion qui l'avait impressionné. Lily et Matis hésitèrent un instant à revenir sur l'intervention de Marion, puis ils décidèrent de n'en rien faire. Elle avait donné son avis, judicieux, le président avait abondé, ils étaient d'accord, il en serait donc ainsi. Chacun s'en retourna à ses occupations, mais le couple resta. Ils abordèrent l'inquiétude liée à ces décès non souhaités, mais semblant malgré tout si ciblés que la mise en cause du virus semblait naturelle. Le travail de Matis fut d'emblée écarté puisqu'il ne savait pas ce qu'il avait assemblé, ils en vinrent donc rapidement à identifier les personnes capables de produire un script complet et diffusable, de l'intégrer dans les médias, de savoir le rendre invisible aux contrôles et d'être à même de ne pas faire d'essai. Ils évoquèrent aussi les décès des détenus, devenus cobayes, lors de la diffusion du dessin animé en se demandant si ce test n'avait pas pu être enregistré incidemment à l'extérieur par les ondes. Interrogé, Richard indiqua que cela n'était pas possible. Ils s'assombrissaient au fil de l'avancement de leur réflexion, car pressentant le goût amer de ce qu'ils s'apprêtaient à découvrir. L'évidence s'imposait malgré eux, car seul un nombre restreint de personnes avaient la compétence exceptionnelle nécessaire, et il avait fallu au minimum une complicité. Quelques soient les hypothèses, elles les ramenaient à quatre membres potentiels, Astrid et/ou Camille pour le savoir, Théo et/ou les hackeurs pour la diffusion, Babeth pour les critères. Ils auraient pu décider de rendre justice pour un motif peut-être personnel. Ce qui était certain, c'est qu'au minimum l'une des deux meilleures chercheuses de La Source y était mêlée.

CHAPITRE 43

Cinq jours passèrent, et alors que chacun travaillait de manière plus détendue, Astrid et Camille demandèrent la tenue d'urgence d'un haut comité. Ils se libérèrent et dans le quart d'heure se réunirent dans la salle de réunion. Lily, Matis, Théo, Richard, Astrid, Camille, Marion et Babeth, étaient présents. La présidente déclara la séance ouverte, Astrid et Camille se levèrent et firent face aux autres membres. Elles se regardèrent et Camille prit la parole :

— Merci d'avoir été aussi prompt à accéder à notre requête. Après une période de plusieurs mois d'activités intenses, nous disposons de plus de temps pour cogiter, et, de ce fait, Astrid et moi souhaitons vous soumettre des projets que nous mûrissons et chérissons. Certains sont construits sur des idées de Lily, émises au commencement. Par exemple, nous vous proposons la mise en place d'un comité ayant pour mission de travailler sur la prévention. Avec le travail d'Astrid, nous savons que nous pourrions agir sur des symptômes avant qu'ils ne soient maladies. Le groupe nous passerait commande après sélection.

— C'est génial, non ? Selon le même principe, Camille a imaginé un comité dont la mission serait d'identifier les affections sur lesquelles le cerveau pourrait avoir un pouvoir significatif. Nous aurions le soutien actif et pertinent de Babeth pour cela.

— Nous interviendrions ainsi sur les maladies comme l'autisme, la dépression, la frigidité, l'impuissance, les phobies, la schizophrénie, les névroses, le dérèglement de la paranoïa, la psychopathie, etc.

— Camille et moi avons aussi identifié un comité en relation avec les équipes de Théo qui pourrait répertorier les victimes de violences. Nous pourrions secourir l'agressé et éviter qu'il ne reproduise ce qu'il a subi, la boucle serait rompue. L'ex-proie aurait alors droit à une vie normale. Nous aurions là le soutien de Babeth et Théo.

— Voilà quelques exemples de ce que nous voudrions mettre en place. Astrid et moi sommes convaincues que cela permettrait d'ouvrir une clinique au bout du tunnel, ou de notre voie ferrée, ou les deux, et nous pourrions alors soigner des milliers de patients, gagner de quoi alimenter tout ou partie de La Source et ne pas être uniquement les instruments d'un modèle de gestion des hommes basé sur l'annihilation d'individus, certes dangereux.

Les cinq autres membres du haut comité les observaient, étonnés. Elles souriaient, ils se regardaient, haussant les sourcils et cherchant une réaction adaptée. Confrontée à ce long et pesant silence, totalement inattendu, Camille reprit, avec un soupçon d'agacement et de désappointement :

— Ne vous forcez à manifester une émotion, je n'ose plus imaginer de la satisfaction, et encore moins de l'admiration pour le concept. Je ne vous cacherai pas que nous escomptions un minimum d'enthousiasme. Je suis d'autant plus déçue que je ne perçois pas la faille de notre projet d'évolution. Quelque chose a dû nous échapper !

Ils échangèrent un nouveau regard, Lily obtint un accord tacite pour prendre la parole au nom du groupe :

— Camille, Astrid ! Vous prenez l'initiative de bâtir une réflexion sans nous consulter et vous envisagez d'ouvrir le projet à l'extérieur. Enfin bref, je ne reprendrai pas votre démarche, vous la connaissez !

— Mais, Lily !

— Laisse-moi terminer, Camille. Au sein de La Source, nous t'avons octroyé des responsabilités importantes, tu es d'accord ?

— Oui, Lily, mais …

— Une minute. Tu as donc pris l'initiative avec Astrid de mener une réflexion en totale autonomie. C'est exact ?

— Forcément, oui !

— Alors au nom du comité, je tiens à te dire que nous sommes fiers d'avoir placé notre confiance en votre duo ! Cette idée replace le projet dans un contexte humanitaire d'une manière hyper efficace, en gardant la maîtrise du virus et en plus en apportant une réponse à la nécessité de ne pas être trop dépendant du pouvoir en place.

— Ah bravo, c'est malin ! Non mais, vraiment, Lily, tu devrais avoir honte de nous avoir infligé un coup comme celui-là !

— Oui, sans doute, tu as raison. Mais non, pas du tout en réalité, et c'est jouissif ! Pour une fois que ce n'est pas moi la dinde d'une blague d'Astrid ou des deux comiques ... Vous nous apportez un nouveau projet, simple, évident, riche, humain, génial. Alors, félicitations !

— Cela dit, et comme tu le reconnais, nous sommes génialissimes. Astrid et moi formons un duo d'enfer !

— Lily, notre idée est que pour dissimuler l'outil utilisé pour soigner les patients, nous les prenions en chambre, quelques piqûres pour la frime, des placébos juste au sein de la clinique, parfois des massages, de l'hypnose aussi, bref, une batterie de processus qui feront que nos patients seront persuadés que ce traitement classique a fonctionné. Mais ça ne sera vrai que dans la clinique de La Source.

— Parfait, Astrid, absolument. J'entrevois le concept, c'est brillant, efficace, nous gagnons notre autonomie en faisant le bien. J'adore.

— C'est peut-être se projeter trop loin dans nos délires, mais Astrid et moi avons imaginé que si Richard choisissait un lieu propice, nous pourrions construire d'autres cliniques, des centres de convalescences, des bâtiments à même de recevoir une population chinoise, japonaise, américaine, russe, brésilienne, enfin tout ça. Cela pourrait ressembler à une sorte de campus ultra moderne intégré dans la nature, hyper bio, dédié à la santé par le traitement via notre découverte, avec des galeries souterraines partout pour communiquer avec le centre. Rapidement, La Source ferait plus que de gagner en pouvoir de décision, elle gagnerait de l'argent et donc une autonomie totale. Plus de dépendance au politique, juste une saine et sereine assistance à la nation !

— Et La Source trouverait son aboutissement. Elle serait La Source de la santé et de l'espoir. Une version moderne et réelle de la source de jouvence. Tu ne dis rien, Matis ?

— Si, mais alors là, les filles, je suis pantois ! Vous avez bâti notre avenir d'un trait, comme ça, et il semble si évident que je ne vois pas la place pour l'ombre d'un doute ou d'une hésitation. Je suis contemplatif ! Je m'étais habitué à ramer pour suivre ma Lily, qui est toujours à fond. À présent, il me faudra pagayer derrière deux de plus. Mais j'en suis fier et admiratif. Et redevable, assurément.

— Merci, Matis, j'apprécie. Camille et moi avons justement un service à te demander. Lily est au courant, mais c'est personnel, nous verrons après tous les quatre.

Lily fit imperceptiblement les gros yeux à Astrid et lui sourit dans le même temps, puis enchaîna :

— Richard, une jolie clinique méga spacieuse et ultra avant-gardiste, accessible par nos voies secrètes pour que nous ne soyons pas repérés, cela permettrait aussi de détourner les soupçons en déclarant la partie visible de La Source comme centre de recherche pour nos traitements. Tu te sentirais de mener un nouveau projet avec du génie partout ?

— Si cela me tenterait d'accepter encore un travail qui normalement devrait être traité par une très grande équipe ?

— C'est l'idée générale, en effet !

— Ça me dirait tellement que je serais contrarié d'être spolié d'un tel ouvrage qui me permettrait de rendre enfin visible ce que je sais faire !

— Super. Matis, ton opinion ?

— Tout simplement un concept à la hauteur de nos deux chercheuses ! Mille fois oui, c'est grand !

— Marion, ton avis ?

— Je ne laisserai pas échapper que j'enrage de ne pas avoir eu cette idée seule, alors je dirai juste qu'il est impératif de mener ce nouveau projet à bien. C'est l'aboutissement génial de notre raison d'être. Seulement sans vouloir être rabat-joie, il se posera un sérieux problème de financement pour démarrer !

— Certes, Marion, mais pas vraiment. Astrid et moi avons géré la difficulté. Nous n'aurons besoin de personne, pas de crédit à souscrire, donc pas d'explication à donner, pas de demande à la nation. Nous disposerons même d'une trésorerie pour démarrer en paix.

Lily et Matis échangèrent un regard qui les informa qu'ils n'étaient au courant ni l'un ni l'autre. Lily interrogea les deux amies :

— Je sais que vous n'êtes pas des rêveuses folles, mais nous parlons là d'un investissement si énorme que je n'en ai même pas idée. Il nous faudra vendre ou échanger le concept à l'état pour obtenir au moins la première clinique.

— Non, Lily, comme je l'ai précisé, Astrid et moi avons géré cette partie. Nous ne demanderons rien et nous n'aurons pas de contrepartie à accorder. Nous bénéficierons ainsi d'une indépendance financière immédiate et totale, bien qu'improbable, et d'autant plus rapide qu'il n'y aura aucun remboursement.

— Mais enfin ! Camille, vous n'êtes pas devenues les invisibles braqueuses de banques ou un autre plan foireux du genre ?

— C'est hilarant, Lily. Nous disposons d'ores et déjà de donateurs, désireux de rester anonymes, et nous garantissons qu'ils sont désintéressés et non interventionnistes. La balle est dans le sac de Richard, c'est tout. C'est lui qui est en retard et que nous attendons. C'est quand même un comble, non ?

— Mais enfin, c'est le bouquet final ! Je n'y comprends rien, en fait vous n'avez déjà plus besoin de moi !

— Lily, ne dit pas cela, s'il te plaît, je ne suis pas certaine du sens de tes mots.

— Mais enfin, Camille ! Tu réalises ce que vous nous annoncez ? Un projet énorme pour que La Source soit autonome et vous le présenter avec un financement. Autrement dit, vous nous dites que nous rendrons l'utopie possible parce que vous l'avez gérée ! Et je respirerais à nouveau, car au lieu d'être celle qui a déclenché un génocide, je pourrais me prévaloir d'avoir participé à ce concept novateur pour une santé du futur. C'est insensé ! J'y suis ! J'ai compris. Encore une fois tout s'emboîte de la même façon ! Camille, tu me regardes dans les yeux, s'il te plaît.

— Oui, Lily, autant que tu veux, je t'adore.

— Oui, mais pas là. Dis-moi, laquelle de vous deux a apporté la solution financière ?

— Ah ! Je ne peux pas te mentir de toute façon ! C'est Astrid, seule.

— J'en étais certaine, encore Astrid ! Camille, tu réalises cette fois ?

— C'est vrai ça ! Astrid ! Lily a raison, c'est toi !

— Eh oh, les filles, vous n'envisageriez pas de remettre ça ! Bon ! Je ferai dans le résumé manière de ne pas y passer le reste de la journée. En fait, je suis réellement missionnée depuis le début pour tout piloter discrètement. Je dois veiller sur vous comme sur La Source, garantir les résultats, assurer le devenir du centre et protéger son autonomie décisionnelle. À présent, nous pouvons poursuivre ?

— Je le savais ! Tu vois Camille, tu doutais de mes suppositions ! Et toi aussi, Matis, tu étais perplexe ! Mais voilà que tout est clair, Astrid est celle qu'elle est, une femme incroyablement brillante, et elle nous pilote en secret !

— Alors Lily a raison, Astrid ? Tu aurais dû me le dire quand même. Mais qui se cache derrière toi, une personne, un gouvernement, une armée ?

— Lily, puisque tu sais tout, tu répondrais quoi à la question de notre douce Camille ?

— Que je ne n'en ai aucune idée ! Mais il est temps de nous le révéler, Astrid, nous t'écoutons.

— C'est cool que vous m'écoutiez tous, en plus le silence est total ! Vous sentir suspendu à mes lèvres, je dois reconnaître que c'est troublant, j'en suis toute chose !

— Mais enfin ! Astrid, tu n'oserais pas recommencer de profiter de ce que nous sommes dans l'attente de la vérité pour nous obliger à connaître par le détail tes pulsions !

— J'aime bien que tu sois fébrile en m'observant. Ça me procure un sentiment de puissance agréable. Miss Domina, c'est moi !

— Astrid ! Tu pourrais cesser ton numéro ? Lily est patiente, moi aussi, Marion, Babeth, Matis, Richard, Théo et Babeth, se retiennent d'intervenir, mais tu abuses.

— Si je t'explique que je meublais l'espace-temps pour me donner celui de trouver une réponse plausible et cohérente, je suppose que cela ne te conviendra pas, Lily ?

— Mais enfin, bien sûr que non, aucun doute. Nous sommes tes amis, Astrid, tu pourrais te confier, c'est vexant.

— Bon, alors je vous révèle ma réalité. À la fin de mes études, j'ai trouvé un travail passionnant, bien payé, mais après quelques années, j'ai commencé à m'ennuyer. C'est là que j'ai été contactée par une personne qui représentait une organisation secrète. Ils m'ont offert un plan de carrière motivant au sein d'un projet sain, une belle situation, et ce en échange de ma loyauté et de ma dévotion.

— Je le savais ! En fait, tu as été recrutée pour tes compétences, mais pas pour les utiliser publiquement, et eux sont des spécialistes du travail dans l'ombre.

— Voilà, c'est ça, Lily. Et je suis donc là aujourd'hui et je dois avouer que je ne suis pas déçue. J'ai pu exprimer mon savoir et mon désir de m'investir utilement, je le crois.

— Astrid, tu le diras qui sont ces gens, ou zut ?

— Je l'envisage, Lily, mais tu ne me croiras pas. Je dois d'ailleurs t'informer que tu me déclenches des hallucinations, parce que si une personne devait le savoir, au-delà du soupçon, c'est quand même toi ! Seulement, j'ignore si c'est la fatigue ou le stress, mais tu bloques !

— Raconte toujours, je te croirai peut-être, je ne suis pas obtuse.

— Lily, je ne suis pas folle, tu le sais. Fofolle parfois, je ne dis pas, c'est possible, mais pas cinglée ! Je me souviens parfaitement que ce fameux jour, tu étais là, toi, Lily !

— Ah bon !? J'ai pourtant une bonne mémoire, je n'ai rien vu ! C'était où, quand et qui ?

— Le contexte devrait te suffire, tu portais un chemisier blanc avec une petite lanière de cuir en guise de cravate, dans un bureau à l'Élysée, Matis était là aussi.

— Mais enfin ! Astrid, tu n'es pas en train de me dire que c'est moi qui t'ai recrutée ? Rassure-moi tout de suite.

— Tu vois, je savais que tu ne me croirais pas ! En fait, c'était un faux palais de l'Élysée, et moi, comme une nouille, je n'y ai rien vu. C'étaient des extra-terrestres qui avaient pris ton apparence et celle de Matis !

Richard explosa de rire, Théo enchaîna suivi de Matis, vint le tour de Babeth, qui entraîna Marion, mais Lily et Camille ne souriaient pas.

— Et je ne peux même pas t'en coller une, parce que tu me … Tu es pénible Astrid, je le dis, tu me fais vraiment …

— C'est vrai, Astrid, Lily a raison, tu exagères ! Tu n'as pas confiance en nous ?

— Bon, regardez attentivement mes lèvres les filles, celle de ma bouche, Camille ! Vous … me … soulez !

Matis interrompit leur échange d'une voix posée, sans toutefois s'adresser à l'une ou l'autre en particulier :

— Je ne suis pas intervenu parce que vous êtes toutes les trois un spectacle aussi formidable que fascinant. Cependant, Lily et Camille, vous oubliez juste une hypothèse qui me semble pourtant être la seule à prendre en considération. Elle est évidente, simple, logique et j'ajouterai belle. Astrid est certes votre amie la plus proche, et la nôtre à tous ici présent, mais elle est également ce qu'il convient d'appeler communément un génie. Vous devriez juste le réaliser, aussi difficile et surprenant que cela puisse être à appréhender.

— C'est flatteur, Matis, j'espère en être un bon ! Tu sais la différence qu'il y a entre un génie et un fou ? Le génie est un fou qui a la chance de vivre à une époque où il est compris. C'est fragile comme concept, non ? Je suis folle aux entournures, ça commence à se savoir, mais je ne suis pas certaine d'être ce que tu dis.

— Moi je le sais. Camille est brillante et ma Lily l'est extrêmement. Toi, tu es différente, tu es une sorte de papillon étincelant, tu te poses là où tu le veux et tu rayonnes. Étant moi-même reconnu comme un grand cartésien, et ma réponse aux élucubrations de Camille et ma Lily étant énoncée, elle est acceptée. Je vous propose d'en revenir à l'idée de notre clinique, Théo, c'était ton tour.

— C'est trop fort ce concept, et quelle manière géniale de rendre à l'humanité les vies que nous retirons en secret ! Je ne sais pas si vous le réalisez tous, mais Astrid est une grande chercheuse et elle est devenue u membre des forces spéciales redoutable et elle participe avec Camille à produire ce genre de plan ! J'ai comme une idée à proposer pour dénommer certains services de cette clinique !

Passablement énervée, Lily enchaîna rapidement :

— Tu as raison, le snipper, pardon, Théo, il faudra s'y prendre avec de l'avance pour trouver les noms.

Astrid, Camille et Marion furent prises d'un fou rire, Lily rosit légèrement.

— Snipper ? Pourquoi cela, je n'ai jamais été … Tu as eu accès à mon dossier militaire ! C'était il y a longtemps, Lily, je suis surpris que tu ne m'en aies pas parlé avant !

— J'ai prévu de t'en parler, ne t'inquiète pas, c'est dans mon programme ! À présent, il convient que nous informions le président de notre décision. Pour moi, il sera une recrue précieuse. Nous intégrons le président ? Matis ?

— Absolument, il a décidé ce projet seul et l'a porté. Il le mérite largement. Je suis d'accord, ma Lily. Et toi, Marion ?

— Idem. Je pourrais me charger d'en informer le président, s'il vous plaît ?

— Avec plaisir. Théo, sauf si Matis a oublié de me transmettre l'information, nous ne savons pas ce qu'il en est de l'informaticien traître de La Source ? Et le ministre vendu ? Je n'en ai pas eu d'écho !

— Matis n'a rien omis, je n'en ai parlé à personne. Le renégat infiltré, dit numéro sept, qui a provoqué le massacre à l'ambassade et mis en grand danger La Source, je m'en suis occupé, Lily. Seulement, j'ai commis l'erreur de m'y rendre juste avec Astrid, sans l'équipe. Alors …

Astrid lui adressa un signe du regard, Théo leva un sourcil et reprit :

— En fait, je me trompe de jour. Avec Astrid, c'est pour un autre. Donc, me voyant seul il a voulu résister. Il aurait dû être cuistot celui-là. Bref, j'ai dû le neutraliser en faisant usage de la force. Je dois reconnaître que dans ma colère face à cette réaction stupide, j'ai dû perdre en concentration, car il a pu se dégager plusieurs fois et cela m'a agacé encore plus, alors j'ai manqué de retenue dans son interpellation. Je l'aurais pour ainsi dire secoué ! Bref, il est copieusement pété de partout ! Le doc en a pour des semaines.

Matis se leva et lui tapa sur l'épaule avec un large sourire :

— Trop génial ! Lapsus, désolé ! Je pensais que c'est fort ennuyeux ! Parce que j'aurais bien voulu que tu me le gardes pour lui balancer une bonne grosse baffe à défaut d'une raclée. Un salopard pareil !

— Tu pourras. Je te le tiendrai avec plaisir. Il faut juste laisser la colle du doc prendre et sécher quelques semaines. Ah non, j'oubliais. Je l'ai promis à Astrid si jamais il survivait. Elle voudrait évoquer avec lui ses souvenirs de ce qu'il nous a contraints à faire et à vivre. Mais je doute que nous le revoyions un jour.

— Dommage. Et le ministre ? C'est qu'il ne vaut pas mieux celui-là.

— Pire, avec son poste, c'est de la trahison d'état. Nous avons pris le temps de filtrer son entourage et ses collaborateurs, il n'était pas seul ! Lui a eu un gros coup de déprime, Matis, il s'est suicidé dans son bureau au premier étage de son domicile. Le profil à se pendre avec un élastique. J'ai ramené ses carnets de contacts. Les autres semblent s'être vaporisés. Au sous-sol ! La Source n'avait pas été repérée par satellite, le camouflage était parfait, c'est eux qui avaient vendu le projet.

— Je vois, alors je ne mettrai jamais un vrai taquet à personne ! Et nos hackeurs, comment se projettent-ils dans l'avenir ?

— Aucun doute dans leur esprit. Ils ont commandé à Richard des trucs … j'ignore ce que c'est, mais ils sont comme des gosses avec des jouets magiques. Le trio m'a expliqué je ne sais quoi, mais ils nous bâtissent une forteresse impénétrable et dangereuse pour les autres, et une pieuvre avec de grandes oreilles pour être partout dans la seconde.

Richard et Marion leur ont attribué quatre bâtiments complets, car ils font venir des potes à eux, comme ils disent. Au fait, j'ai découvert les balises de guidage pour les missiles. Il y en avait trois. Je ne les trouvais pas, alors j'ai demandé un matin à nos diables du code s'ils pouvaient m'aider. Je repasse le soir pour le cas où, figure toi qu'ils avaient les emplacements à vingt mètres près pour chaque. Une sous la table d'orientation de la coupole, une contre le bureau de Lily et la troisième au centre informatique.

— Bien joué, Théo, un bon gros stress en moins. Ma Lily, tu es trop célèbre !

— Comme j'ai tardé à trouver, j'avais toutefois pris une précaution. Tout ce qui est émis depuis la source est brouillé et/ou crypté, nous ne risquions plus rien, j'ai laissé la protection en place, car ainsi que l'eu dit La Fontaine, cette leçon vaut bien un fromage.

— Bonne initiative.

— Mais il me reste un casse-tête, Matis. Selon les informations lâchées par les infiltrés, il y avait trois balises et je les ai. Seulement HackMan m'affirme qu'il en détecte deux de plus et je ne les trouve pas ! Je le considère comme étant fiable, sérieux et compétent, aussi je crois ce qu'il dit. D'après ses géolocalisations, elles seraient à proximité d'un mur porteur, mais je n'ai absolument rien trouvé.

— Mais enfin, ça n'arrêtera jamais ! C'est quand même ennuyeux de rester une cible. Les murs d'enceinte … Théo, et si ces balises n'étaient pas dans, mais en dehors du bâtiment ?

— Mais personne n'a pu sortir, Lily, ce n'est donc pas possible !

— Sauf si …

— … Si ces traceurs ont été posés extra-muros par l'extérieur. Mais j'y ai pensé cette fois, Lily, et elles ne sont pas en haut, c'est contrôlé.

— Certes, mais il reste un moyen, Théo. Un escalier externe parcourt la hauteur de La Source et est accessible par chaque niveau grâce à une porte secrète !

— Tu plaisantes, Lily ?

— Je crains que non !

— Et personne ne me l'a dit ? Mais … Je resterai calme Lily et Matis, mais merde quand même, c'est de l'inconscience !

— Je le sais depuis peu, Théo, seuls Matis et Richard savaient.

— Forcément. Je leur passerai un savon dont ils se souviendront, tu peux me faire confiance ! Je donne les ordres de suite à mon équipe, ils aviseront avec Gwenel et passeront par l'extérieur. Ce n'est pas la peine de vous tasser sur vos fauteuils les cachottiers, et d'une, je vous vois quand même, et de deux, nous parlerons après. Ça vous coûtera une engueulade et une séance d'entraînement avec Astrid et moi ! Tu es d'accord, Astrid ?

— Mais en voilà une bonne idée ! Théo, je te les amènerai par la peau des fesses s'il le faut, et nous leur offrons la totale sur une journée. Le footing, le tir, le tatami, la nage, et le reste ! Matis, Richard, je vous présenterai mes potes, ils sont super sympas et je vous organiserai un combat contre Élise. Je vous connais, de la lutte avec cette nana, vous vous régalerez !

— Ah, mais nous connaissons Élise, nous l'avons rencontrée à l'hôpital quand tu as eu ton pépin. Elle est sympa et mignonne, dans ce cas, je ne dis pas non, et toi, Matis ?

— C'est vrai qu'elle est charmante, et elle a de l'humour. De plus, et ce n'est pas très sport, mais vu que Camille parvient à la gifler à plusieurs reprises … Nous pourrons mieux profiter des prises avec elle !

— Parole d'Astrid, vous l'aurez sur le tatami. Après je vous présenterai Alex, un gars dévoué et fiable. Moins vif qu'Élise, il a une quinzaine de centimètres d'écart avec Théo, mais il est efficace et robuste.

— Ah bon ! C'est que moi, je passe sous les bras de Théo, alors j'allais te dire d'y penser ! Merci d'avoir prévu.

— Nous vous soignerons, ne vous inquiétez pas. Matis, tu pourras enfin balancer trois ou quatre taquets. Et je me mettrai en mini tenue de bain pour vous stimuler encore plus.

Richard et Matis échangèrent un regard et se sourirent en visualisant les reprises sur un tapis avec Astrid en bikini ! Les lieutenants gloussèrent, complices et imaginant eux aussi la journée. Lily profita de l'intermède offert par les deux duos, qui continuaient d'échanger en se chuchotant à l'oreille en s'observant, pour interroger le plus discret des membres du comité :

— Babeth, j'ai une question pour toi. C'est une parenthèse dans le cadre de cette réunion, car cela ne concerne en rien le travail ou le pilotage. Je voudrais m'assurer que tu te portes bien. Tu es si discrète que ni Matis ni moi ne savons où tu en es.

— Je me reconstruis physiquement et psychologiquement. Théo et moi partagerons notre vie sous peu. Je suis heureuse. Je poursuis ma rééducation, ma blessure est cicatrisée, vous m'avez donc sauvée. J'ai d'affreuses marques, mais ce n'est rien d'autre que la preuve de la fragilité de la vie, et un rappel que je dois vivre chaque minute. Astrid a toujours été régulièrement auprès de moi et m'a beaucoup aidée.

— Je suis soulagée de savoir que tu récupères et heureuse pour vous deux. Félicitations, Théo, parce tout de même, à présent que j'ai l'occasion de croiser Babeth debout et souriante … gros veinard !

— Je n'ai pas encore droit à son lit, mais je peux la caresser en l'embrassant, c'est une princesse. Et je suis devenu monogame, enfin en abstinence, mais ça y est !

— J'hallucine, Théo ! Lily s'informe de ma santé, pas si nous couchons ensemble ou si tu peux me toucher ! Toi alors !

Théo s'apprêtait à répondre, mais Lily s'interposa, calmement, mais avec une sérénité volontairement contagieuse :

— Je comprends ton émotion, Babeth, mais ici, nous sommes entre amis, et La Source nous amène à un niveau de complicité qui n'existe pas à l'extérieur. Alors Théo se confie à nous, ouvertement, et c'est normal. Je suis ravie pour vous. Théo a enfin trouvé la femme magique capable de mettre de l'ordre dans sa vie de patachon tout en le rendant heureux. Babeth, tu prends le pilotage du nouveau comité.

— Je suis d'accord avec toi, Lily, je l'ai vue à l'œuvre, en plein carnage à l'ambassade et dans mes bras sur le point de mourir, ou encore affreusement blessée à l'hôpital, Babeth, c'est quelqu'un.

— En effet, Astrid. Tu aviseras avec Camille auprès de Marion. Théo, tu ne seras pas sollicité pour que cela n'interfère pas dans votre relation. Babeth, je crois préférable de t'en remettre à nos deux amies, elles ont une expérience que tu n'as pas encore et encadreront ta mise en route. Tes compétences et ta lucidité te donnent un devoir de responsabilités. Je propose une pause, et nous terminerons d'ici une heure. Je voudrais laisser à Théo le temps de voir ses hommes au sujet des balises, Richard et Matis l'accompagneront. Marion, tu files au bureau de la présidence, j'y ai déposé des enveloppes blanches cachetées, j'en ai besoin pour la suite, et tu informes le président de notre décision le concernant. Astrid, tu reviens dans de bonnes dispositions. Je vous veux tous de retour dans une heure précise.

Alors qu'ils se retiraient, Lily croisa le regard de Camille et lui fit signe de rester. Dès qu'elles furent seules, elle l'interrogea sans détour, invitant Camille à lui parler de sa relation personnelle avec Astrid. Camille la décrit une nouvelle fois comme établie et ayant gagné en stabilité. Quant à leur rapport professionnel, elle précisa qu'elle s'était améliorée grâce à une meilleure gestion des complémentarités. Camille expliqua également s'épanouir davantage au travail en général, car elle maîtrisait à présent de façon plus large les projets, ainsi que sa vision de la projection de La Source dans l'avenir. Sans hésiter, elle lui dit ne pas envisager sa sortie malgré la mission accomplie, car désireuse de continuer à s'investir totalement sur le long terme. Elle la poussa à lui parler de son rapport avec son couple, Lily et Matis, et elle apprit qu'elle et son amie s'inquiétaient pour leur santé, car elles les trouvaient moins débordant de l'énergie communicative qui les caractérisait habituellement. Elles les pensaient fatigués et éprouvés, et espéraient qu'ils sachent prendre du recul afin de se préserver. Pour finir, elle lui renouvela sa dévotion et confiance totale, rappela discrètement son affection toujours intacte pour elle, sous couvert de lui révéler que n'étant plus en adoration devant le personnage, elle était plus attachée à la femme. L'heure passa ainsi trop rapidement, et le reste de l'équipe revint. Théo les informa avec soulagement avoir trouvé les balises manquantes, là où Hackman les avait localisées, puis Marion procéda à un résumé de la première partie. Camille prit une nouvelle fois la parole et s'adressa à tous :

— Je voudrais proposer dès à présent Babeth pour le poste de médecin psychiatre promis à l'équipe de Théo. Elle est brillante. Elle a assisté à un massacre et a été gravement blessée. Son savoir additionné à son expérience rendent évidente sa mission. Babeth, es-tu prête à te lancer comme actrice de ce curieux univers qu'est La Source ?

— Vous semblez tous rodés à la pratique des comités, je démarrerais donc avec un gros retard. Mais si vous m'accordez une seconde fois votre confiance, je serais heureuse de contribuer. Et ... Astrid, c'est toi que je connais le mieux. Penses-tu que je pourrais postuler pour me joindre à vous dans la recherche ? J'aimerais et je suis confiante. J'ai l'espoir et la conviction que je serais une bonne collaboratrice et contributrice.

— C'est que là, Babeth, nous sommes face à une difficulté, car ce n'est pas l'approche envisagée pour toi, après en avoir longuement débattu avec Camille et Lily. Psychiatre du groupe, chef d'un comité ...

— Ah ! Désolée de te mettre dans l'embarras. Avec toi j'ose alors je me suis lancée ! Mais pas de souci.

— Tant mieux. Pour te le faire en bref, Babeth, nous n'avons pas envisagé ta candidature. Pourquoi me demanderas-tu ? Ou pas ! Parce que tu es recrutée d'office pour travailler à la recherche avec nous trois directement, ce n'est pas un choix, donc tu ne peux pas postuler. Ton emploi du temps est tracé, Babeth. De plus, tu es membre du haut comité.

La jeune femme resta un instant interdite, ses yeux déjà rougis cherchaient en chacun la confirmation de ce qu'avait énoncé sa nouvelle amie :

— Tu as failli me faire pleurer deux fois en une minute, Astrid ! Si vous saviez ce que je suis contente ! Ma vie était dans une impasse faite d'ennui, pour diverses raisons personnelles qu'Astrid connaît, et voilà que l'avenir dont je n'ai même jamais rêvé m'ouvre ses portes ! Merci. Bon, finalement j'en ai besoin, alors je pleure !

— Super. Camille, nous intégrons une nouvelle collègue. Marion, tu prépares ce qu'il faut, enfin tu gères, comme d'habitude !

— Entendu, Astrid. Babeth, je suis ravie, bienvenue.

— En attendant qu'elle soit optimale et donc pendant son temps libre, Camille et moi souhaiterions l'intégrer dans notre nouveau programme de recherche des applications médicales.

Lily reprit la parole, souriante et apaisée :

— Camille, je ne te dirai pas que je suis étonnée par ces nouvelles et judicieuses résolutions. Tu es devenue une véritable pilote et je suis en plein accord avec tes initiatives. Astrid, c'est autre chose. Tu refuses de le reconnaître, mais tu sais que je sais. Depuis la fin de notre mission, j'envisage de franchir une étape importante et j'ai pris la décision d'en informer le haut comité immédiatement. Sauf avis contraire de la majorité, je nomme Astrid à la tête des laboratoires de recherche à ma place, ce qui me permettra de me consacrer à l'encadrement général. Camille, je te veux aussi à cette direction, mais pour ce qui relève du fonctionnement. Je me contenterai de vous passer commande en fonction des nécessités, et j'interviendrai à l'instar d'une consultante, lorsque vous aurez besoin de moi.

— Tu veux dire que nous deviendrions directrices des laboratoires de La Source ?

— Plus précisément, Astrid, je l'ai dit. Matis demeure codirecteur. Vos nominations sont signées et il vous reste à en faire autant. Marion a les documents en main ici même, dans les enveloppes. Astrid et Camille, vous voilà projetée un peu plus haut à tête de La Source.

Les deux jeunes femmes se firent l'accolade en sautant sur place, puis bondirent dans les bras de Lily qui partageait leur joie. Elle fit une pause et reprit :

— Astrid, Camille, j'ai relu mes notes et constate que dans vos programmes d'applications médicales de notre découverte, vous n'avez pas envisagé d'action sur les délinquants sexuels ni sur les criminels. Je parle de ceux ayant du sang sur les mains. C'est dommage, non ?

Les deux chercheuses se figèrent rapidement, Babeth et Théo se redressèrent imperceptiblement. Camille rougit, prit sa respiration et s'avança légèrement, mais Astrid lui saisit l'avant-bras et l'empêcha d'intervenir :

— C'est à moi de répondre, Camille. Lily, nous nous connaissons trop pour que je te fasse l'offense de ne pas interpréter le message que tu m'adresses, avec ta délicatesse habituelle. Je n'ai jamais envisagé de ne pas avoir à m'en entretenir avec toi, mais je l'avais prévu autrement. Je voudrais malgré tout le privilège d'être seule avec toi pour cela. Et reste sereine, j'ai géré ma place au sous-sol. Tu ne porteras pas ce poids qui n'est que le mien. Pas de cri, pas de violence ni de colère. Jolha a libéré l'espace, je serai au calme pour travailler, il y a son matériel.

— Tu es folle, Astrid ? C'est non ! Lily, je suis en total désaccord avec Astrid, je refuse de ...

— Plus un mot, Camille, pour une fois tu as tort, tu te tais et tu me laisses gérer !

— Mais non, Astrid, enfin ...

— Je suis sérieuse, Camille, tu la boucles ! Je ne veux plus entendre que ta respiration. Silence à présent.

Camille se pinça les lèvres, ébahie et consternée. Babeth prit la parole et s'adressa à Astrid en marquant par le ton une position énergique, révélant une personnalité souvent retenue :

— Je n'ai pas l'expérience des comités, mais je suis de l'avis de Camille. Je refuse de me désolidariser de toi. Et mon expertise en psychiatrie me confère des responsabilités qu'il m'appartient d'assumer.

— Une précision, Babeth, tu m'ennuies ! Alors tu te tais aussi, et tu te rassoies, immédiatement.

Théo posa sa main sur le bras de son amoureuse et enchaîna :

— Je ne suis pas davantage d'accord, Astrid ! Babeth et Camille ont totalement raison, et toi tort. En tant que membre du comité, je refuse ta position, mais je suis aussi lieutenant en charge des forces spéciales. À ce titre, je ne peux pas accepter de laisser l'un des nôtres rendre des comptes. Une loi a été votée, la loi Astrid Meillan. J'exige son application immédiate et son respect absolu. Il s'agissait d'une mission qui n'avait rien de personnel, et aucun membre de l'unité n'a demandé ta comparution, de ce fait, tu ne saurais répondre à la moindre interrogation, car il s'agirait d'une violation de l'une de nos lois et d'une trahison envers nos camarades.

— Non mais, j'hallucine ! Que ce passet-il ici ? C'est du délire. Je suis à priori la présidente et de toute évidence la seule à ne pas comprendre un mot à votre discussion. Mais alors, rien ! C'est un nouveau système d'expression ? Vous le faites exprès ? J'ai décroché sans m'en rendre compte ? Je n'ai même pas saisi s'il y avait eu une question ou non ! Il y aurait des non-dits, que tout le monde connaît, c'est quoi le souci ?

— C'est précisément ce que je pensais, Marion ! Seulement étant un modeste architecte, je suis habitué à ma condition. Au début, comme tu saisis les mots, tu te dis que tu suivras, mais non, grosse erreur, ce sont bien les mêmes expressions, mais dans une langue différente ! Alors je te révèle ma méthode, elle est rodée et efficace. Si tu ne veux pas avoir l'air de la potiche de service, tu prends un air entendu et tu hoches la tête de temps à autre. Tu verras, tu te sens moins bête !

— Astrid, je suis cofondatrice de La Source, ne l'oublie pas. J'aimerais que tu respectes mes décisions.

— Aucun souci, Lily, je te le répète, je veux juste que tu ne portes pas un poids qui n'est pas le tien. Tu as largement ton compte.

— Il se trouve que j'ai une annonce à faire. J'ai décidé de te confier la codirection des laboratoires, ce qui cumulé à ton grade de lieutenant, à ta qualité de membre permanent du haut comité et à ton statut notoire de meilleure chercheuse, te donne un niveau de pouvoir sans doute unique dans La Source. J'ai remis ma démission avant l'ouverture de cette séance. Le courrier signé est dans la troisième enveloppe cachetée dont dispose Marion. Tu n'as donc plus de compte à me rendre, Astrid.

C'est officiel, car je demande à Marion de l'ouvrir. Toutefois, comme je l'ai également précisé, si tu as besoin d'en parler, à une amie ou à une consultante, je suis à ta disposition. Sache que je suis soulagée de constater que tu as malgré tout œuvré dans le cadre d'un comité représentatif et que votre solidarité est remarquable et exemplaire. Je vous suggère toutefois de méditer pour l'avenir sur la méthode choisie et ses conséquences. Il n'est pas impossible que vous ayez commis une erreur stratégique dans votre démarche décisionnelle, mais … vous verrez cela sans moi, et je l'espère avec Marion et Richard. Astrid, malgré ce que je viens de déclarer, je couvre et assume. Je gérerai le problème avec Jean-Louis. Après tout, nous sommes à cheval sur une passation de direction.

— Je vois, Lily, nous avons encore beaucoup à apprendre. Tu savais de toute évidence ce dont il retournait, tu avais anticipé, planifié, tu ne doutais visiblement pas de ma réaction ni du déroulement de cet entretien. Tu nous as protégés. Je respire profondément pour éviter de pleurer de suite. Tu es la grande dame du centre. Je le sais depuis le premier jour et veillerai à ce que personne ne l'oublie jamais. Reste vigilante, continue tant que tu le peux à nous piloter et nous protéger. Tu es destinée à demeurer l'âme de La Source. Merci beaucoup et … pardon, s'il te plaît. Matis, ne me tiens pas rigueur de ma déclaration, mais tu le sais mieux que quiconque, ton épouse s'est imposée au fil des mois comme … Enfin, tu m'as comprise !

— La patronne, il n'y a aucune ambiguïté pour moi, Astrid, c'est la mienne aussi !

Il souriait toujours, serein, heureux de la reconnaissance des compétences de son épouse par tout à chacun. Il adressa à Astrid un petit signe des yeux pour la rassurer sur son partage réel. Lily restait concentrée sur l'entretien et reprit le dialogue :

— Astrid, je me souviens parfaitement de tes mots et de ta réaction sur le sujet alors que Marion s'interrogeait sur la position à adopter. Tu avais d'ailleurs, déjà et une fois de plus, guidé l'un d'entre nous, en l'occurrence Marion, dans son approche. Les chiffres, Astrid, car tu les as forcément, sinon vous n'auriez pas pris une telle décision. Je voudrais pouvoir assimiler également.

Camille prit spontanément la parole et répondit avec calme :

— Les chiffres c'est moi, Lily. La réalité est estimée annuellement à soixante-quinze-mille viols. Uniquement en France, Lily !

— J'imagine que tu es sûre, Camille. C'est terrible. Ça en fait combien chaque journée, Matis ?

— Deux-cent-six. Neuf par heure, jour et nuit ! C'est choquant et invraisemblablement monstrueux.

— Dans la série, il n'y a pas de limite à l'horreur, j'en ai d'autres ! Il y a environ cent-quatre-vingt-dix-huit-mille tentatives de viol par an, soit cinq-cent-quarante par jour, en France ! Tu peux concevoir, Lily ?

— J'ai été agressée, Camille. Pourtant, non, cela m'est impossible à assimiler tant c'est animal et barbare !

— Poursuivons dans l'épouvante. Sur la planète, et par an, c'est un million de viols ! Soit cent-quatorze par heure ! Et pour les meurtres, c'est à peu près cent-quatre-vingts en France et sept-cent-cinquante-mille dans le monde. En France, une femme meurt tous les deux jours sous les coups, c'est aussi la première cause mondiale de leur mortalité, même en prenant en compte les guerres !

Le petit groupe était accablé par la monstruosité des chiffres, mais c'est encore Lily qui reprit :

— Difficile à accepter, surtout en ayant la capacité de sauver ces personnes. Comment ne pas les aider alors qu'en ne bougeant pas, nous acceptons implicitement de protéger les coupables ?!

— Précisément, Lily. Astrid a décidé d'agir, car elle s'y refusait.

Camille s'adressa à tous, montant dans la tension au fil des mots :

— Vous rendez-vous compte que depuis l'ouverture de séance, soit deux heures que nous échangeons au calme, dix-huit personnes, de sexe féminin, ont été épargnées par des violeurs en France, deux-cent-trente dans le monde. La réalité est plus importante, car la notion de viol est différente selon les pays. Ces femmes sont en paix sans même savoir ce à quoi elles ont échappé. Moi, modeste Camille, je vois sur nos murs les ombres de la terreur qui resteront des spectres, car ne trouvant plus de corps à posséder. Chaque heure la file s'allonge ! C'est Astrid qui a eu le courage d'y mettre fin, la compétence nécessaire et la force de décider. Elle a dit stop ! Vous ne pouvez pas vous en rendre compte, car cela dépasse l'entendement. Mais depuis l'intervention d'Astrid, plus de mille ont été épargnées en France ! Treize-mille-sept-cents dans le monde. Le constat est certes magique, mais il masque une réalité. Cette boucherie est révoltante, inhumaine, et ces prédateurs n'ont pas leur place dans la société. Et les récidives, c'est terminé !

Astrid posa sa main sur l'avant-bras de son amie, énervée, pour l'inviter à se rasseoir et s'apaiser. Elle s'adressa à Lily en premier lieu, puis au fil des mots se tourna vers tous les membres :

— Calme-toi, Camille. Lily, après ton agression, ce que des sales types ont fait subir à Camille et Marion a été la goutte en trop pour moi. J'ai été confrontée de visu et émotionnellement à ce qu'infligent ces monstres aux femmes. Et qu'ils me réservaient. Après l'affaire de l'ambassade, c'en était plus qu'assez pour moi. J'ai refusé de ne pas agir et je sais que nous sommes en phase, comme toujours. Tu connais mon franc parlé, donc je dirai ce que la retenue de notre douce Camille ne lui permet pas d'exprimer. Tous les ans, en France, ce sont les femmes d'une ville telle que Dijon qui sont violées. Tu visualises ? Chaque année ! C'est plus que monstrueux ! Et que font nos associations humanitaires avec notre argent ? Du tourisme en Afrique, ou en Amazonie ! C'est sans doute politiquement incorrect d'évoquer ces faits, mais ça me gonfle ! Qui a décidé que la souffrance était plus grande lorsqu'elle était ailleurs ? Personne je l'espère. Alors force est de se dire que l'ego est plus facilement et rapidement repu là-bas qu'ici, sinon l'indifférence envers les nôtres me fait poser question sur les motivations. Ça me gonfle ! Il faut reconnaître aussi qu'il est plus facile d'emmener un journaliste faire un reportage d'une semaine à quinze mille kilomètres au soleil que dans un deux étoiles à Dijon. Ça me gonfle ! Et puis pour un viol évité, il n'y a pas de reconnaissance puisque pas de victime, et revoilà l'ego ! Ça me gonfle, mais bien ! Poursuivons l'inventaire des bassesses humaines, c'est inépuisable. Devinez quelle nation compte cent-cinquante-mille enfants subissant des violences sexuelles. Chaque année, encore une fois. Ne cherchez pas, vous ne sauriez imaginer cela, c'est la nôtre ! Ça me gonfle à en exploser. Pour ce seul type de crime, nous en sommes donc à plus de deux-cent-mille victimes, tous les ans. Je refuse de cautionner que notre nation puisse être utilisée comme une chasse privée par des monstres insatiables bénéficiant d'une totale impunité. Ça me révulse et me gonfle. Qui a fait quoi depuis ces cinquante dernières années ? Dix millions de victimes devraient pourtant intéresser quelqu'un, non ? Il est où le souci avec celles-ci ? Parce que le motif n'est pas religieux ? Pas communautaire ? Pas raciste ? Pas politique ? Pas xénophobe ? Donc ce n'est pas porteur ? Pas de marché, pas de notoriété, pas de voix à gagner, pas de lobbies ? Ça me fait vomir. Et je vous l'affirme, je pisse et plus sur ceux qui veulent nous imposer sur qui pleurer. Tous.

Nous voulons depuis toujours établir une communication avec des individus qui ne parlent que la langue de leurs pulsions et refusent d'en pratiquer une autre, alors ils ne comprendront jamais. C'est donc à nous d'apprendre la leur, mais personne ne veut le faire. Moi ça me gonfle à m'en étouffer ! Seulement moi, je l'ai apprise, et ils devront oublier d'être des prédateurs. Enfin, bref. C'est fini. Plus de la moitié des victimes passées pleureront un proche, mais les femmes et les enfants pourront vivre normalement pour la première fois depuis le début de l'humanité. Je peux payer pour cela, pas de souci. Je m'énerve seule à mon tour, désolée. Il fallait un jour pouvoir briser cet engrenage infernal et avoir le courage ou la folie de le faire, c'est fait. Et je vous affirme, pour vous éviter les crises de conscience qui ne sont pas à vous, mais à moi, qu'il est inutile de chercher, c'est irréversible. Pourquoi ? Parce que j'y ai veillé. Le cryptage est incassable. Chaque tentative de crack le fera muter plus vite. Ma décision me survivra.

— Je t'entends, Astrid. Tu as développé cette application de notre virus avec qui et comment ?

— Seule, Lily, comme ma pseudo invisibilité. Je maîtrise bien l'outil à présent, et n'ayant jamais violé personne, je n'avais aucune raison de craindre de m'y exposer. Rassure-toi, j'ai prévu des centaines de cas de figure, ce n'est répressif que pour les premiers temps. Un ménage était nécessaire pour repartir sur des bases humainement gérables et à peu près saines. D'ici peu, cela sera uniquement préventif.

— Tu ne peux toutefois nier avoir rétabli la peine de mort, sans consultation publique ni interne. En es-tu consciente ?

— En vérité, Lily, ce n'est pas une question que je me suis posée, car elle ne m'intéresse pas. Je devais sauver des centaines de milliers de victimes, et des millions selon la période choisie. Je me suis donc concentrée sur le droit de vivre de ces malheureux. Les tueurs et les violeurs, c'est leur choix, alors que ce n'est en rien celui des martyrs. Je te précise que je n'ai condamné personne, les coupables sont simplement livrés à eux-mêmes, face à ce qu'ils sont et font, seuls. Je le répète, mon souci a été de protéger les agressés, pas les agresseurs. À cette échelle, Lily, c'est une guerre. Il y a dorénavant une veille sur le monde. Si une personne s'apprête à commettre l'irréparable, il est sa première et dernière victime. C'est son choix, pas le mien. Moi, j'ai décidé qu'il n'y aurait plus de gibier pour chasseurs d'êtres humains. Ce n'est pas répréhensible à mes yeux.

Richard écoutait avec attention et semblait hésiter à intervenir, puis finalement, il s'éclaircit la voix et prit la parole :

— Astrid, je ne sais comment formuler ce que je souhaite te dire, car je ne suis pas un habitué du discours, autre que ceux liés à mon métier. Je comprends ton raisonnement. Mais si je m'en tiens au résultat, nous obtenons un principe issu d'un mode de pensée facho ! Tu le réalises ?

Camille inspira, assurément prête à mordre, mais Astrid lui serra encore le bras et répondit, avec calme, mais détermination et autorité :

— Richard, je te connais suffisamment pour savoir que tu es sincère et pas dans le délire idéologique. Mais moi non plus, sois en certain. Que la finalité s'approche d'un dogme ou d'une pensée discutable, ou l'égale, je ne le sais pas. Pour être franche, cela ne m'intéresse pas. Je ne refuse pas le débat, dès lors qu'il y a matière. Seulement en l'occurrence, je t'accorde le droit de m'étiqueter comme tu l'entends, car ma volonté étant de protéger les victimes, innocentes, ce qui peut advenir à ces prédateurs ne me soucie pas dès lors qu'ils ne peuvent plus nuire. Ils ont la possibilité de choisir de respecter la vie, mais eux le refusent à leurs proies. À eux de gérer. En quoi leur volonté de détruire devrait me concerner ? Mon étiquette ne m'embarrasse pas, je ne la cacherai pas et je ne m'en préoccuperai jamais, dès lors que la cause est juste.

Son ami voulait lui répondre, car la violence sous toutes ses formes le révoltait, mais les mots ne venaient pas. Lily enchaîna :

— J'entends ton plaidoyer pour ces personnes qui ne doivent plus souffrir. Je ne te cache pas que je suis malgré tout rebutée par la sanction qui relève de la loi du Talion la plus barbare. Mais je ne saurais taire davantage que je n'ai pas de solution palliative pour protéger les seuls qui le méritent. Ne rien faire, c'est de la complicité. Tu as pris une décision et tu les as sauvés. Je reste révoltée, mais j'approuve.

— Lily, il te faut rester révoltée. Tu le dois, car c'est révoltant, mais à présent le monde change. Place à l'humanité.

Symboliquement, Lily referma ses notes et sourit, détendue comme s'il n'y avait pas eu la moindre tension. Camille soupira et s'adossa, sidérée par la rapidité de l'échange compte tenu de sa gravité. Babeth et Théo firent de même, également subjugués. Marion et Richard se regardaient pour partager leur incompréhension, Matis souriait toujours. C'est Camille qui brisa le silence :

— Voilà de quoi remplir quelques grandes pages du mémoire de notre centre.

— Mais c'est une idée géniale, Camille, c'est une évidence. Nous avons besoin d'un groupe ayant en charge la tenue de ce qui sera peut-être un jour un manuel : « Histoire de La Source ». Et puis il faut bien que mon nom figure quelque part, car quand même, la première présidente, ce n'est pas rien non plus !

Marion avait rebondi rapidement, ramenant sourires et détente, tout en ayant pris une vraie décision. Lily revint toutefois sur la discussion, avec calme et en mettant dans le ton ce qu'il fallait comme sympathie pour qu'elle soit clairement perçue :

— Astrid, pourquoi nous avoir écartés de cette réflexion, Matis et moi ?

— J'aurais préféré en discuter en privé, Lily.

— Mais non, aucun souci, fais-moi encore confiance.

— Entendu. Tu pourras prendre connaissance de cela dans les enregistrements, puisque nous ne l'avons pas fait en secret, mais ici dans la salle de notre comité. Je préfère toutefois te le dire de vive voix. Sur ma demande et ma proposition, nous étions quatre à gérer cette initiative, et autant en accord pour décréter que nous devions vous protéger, toi et Matis, car vous nous inquiétez. Babeth et Théo ont proposé de vous informer de notre décision préalablement à l'action, mais, comme sus dit, une fois le vote mené. Camille et moi voulions vous laisser le temps de vous ressourcer avant de vous contraindre à porter un nouveau poids. Vos combats ont toujours été de sauver des vies et nous n'avons douté à aucun instant d'obtenir cette approbation. Dans notre hésitation, Camille nous a posé une question, à savoir que dans la mesure où votre assentiment était acquis, pourquoi vous solliciter si ce n'était encore pour nous défausser sur vous de cette responsabilité ! Nous vous sentons fatigués depuis quelques semaines. Aussi, nous avons décidé qu'il était temps de vous laisser souffler et de nous assumer. Nous tenons à vous garder auprès de nous et comme pilotes de La Source, les plus sereins possibles, en vous permettant de vous recentrer sur ce que vous êtes, des défenseurs du droit à la vie. Lily, en parlant de pilotage, je dis sans ambiguïté que vous deux devez rester à la tête réelle de La Source. Nous sommes là pour vous délester de vos fardeaux et démultiplier votre travail.

— Merci. Jolie et habile plaidoirie que je comprends, partage et apprécie. Nous traversons effectivement une phase de grande fatigue, et cette violence m'a usée au-delà du raisonnable pour prétendre être encore pleinement opérationnelle, même si nous avons la chance de ne pas avoir de mort dans nos rangs.

— Du hasard, Lily ? Le dernier tube à essai que tu t'es fait péter à la figure remonte à quand, souviens-toi ?

— C'est amusant, Astrid. Je devais avoir douze ans, un cadeau d'anniversaire. Quel rapport ?

— Tu ne fais pas un mélange si tu n'as pas au préalable identifié la moindre substance et la plus petite probabilité de réaction indésirable ! Valider ou passer à la réalisation en ayant encore une inconnue n'est pas de ton niveau, Lily, et tu as appliqué cette même méthodologie pour notre action. La seule chance présente dans ce projet, c'est donc ta présence.

Lily ne put contenir deux spasmes nerveux annonciateurs d'une crise de sanglots. Sa lassitude était réelle et sa fragilité totale. Elle força toutefois sa voix pour poursuivre :

— Merci, Astrid, cela me touche. Waouh, quelle séance, j'ai les larmes aux yeux à mon tour. Mais pourquoi avoir écarté Marion et Richard ? Ils sont précieux au haut comité et n'ont jamais failli.

— Tout à fait d'accord. Mais pour cette première fois où nous devions gérer sans vous, nous étions assez mal avec ce double poids à porter, à savoir la décision d'agir et celle de vous en écarter. Nous savons que Marion se ferait couper la langue plutôt que de ne pas t'en parler, même si sur le fond, je ne doute pas de son plein accord. Surtout pour des violeurs ! Mais c'est son fonctionnement, Lily, sa dévotion à ton égard l'aurait poussée à t'avouer, tout en sachant pertinemment qu'elle te ferait souffrir avec ces morts supplémentaires. Quant à Richard, c'est pareil, mais avec vous deux, et surtout Matis, genre l'escalier ! Alors nous avons géré comme nous pensions devoir le faire, en sachant que nous aurions à supporter les conséquences de notre silence.

— Vous seriez donc moins dévouées qu'eux envers nous ?

— Lily, pas de ça avec moi. Tu peux poursuivre et déstabiliser Camille, ce qui serait irresponsable, mais moi, tu m'insulterais. D'accord, Lily ?

— Excuse-moi, Astrid. En plus tu as tellement raison que j'ai honte.

— Tu as la preuve par toi-même que vous avez besoin de vous reposer, donc de nous. Que dirais-tu si tes amies vous organisaient des congés ?

— Je tiens à reprendre avant de changer de sujet, c'est important, Astrid. Votre transparence me fait chaud au cœur. Vous avez pris et géré tous les quatre des initiatives. Toutefois, retenez ceci : en vous en expliquant ouvertement, c'est-à-dire y compris devant Marion et Richard, vous préservez la cohésion de notre haut comité, ce qui est primordial, car nous sommes La Source au travers lui et il est la clé de la réussite de La Source. Sans ce groupe miraculeux où la confiance et la transparence totale sont la règle et le cœur du système, où nous évoluons soudés par une relation plus forte que l'amitié, où nous pouvons tout partager, où nous savons trouver de l'aide et du réconfort, de la force et un encadrement, La Source sera morte d'ici peu. Certes, Matis et moi avons dû à maintes reprises agir seuls pendant des mois, parfois même vous manipuler au début, le temps de la mise en place et de nous assurer que vous étiez bien ceux que nous pensions. Mais ici, la transparence doit toujours finir par se faire, et nous la cultivons. C'est notre expérience, c'est ce que je viens de vous pousser à assumer, c'est que je vous transmets.

Astrid hocha la tête en gardant le silence. Camille s'approcha d'elle et lui prit la main pour marquer son unité. Matis se leva et applaudit, imité par Richard, puis par chacun, y compris les deux nouvelles codirectrices. Camille leur lança :

— Lily, Babeth, Matis, Richard et Théo, je vous invite pour fêter notre nouveau statut dès ce soir à ma Cité-Camille, s'il vous plaît. Je vous veux avec moi et chez moi, je peux recevoir mes amis pour la première fois de ma vie !

— Nous serons là, bien entendu, Camille, toutefois … Je ne souhaite surtout pas créer de malaise, seulement je suis surprise que tu n'invites pas Astrid et Marion et m'en trouve contrariée ! Vous avez une difficulté personnelle ou professionnelle ?

— Comment ? Ah ! Non, c'est que toutes les trois … Nous ne nous invitons plus, Lily. Tu vois, c'est comme si Astrid s'invitait elle-même à sa soirée ! Et Marion est depuis quelque temps notre amie, proche, et intime, elle partage avec nous le quotidien.

— Ah bon, je préfère et c'est super.

— C'est génial, oui, nous sommes ravies.

Marion avait rosi. Astrid hocha du chef pour acquiescer, mais leva prestement la main pour interrompre l'échange :

— Une minute ! Camille, pourquoi m'utiliser en exemple au lieu de préciser normalement « c'est comme si je m'invitais à ma soirée » !

— Parce qu'avec moi cela n'aurait eu aucun sens ! C'est une évidence. Je suis une nana posée, donc ce n'était pas explicite. Alors qu'avec toi si, car tout est toujours possible avec toi. C'était crédible et soulignait le côté insensé et inutile de l'idée de vous inviter.

— Mais tu fais des progrès, dis donc ! Si Camille devient marrante … c'est que le monde change profondément, parce qu'à la base elle était aussi coincée que Marion ou Matis ! Sans rire, Camille, te voilà jolie femme, fragile et amusante. Tu vois le profil ! Tu pourras emballer comme une malade à ta prochaine pulsion !

— Ouiiiii ! C'est trop bon, je suis en harmonie ! Lily, Matis, grâce à vous ma vie a un sens, et pas n'importe lequel, merci à jamais.

— Mais moi, non, je n'y suis pour rien ! Tu as raison, Camille, de me remettre à ma place. C'est salutaire à ce que racontent les pratiquants.

— Ne fait pas la gamine, je sais que tu joues pour que je t'encense.

— Marion, levons-nous la séance ?

— Je pense que nous le pouvons, Lily, c'est parti ! Je déclare la levée de cette formidable réunion qui marque le début d'un devenir extraordinaire pour La Source et d'un avenir différent pour le monde, beau et géré. Nous sommes en droit d'en être fiers. Dis-moi, Astrid, je ne suis jamais drôle ? Genre pas marrante, mais sympa quand même, ou carrément rasoir ? Sincèrement.

— Je ne suis pas coincé, mince alors ! Ni vieux machin ni macho ! Ce n'est pas vrai, ça ! Il faut arrêter avec cette image !

— Matis, sois lucide, Lily a raison, tu es vieille France aux entournures.

— Mais non, Astrid, pas du tout ! Je ne suis pas comme ça. C'est une théorie fumeuse liée presque à un folklore.

— Si, tu l'es. Je dirais que tu es un mélange de Marion et de Babeth, en bien plus velu et avec le gadget. Tu sais, celui à qui tu fais prendre l'air ! Tu te marres lorsqu'il s'agit d'un autre, mais si c'est toi … Tu l'es !

— Tu vois, Lily, tu t'es amusée à me charrier devant tout le monde et maintenant me voilà avec une étiquette, tu es pénible quand même. C'est de ta faute !

— Mais enfin, je n'ai rien demandé à personne, moi ! Et ton machin à l'air, j'en suis responsable ? Bien entendu ! Et je ne t'ai jamais charrié.

— Ah si ! Comment ? Précise l'idée !

— Camille, toi tu me le diras. Je ne suis pas marrante ? Je suis rasoir à vivre ? Je ne suis quand même pas coincée du derrière comme Babeth !

— Mais je ne suis pas coincée du... du séant, cela n'a rien à voir, je tiens à ce que les formes soient respectées avant ce genre de choses ! Théo, je suis coincée du … du séant ?

— Houlà ! Moi, je suis un grand couillon, alors tu sais, mon avis ! En plus je n'en ai pas.

— J'hallucine ! Matis, toi tu peux m'en parler puisque tu n'es pas coincé non plus, tu penses que je suis un soupçon bloquée du séant ?

— C'est-à-dire qu'une fois j'ai eu un avis, il y a une vingtaine d'années, et depuis je n'en ai plus !

— Ah les mecs ! Richard, tu es le plus libéré des trois hommes ici, tu penses que je suis coincée ?

— Babeth, tu es la perfection ! Chacune de tes courbes est une œuvre d'art, et pour te dire si tu es parfois trop sur la retenue, ou non, que dirais-tu de venir un soir à Cité-Richard, tête-à-tête aux chandelles, bain de minuit, massage érotique …

— Non mais ! Tu ne penses qu'à ça ou quoi ? Je me suis promise à Théo, ne l'oublie pas.

Camille, qui tentait d'écouter chacun même lorsqu'ils parlaient simultanément, se tourna vers Astrid :

— Et toi tu te marres, Astrid ! Tu balances une poignée de peaux de banane et tu es contente !

— En fait, Camille … Oui ! C'est magique, non ?

— Lily, toi tu peux me le dire, tu sais toujours tout. Je ne suis jamais marrante ? Je suis rasoir à vivre ? Je suis aussi coincée du derrière que Babeth ou Matis !

— Je ne veux pas m'immiscer, mais il faut cesser avec l'idée du popotin de Babeth qui coincerait ! En plus, même s'il l'est un chouya, vous avez vu le derrière, le chef d'œuvre fait fesses ! Il peut se le permettre.

— Non mais, Théo, tu pourrais faire preuve de retenue ! Et je ne suis pas … Alors toi aussi, tu trouves que je coince du séant ?

— Mais non, je n'ai pas dit ça, en plus je n'ai pas d'avis.

— Si, tu as dit …

— Sonne le rassemblement, Camille, ils finiront leur évaluation chez toi. Et là, le débat stérile par accumulation de mauvaises fois cessera, car nous aurons un juge de paix. Nous verrons celle ou celui qui ne se mettra pas à poil dans Cité-Camille ! Lily n'aura pas de souci pour ça, elle se met cul nu facilement partout, mais les autres !

— Mais enfin ! Astrid, tout de même, tu as fumé un pétard ou quoi ?

— Tu n'y penses pas sérieusement, Astrid ! Tu ne me fais pas un coup comme ça chez moi et devant nos amis ! Astrid ?

— Mais j'ai préparé un jeu ! Une sorte d'animation pour adultes, histoire que ta soirée ne soit pas ennuyeuse et que nous en conservions un souvenir inénarrable !

— Tu m'expliques de suite ce que tu as manigancé, Astrid. Dans la seconde ! Je te connais, tu es capable de tout et de te marrer ! Mais pas moi, pas nous, et pas chez moi ! J'écoute !

— Soit zen ! Je vous ai fait passer, peut-être à votre insu, un petit message avec notre système diabolique. Tu verras, c'est à mourir de rire ! Cela tournera au délire jouissif total, cent fois mieux qu'un pétard. Le genre de soirée que tu n'oublieras jamais !

— Lily … Il y a un problème, je crois qu'Astrid a fait une bêtise !

— J'ai entendu et je n'ose imaginer. Astrid, en temps normal tu es parfois déroutante, mais si en plus c'est pour un plan délire ! Qu'est-ce que tu as envisagé ?

— Mais rien de méchant ! N'ayez pas peur. Vous avez en vous un petit bout de … code, dirons-nous, qui fait que vos trois premières pulsions érotiques non désirées, genres qui déboulent seules et s'imposent, vous les vivrez ! C'est magiquement dingue, non ? Vous en parlerez, demanderez, et les autres se plieront en quatre, même malgré eux, pour permettre leur réalisation. Mais sans risque de violence, ne vous inquiétez pas, je ne suis pas folle !

Le silence s'était fait dans la pièce, ils la fixaient tous, Richard amusé, Théo dubitatif, les autres en mode panique. Théo intervint :

— C'est trop fort, ça, Astrid. Mais pour l'après, tu as géré ? Imagine que j'ai une pensée douce. Vous, les cinq nanas, vous jetez sur moi avec un niveau d'obscénité délirant et génial. Vous m'en voudriez ensuite ?

— Aucun souci, Théo, chacun demeurera satisfait, sans oublier.

— Théo ? Dis-moi, nous cinq sur toi, vulgaires et le reste, tu ne pourrais pas avoir ce genre de pensée, n'est-ce pas ?

— C'est-à-dire, Babeth, que j'ai parfois des pulsions assez … torrides !

— Charmant ! Mais tu crois que ça peut marcher l'histoire d'Astrid ?

— Ah que oui, Babeth, c'est un truc infernal. Nous saurons à quoi pense chacun, aucun doute, et personne ne résistera. Pas vrai, Astrid ?

— C'est garanti. D'où le côté jeu pour adultes. Nous pourrons nous marrer, n'est-ce pas, Théo !

Babeth se leva précipitamment, suivie de Matis et Lily. Marion les regarda et leur emboîta le pas, imitée par Camille.

— Une minute, tous les cinq. Vous filez où, comme ça ? Ce n'est pas au programme que vous puissiez ne pas être à la soirée ! Vous raconteriez vos obscénités à n'importe qui en sortant ! Vous êtes fous ou quoi ? Vous ne devez pas sortir, je vous assure, si vous avez des envies bizarres, ça doit rester entre nous.

— Mon Dieu, Astrid, c'est horrible ! J'arrive à peine dans La Source, vous ne comprendriez pas. S'il te plaît, annule ton truc, donne-moi un antidote de suite, c'est terrible. Tu ne peux pas me faire une chose aussi affreuse ! Je t'en supplie, crois-moi, il ne faut pas.

— Du calme, Babeth, respire ! Tu as peur d'être trop vite envahie par une pensée ou quoi ? C'est chaud comme plan ?

— Tu ne peux pas concevoir. C'est indicible !

— Mais enfin ! Astrid, je suis la patronne ! Alors tu annules ce truc à l'instant, je ne veux pas … Personne ne doit savoir … bref et peu importe, chacun a le droit à son intimité. C'est une question de bon sens. De dignité et surtout de respect !

— Détends-toi, Lily ! Aucun risque de violence, je te l'ai dit. Considère que ça sera notre première nuit orgiaque entre nous ! C'est cool.

— Mais enfin ! Astrid, j'ai horreur d'être vulgaire, merde alors ! Tu es chiante de chez emmerdante ! S'il te plaît, Astrid, je suis ton amie, tu n'as pas le droit de me faire ça, en plus, tu le sais, toi, ce dont je parle. Annule ton truc, sois gentille.

— Astrid, je suis ton ami. Tu dois comprendre que j'ai parfois des idées troubles, donc que tu ne peux pas m'infliger ça, surtout devant ma Lily.

— Matis, reste serein. Il s'agit juste d'être qui tu es. C'est pareil pour moi, pour ma douce Camille et chacun !

— Astrid ! Écoute-moi attentivement. Tu me connais par cœur au travail comme au lit. Je te passe tous tes caprices et tes écarts, mais là, c'est non ! Tu annules tout ou je m'évanouis, et si je n'y arrive pas, je m'assomme en tapant ma tête au sol ! Je le ferai, Astrid. Personne ne saura ce que parfois … personne !

— À ce point, Camille ? Mais il y a quoi dans ce cerveau lubrique ?

— C'est ça, moi aussi, j'agirai comme Camille. Je me cognerai le crâne sur un mur et mes sutures pourraient lâcher à nouveau quand je tomberai. Ça sera de ta faute ! Je risque encore de mourir, et voilà !

— Babeth, c'est juste du plaisir ! Et toi qui n'y penses pas trop, tu n'as aucune raison d'être inquiète.

— Je m'assomme aussi ! Moi, je sais à quoi je suis capable de songer, j'ai parfois des idées que je ne peux pas raconter, mais ce n'est pas ma faute, ça vient tout seul, même quand je fais la présidente. J'ignore pourquoi ! Je suis détendue et d'un coup paf, j'imagine que … alors non ! Je m'assomme !

— Marion, ne nous fait pas une crise, ce n'est rien ! Regardez-moi, ou Théo, ou Richard, nous gérons parce que nous sommes adultes et libérés. Pas vrai, Richard ?

— Ah oui, c'est marrant, ça débutera dans combien de temps, Astrid ?

— L'idée est plaisante, n'est-ce pas. Seulement ce n'était qu'un petit test pour répondre à vos interrogations lassantes sur le fait d'être ou non coincés ! Nous avons donc Richard, Théo et moi qui sommes équilibrés et pas coincés. Par contre, Babeth, Camille, Lily, Marion et Matis, vous êtes coincés du train arrière que c'en est un handicap ! Vous me faites halluciner tant vous réagissez comme des puceaux ! Toutefois, étant mes amis, j'accepte vos niaiseries. Ne vous inquiétez pas, je vous aiderai individuellement. Dix séances et vous devriez parvenir à gérer qui vous êtes. Il serait temps, à votre âge. Bref, la preuve étant faite, discussion close. Pour ceux qui sont longs à la détente, c'était juste une blague !

— Mais enfin ! J'ai failli m'évanouir. Tu es une grande malade, Astrid !

— Que j'ai eu peur ! C'est que depuis de ce qui m'est arrivé avec Camille, je suis bizarre, j'ai des pulsions de folle ! Je tremble de partout.

— Astrid, tu es méchante avec moi alors que je t'aime ! Je pleure devant tout le monde maintenant ! Et Babeth chiale déjà ! Regarde Lily et Matis, ils sont livides ! Chacun s'interrogera sur nous à présent ! Tu es irresponsable. C'est moche.

— C'est d'accord, je fais mon mea-culpa. Je vous propose de nous rendre au domaine de Camille et nous finirons la discussion sur qui coince, ou pas, en prenant un verre dans sa belle Cité-Camille.

— Oui, oublions cet écart effarant d'Astrid. Je vous veux autour de moi dans ma Cité-Camille. Je peux recevoir comme une princesse, j'ai envie d'en profiter.

— En plus, moi, c'est juste que j'ai paniqué, car en réalité je n'ai rien à cacher. Et ça ne compte pas ton truc, Astrid, car ce n'est pas parce que je contrôle mes pulsions, comme toute personne censée, que je suis coincée des… du séant. Cela n'a pas de rapport. Je souhaite me consacrer à mon mariage que j'espère proche, c'est tout ! Et voilà !

— Mais oui, Babeth a parfaitement raison, en plus tu me mettais dans la situation d'afficher de possibles obscures pensées devant mon épouse alors que je ne suis en aucun cas coincé.

— Pour une fois, Matis dit vrai, nous sommes un couple marié et certaines choses peuvent être déstabilisantes. Je ne suis pas coincée, il n'y a pas la moindre relation.

— Reconnais que tu as exagéré, Astrid. Tu imagines ce que je risquais de dévoiler devant tout le monde ? Tu sais que je n'ai pas de pensée saphique, pas moi. Avec toi ou Marion, c'est différent. Pourtant les pulsions arrivent, j'ignore d'où et pourquoi. Mais elles ne sont en rien la réalité. Alors je ne fais aucun blocage.

— Je le savais, et tout le monde est d'accord, ça n'est pas représentatif ! Vous pouvez donc me répondre sincèrement. Lily, toi qui ne mélanges pas n'importe quoi, je ne suis jamais marrante ? Je suis rasoir à vivre ? Je suis aussi coincée du derrière que Babeth ou Matis !

— Mais, je ne suis pas coincée du… du séant !

— Et c'est moi l'extravertie clownesque ! Serions-nous devenus une famille ? Ça promet.

FIN

À PROPOS DE L'AUTEUR

Né en Côte-d'Or en décembre 1959, il a été baptisé Patrick Belime.
C'est moi.
Après des études profondément ennuyeuses
et chronophages en temps de vie,
j'ai exercé différentes activités, agent général et courtier
en assurances, libraire, formateur,
rédacteur pédagogique, enseignant, webmaster,
maintenance développeur et concepteur informatique,
et autant de changement de région.
J'écris par passion, le week-end et après le travail.

Ma présentation n'offre pas matière à un livre, ni à une nouvelle,
cinq lignes°! Avoir plus de 50 ans, en dehors de raconter
que cela fait mal au dos, que pourrais-je en dire°!

J'écris pour mon plaisir avec au fond de moi le désir secret d'offrir
à mes lecteurs espérés et méritants un peu de ce que cette colossale
pile d'années m'a fait comprendre à coup de pied,
sous bien des formes,
mais des coups de pied malgré tout.

Je viens d'avoir une idée, je pourrais évoquer mes passions,
celles avouables, pour raconter qui je suis.
C'est mieux qu'un long discours.
Donc j'aime l'écriture, apprendre, écouter, méditer,
partager, la musique, l'image, l'informatique, la nature...
Je pensais en avoir plus à mentionner. Pfff°!

Il me reste mes certitudes, comme celle que mes écrits
sont plus intéressants que je ne saurais l'être.
Merci quand même d'avoir voulu en savoir davantage sur moi.

33405047R00146

Printed in Great Britain
by Amazon